鈴木暎一著

徳川光圀の研究

―思想・修史・教育―

吉川弘文館

まえがき

本書は、平成十八年（二〇〇六）に、人物叢書『徳川光圀』を出版して以降、現在に至る二〇年近くの間、折にふれて書いた文章の中から、徳川光圀と光圀に関係深いテーマを扱った論文・講演記録を選び、これに新稿一篇を加えて編成したものである。新稿も光圀の命に応じて著された『花押藪』という書物について論じている。

拙著『徳川光圀』においては、四〇〇字詰の原稿用紙にして四〇〇枚ほどに光圀の生涯にわたる閲歴と業績をできるだけ過不足なく収めなければならなかったので、あるテーマについていま少し書き込みたいと思いながらも簡略な記述にとどめたところもあり、本書にはそうしたテーマにつきさらに調査を継続してまとめた論文を多く収録し、光圀の仏教信仰や文化財保護、光圀と遺迎院応空との交遊の問題などはそれに当たる。一方、光圀の士民教育への強い関心、時代は下るが塙保己一の『大日本史』編纂への関与など、執筆当時はまだ深く考えの及ばなかった点を掘り下げたり、その後史料の解読を進める過程で新たに脳裡に浮かんだりしたテーマも加えている。前著が総論とすれば、本書はいわば各論ということになろう。

ところで、右に述べた史料の解読についていえば、その中心をなしているのは、平成二十九年（二〇一七）三月に国の重要文化財（歴史資料）の指定を受けた『大日本史編纂記録』（原題は『往復書案』。京都大学文学研究科所蔵）二四九冊（これに茨城県立歴史館所蔵の『往復書案』三一冊を加えると合計二八〇冊）で、本書に収めた論文の多くは、実のところこの大部の史料の解読から生まれたといっても過言ではない。とはいえ、あまりに大部であるから、その時点で関心をもったテーマに沿って関連箇所を重点的に解読していくという手法をとらざるをえなかった。

この『大日本史編纂記録』には、史料採訪記や日録なども含まれているが、原題が示す通り、その大半は史局である彰考館の総裁や館員が相互に取り交わした書簡の案文ないし写しである。したがってそれは、当時の公文書ながら、ある事柄についての事務的な連絡以外に、差出人の忌憚のない意見・応答、または差出人の筆を通しての光圀自身のその時々の指示あるいは感情さえ伝えている文面も少なからず、そこには興趣尽きないさまざまな人間模様が浮き彫りにされている。

光圀の仏教信仰を論じた際に主要な引用文献とした『日乗上人日記』にしても、光圀と日乗との日々の深い親交を示す両者の会話や光圀の発した言葉まで生き生きと記されており、『大日本史編纂記録』にも劣らぬ臨場感あふれる史料ということができる。

本書にもし多少の取り柄があるとすれば、個々の史実の発掘と意義づけのみならず、これらの書簡・日記ならではの史料的特性を活かしつつ、光圀はじめ本書に登場する多くの人々の活動をあたかも歴史の現場に立ち合っているかのように跡づけてみようと心懸けたところであろうか。

さりとて私のこうした意図がどこまで実際に達成されているか否か、今は読者諸賢の判断に委ねるほかはない。

本書に収録した論文の初出は以下のとおりである。

第一部　徳川光圀の学問と思想

第一章　徳川光圀とその時代（『茨城の歴史的環境と地域形成　地方史研究協議会第五九回（茨城）大会成果論集』雄山閣、二〇〇九年）

第二章　徳川光圀の文化財保護（『近世・近代における旧跡・名所の保存顕彰　令和四年度遺跡整備・活用研究集会報告書』独立行政法人国立文化財機構奈良文化財研究所、二〇二四年）
第三章　徳川光圀の仏教信仰（『茨城史林』四八、茨城地方史研究会、二〇二四年）
第四章　徳川光圀と遺迎院応空（『茨城県史研究』一〇〇、茨城県立歴史館、二〇一六年）
第五章　徳川光圀と遺迎院応空　補遺（『茨城史林』四六、茨城地方史研究会、二〇二二年）
第二部　『大日本史』編纂と水戸藩の教育
第一章　水戸藩の出版書・蔵書とその普及（原題は「水戸藩の出版書・蔵書とその普及についての調査研究」。『近世日本の学問・教育と水戸藩Ⅱ　世界遺産暫定一覧表記載資産候補「近世の教育資産」に係る平成二二年度調査・研究報告書』水戸市、二〇一一年）
第二章　丸山可澄編『花押藪』の成立と畠山牛庵（新稿）
第三章　『大日本史』の続編計画と『倭史後編』（『本郷』六七、吉川弘文館、二〇〇七年）
第四章　水戸藩教育史の原点―儼塾講釈と馬場講釈―（『茨城県史研究』九七、茨城県立歴史館、二〇一三年）
第五章　藤田幽谷著『修史始末』をめぐる覚書―その史料的性格を中心に―（『茨城史林』四四、茨城地方史研究会、二〇二〇年）
第六章　『往復書案』にみる塙保己一とその周辺―『大日本史』編纂過程の一面―（『茨城史林』四五、茨城地方史研究会、二〇二一年）

所収の各論文は、右の一覧のとおり、それぞれに独立して執筆したものであり、しかもこれらは、徳川光圀と光圀

に関連する主題という限定された分野を扱っている。このため光圀の生没年、引用史料、また叙述の一部にも重複し

ているところがある（とくに第一部の第四章と第五章、第二部の第一章と第二章）。しかし、これらの重複部分を削除し

た場合、論文の構成に大きな支障をきたすことになるので、加除訂正は最小限にとどめ、初出の文章はなるべくその

ままの姿にせざるをえなかった。この点、読者のご了解をえたい。

目次

第二部　『大日本史』編纂と水戸藩の教育

第一部　徳川光圀の学問と思想

第一章　徳川光圀とその時代

はじめに

ただ今ご紹介いただきました鈴木でございます。この地方史研究協議会茨城大会にご指名を受けて講演の機会を与えられましたことはまことに光栄に存じますが、本大会にふさわしい内容の話ができるかどうかはなはだ心もとない次第です。正味五〇分くらいでしょうか、与えられた時間内で「徳川光圀とその時代」と題してお話し申し上げることにいたしますので、どうぞよろしくお願い申し上げます。

最初から私事で恐縮ですが、私が茨城大学に提出した卒業論文は、常陸土浦在住の町人国学者色川三中を主題としたものでありまして、この論文の要旨を本協議会主催の、明治大学大学院講堂で開催された第四回関東地区卒論発表会で報告させていただきました。昭和三十六年五月のことです。その後、この卒論を要約しましたものを、昭和四十年、『地方史研究』七五号に「国学者色川三中の生活と思想」として掲載していただきましたが、中井信彦先生は、私のこの論文をお読みになったことを一つの契機として、それから長年三中の研究に取り組まれ、やがて『色川三中の研究』伝記編、学問・思想編という二冊の大著を世に出され、歴史学の立場に立つ、あるべき人物研究のすぐれたお手本を示されたのであります。中井先生の三中研究については、ご存知の方も多いのではないでしょうか。

このようなわけで、私に研究者としての道を歩むいわば出発点をつくってくれたのが本協議会でありますから、今日ここで講演をさせていただくことには感慨ひとしおなものがございます。

一　漫遊話と文人イメージ

白い髭を蓄え頭巾を被った旅姿の水戸黄門が助さん・格さんという若侍をつれて諸国を巡り、「天下の副将軍なるぞ」と悪代官や悪徳商人をこらしめ、哀れな民百姓を救う「水戸黄門諸国漫遊記」は、かつて講談、芝居、小説、映画の恰好の題材となっていましたが、昭和四十四年からはその「水戸黄門」はテレビにも登場し、黄門を演ずる俳優を代えながら、高い人気を誇る番組として現在までつづいているのであります。

水戸藩第二代藩主の徳川光圀は、この「漫遊記」の主人公として周く知られ、人々に親しまれているという点では日本歴史上随一といってよいでしょう。江戸時代に限っても、「名君」の評判を得ている人物は少なくないものの、光圀ほどその伝記や言行録が数多く残されている例はなく、水戸藩内のみならずそれは全国各地に伝えられております。光圀の「名君」伝説は、光圀死後半世紀ほどたった一八世紀半ばの宝暦年間頃からしだいに各地へひろまっていったようです。もっとも助さん・格さんをつれて、という漫遊話は明治の半ば過ぎになってつくられたもので、「副将軍」という役職ももとより実在しないわけですが、国民の間にはいつしか映画やテレビの「黄門さま」の名君イメージが定着して今日に至っております。

こうしたイメージはフィクションとして脇に置いておくこととして、学問的関心から取り上げる場合の光圀については、よく知られるように、『大日本史』編纂の主宰者、あるいは『大日本史』編纂のための『万葉集』をはじめとする古典の研究、古典諸本の校訂と出版、さらにはわが国初といわれる古墳の学術的発掘調査、那須国造碑や多賀城碑の価値をいち早く認めてその保護に尽力した文化財保護活動、「嗚呼忠臣楠子之墓」の建造などによりまして、思想家として、あるいは文人・文化人としてのイメージが強いのではないでしょうか。光圀自身、「世上にて我が事を学問すきにて、武芸ハ不好と申けに候」（『桃源遺事』）と語っているところからみると、在世時からそうしたイメージを持たれていたのでしょう。

もとより私も、光圀が当代一流の思想家、文人・文化人であることを否定するものではありませんが、今日は、人間としての光圀の精神の中核には終生、武人・武将としての覚悟ないし矜持がゆるぎなく存在していたことを申し上げるとともに、そうした光圀の生き方や政治を通して、光圀の生きた一七世紀の時代精神ないし時代相にもすこしばかり触れてみたいと思います。

二　光圀の生い立ち

本日は公開講演でございますので、一般の方々もお出になっていらっしゃるでしょうから、ここで光圀の経歴をかいつまんでお話ししておきたいと存じます。

光圀は、徳川幕府の初代将軍徳川家康の末子、十一男で、初代の水戸藩主徳川頼房の三男として寛永五年（一六二八）、水戸で生まれました。母は谷氏、名は久（一般的に久子といわれておりますので、ここでも久子と申すことにします）。頼房は久子が懐妊したとき、「水になし申候様に」（『桃源遺事』）と申し渡したのですが、頼房側近の重臣三木仁兵衛（之次）と妻むさ（武佐）は、久子を哀れに思い、久子の身がらをわざわざ江戸から水戸城下柵町の自邸に引き取って、しかも頼房には内証で出産させた、と伝えられています。今の水戸駅構内の東側、つまり勝田よりで、常磐、水郡、鹿島各線の発着ホームを中心としたところです。

光圀はこうして五歳まで三木家の子としてすごし、六歳のとき、七、八人いた公子の中から年長の光圀（幼名長丸）が三代将軍徳川家光の裁定により世子となるのですが、実は久子には頼房の子がもう一人いたのです。光圀より六歳年上の松平頼重がその子で、後年讃岐高松の初代藩主となる人物。頼重と光圀との間には、四歳で死亡したおかつ（佐々木氏）所生の亀丸がいましたので、光圀は頼房の三男ということになります。

これより先、久子が頼重を懐妊したときも、頼房は堕胎を命じていたのですが、当時江戸麹町にいた三木夫妻はやはり久子を自邸に引き取って、出産させたのです。久子は、常陸国松岡城主（北茨城市）の戸沢氏という四万石の大名の家臣谷氏の娘で、他の側室とくらべ格段に身分が低く、そのため勢力が弱かったので、久子の子を世子とすることはなかなか難しかったのです。

頼房は、生涯正室を置かないからと約束して久子を迎えたくらいですから、久子を深く愛しており、久子に男子が生まれたらぜひ世子に立てたいとひそかに考えていたのではないかと推察されます。ただ、長男の頼重については、久子を幕府に正式に側室として届け出る以前の出生でして、したがって世子となる資格がなかったので、同じ久子の子である光圀を何とか世子に立てるべく、将軍家光にたのんで、その命令というかたちにしてようやくこれを実現できたと、くわしい考証はここでは省略しなければなりませんが、そのように私は考えております。

いずれにせよ三木夫妻は、久子の子を二人とも引き取って育てることになるのですが、こうした三木夫妻の行為は、文献にあるように主命にさからってのものではなくて、三木がその後どんどん出世して「大老」にまでなった事実を考えれば、逆に頼房からのひそかな指示や依頼があってのことだったと推察されるのです。三木を江戸から水戸城下へ移しておいたのも、久子の出産をひかえての頼房や三木のはかりごとと考えざるをえません。

三　光圀の成長

世子となった光圀は、六歳で江戸に登り、小石川の水戸藩上屋敷に入り、九歳のとき、仮元服をして、このとき将軍家光からその片諱を与えられて光国（國）と名乗ることになります。「光国」を「光圀」に改めるのは五六歳のときです。光国の諱は『晋書』陸雲伝中の「聖徳龍興して、大国を光有す」の箇所から採ったものといわれておりますが、光圀は後年、これを重荷と感ずるようになったのか、国を則天文字の「圀」に変えることになります。なぜ悪名高い則天武后の作った文字（二〇字あったといわれる則天文字は則天武后の死後ただちに使用中止となりました）を諱に使ったのか、光圀自身改字の理由を述べておりませんので、真実のところは不明というほかありません。

ともあれ、六歳にして選ばれて世子となった光圀は、以後特別の教育を受けることになったのですが、一二、三歳頃から当時江戸で大流行していた「かぶき者」のような恰好で大道を闊歩し、また非行的言動をくり返し、両親や三人の傅（補導役）を困惑させるようになります。傅の一人小野言員（角衛門）からは、一六、七歳頃、きびしい諫言を受けたりしました。もっとも父頼房も、壮年期までは衣服佩刀みな「異形」を好み、行儀またすこぶる節度を逸するものがあったといわれていますから、親子で似かよった資質だったわけです。家康はかつて公子を集め各々の欲するところは何かと問うたとき、ある者は大国を得たいといい、ある者は賢臣がほしいといったのに、頼房ひとり即座に「天下ヲ得ント欲ス」（『家譜』）と答えたので、愕然とした家康は、頼房を以後ことごとくおさえつけて公子並みに扱わなくなった、という話さえあります。

こうしたエピソードは、どのくらい事実に即したものかはわかりませんが、頼房は家光から「水戸殿ハ今ノ能登守ナリ」（同前。能登守は平教経のこと）といわれるほど武芸に長じており、むしろ戦国武将的な人物と家康もこの末子を見なしていたようです。

さて、光圀の心の転機は、一八歳のとき突如として到来します。改心の動機は、この年、中国前漢の歴史家司馬遷の『史記』、その列伝の冒頭部分、伯夷叔斉伝を読み、深い感銘を受けたことにあります。それは、

伯夷と叔斉は、殷の諸侯孤竹君の二人の子で、父は自分のあとに叔斉を位につけようと考えていた。その父が死んだとき、叔斉は位を兄の伯夷に譲ろうとした。しかし伯夷は叔斉がつぐのが父の遺志であるといって国外に去った。叔斉も位をつぐことを承知せず、そのあとを追って国を去った。孤竹国の人々はやむなく二男の仲を位につけた。（要約）

という箇所です。すでにお話しいたしましたように光圀は三男ですから、この箇所を読んだとき、自分の意志ではなかったにせよ、兄頼重をさしおいて自分が世継ぎとなったことに強い心の痛みを覚えたのです。

この読書体験を契機に光圀は、これまでの不良的言動を深く反省して学問に励むとともに、人生の目標として二つのことをひそかに決意します。一つは自分の子にやがて男子が生まれても次の三代藩主には兄頼重の子を立てること、もう一つは、改心の契機となった『史記』のような立派な史書を日本の歴史について編纂したい、この二つです。

光圀二五歳のとき、側近く仕えていた女性やち（玉井氏）が光圀の子を懐妊し、この子はのち頼常と名乗ります。その後光圀は二七歳で、左大臣近衛信尋の息女で一七歳の泰姫（尋子《ちかこ》）と結婚しますが、泰姫は二一歳の若さで病死します。光圀はこれ以降再婚せず、ずっと独身を通します。

ただし、一八歳以降の光圀は、自覚的に儒学を中心に学問に励むようになる、ということなのであって、少年時代

からの「かぶき者」的気性そのものは終生持ちつづけることになる、そのことをとくにここで申し上げておきたいと思います。

四　藩主光圀の治績

光圀は、三四歳のとき、父頼房のあとをついで二代藩主となるのですが、明日幕府からの使者がくるという前夜、兄弟を集め、一八歳以来胸に秘めていた計画を打ち明け、兄頼重の子二人（長男頼方と次男綱條）をそれぞれ養子と連枝並とし、やがて六三歳で致仕することになったとき、綱條が三代藩主となります。長男は光圀が四三歳のとき亡くなったからです。一八歳から数えて四六年ぶりに初志を貫徹することになったわけです。ちなみに、頼重は光圀が三七歳のとき、その子頼常を世子とし、のち頼常は高松二代藩主となるのです。

一方、歴史書については、これがのちに有名な『大日本史』編纂の発端になることはよく知られておりますし、光圀時代、編纂の中心にいて編纂局である彰考館の総裁にもなった佐々十竹（介三郎）と安積澹泊（覚兵衛）とが後世それぞれ「助さん」「格さん」のモデルになっているといわれることもご存知と思います。けれども「助さん」「格さん」がともに立派な学識を備えた儒学者であったことは案外知る人は少ないかもしれません。

藩主としての光圀は、先ほど申し上げた事業のほか、城下への水道敷設、殉死の禁止、大規模な寺社の改革、快風丸という巨船を建造しての蝦夷地探検など多方面の事業を展開し、在職三〇年にして致仕し、元禄三年（一六九〇）、水戸城から北方五里の新宿村《あらじゅく》（常陸太田市）に山荘（西山御殿。のち一般に西山荘と呼ばれるようになった）を建てて隠居。隠居ののちも足しげく領内を巡見し、約一〇年山荘に住んで同十三年に没します。享年七三。この山荘は、平安時代以来四百数十年もの間、常陸北部に君臨しつづけた源氏の名族佐竹氏本貫の地に位置しております。祖父家康によって秋田へ左遷されて九〇年たっているとはいえ、佐竹氏から恩顧を受けた人々の子孫は多く、佐竹氏を慕い、反徳川の気風がまだまだ強く残っていた当時、あえてこの地に隠居所を建てたのは、光圀がこの地に溶けこむ姿を見せて、こうした人々の警戒心をやわらげなければならないとする政治的配慮のあったことがうかがえます。

なお、黄門漫遊の話は、一つには頻繁に行った隠居後の領内巡見、いま一つは佐々介三郎が中心となって実施された『大日本史』編纂のための全国的な史料探訪の旅、この二つがヒントになって生まれたのかもしれませんが、光圀自身としては、日光社参、成田山新勝寺への参詣、鎌倉の英勝寺への墓参が主な旅で、江戸を起点としてみると、日光がもっとも遠くへ行ったところになりましょうか。

五　遣迎院応空宛の書簡

これから本題といいますか、武人・武将としての光圀の人間像の方面に焦点を当てて話を進めていきたいと思います。光圀は、晩年に近い六八歳の元禄八年（一六九五）、京都の遣迎院応空和尚宛に次のような書簡（十月二十九日付。『水戸義公全集』下、所収）を送っております。この書簡は、先頃、応空がわざわざ遠方から山荘の光圀を訪ねてきた折、三条西家とはかねて懇意にしている旨話していたのを思い出した光圀が、同家所蔵の史料の閲覧ができるように口添えしてほしい、と依頼したときのものです。

道中無恙御到着候哉、承度存候、此度は遠方辱御尋問の所、辺鄙故倉卒の体、残念不少候、雖然久々にて清話閑談、欣慰之至候、然は面晤の通、下官十八歳の時分より少々書物を読聞申候、其時分より存寄候は、本朝に六部の国史古来有之候へ共、皆々編集の体にて史記の体に書申候書無之候故、上古より近代迄の事を本紀列伝に仕、史記の体に編集申度存立、四十年以来方々才覚仕候て本朝の旧記共集申候へ共、存候様に旧記あつまり兼、編集はかとり不申候、就夫、三条西大納言殿御家御代々学問御好被成候故、旧記共多く御所持被成候様に承及申候、何卒致懇望候て蒙御許借申度、数年願罷在候へ共、誰人を頼可申達方も無之、空く打過申候

此度貴僧御物語にて、大納言殿御事承、幸と奉存、貴僧を頼捧愚札候、猶更下官所存の趣、貴僧御演達頼入申候

下官史記編集の事、第一上古より近来迄の事を記録仕候て、後世の重宝にも可罷成と存、次には下官武家に生長仕候へ共、太平の時節に候故、何にても武名を立申事無之候、然は家業にて無之候へ共、書籍編集仕候は、、少は下官名も後世え伝り可申哉と存候て存立申事候、もはや齢も晩年に及候へは、何とぞ存生の内、多年の大望相達申度候、貴僧能々被伝達、下官志の程あはれと被思召候て、御旧記御許借被遊候様に頼入申候

この書簡のポイントは、光圀の精神と、その一生を費して行った諸種の文化事業との関係性をはっきりと見てとることができるところですが、ここでいささか注釈めいたことをつけ加えておきます。光圀は、編纂している史書は、「本朝の史記」「国史」「倭史」などと呼んでいたので、これを『大日本史』と称するようになったのは、光圀の死後、次の綱條の時代で、正徳五年（一七一五）のことです。書名の儀が起こったとき、江戸の編纂局（彰考館）では「大日本史」を、水戸の編纂局（光圀の指令により、編纂の進捗をはかるため、元禄十一年から水戸城内二の丸にも編纂局が設けられ、これを水戸彰考館、略して水館と称し、これに対し従来の江戸の彰考館は江館と呼ばれるようになりました）では「皇朝新史」をそれぞれ提案しますが、綱條の裁定で『大日本史』が採択されたのです。また、現在の『大日本史』は、ご存知のように神武天皇から南北朝合一時の北朝の後小松天皇までを記述の対象としているのですが、光圀としてはできることなら百年ほど前の室町幕府滅亡あたりまで書きたいという志願を抱いていたようです。書簡中に「上

古より近代迄」を記述したい、と書いているのはそうした気持ちを表明しているものとみられるのですが、今はこの問題には立ち入らないことにいたします。

ともあれ、光圀はこの書簡で、「何にても武名を立申事」のかなわない「太平の時節」なので、「家業」ではないけれども「書籍編集」によって自己の名を後世に伝えたいと願っていたことにとくに注目したいと存じます。光圀は父頼房に幼少時から、武人・武将としてはずかしくない人間となるべく、厳格な教育を受けてきたのです。そのことはこれから具体的事例を引いてお話しいたしますが、光圀の有名な自叙伝「梅里先生碑陰文」に「先生夙夜膝下に陪して戦々兢兢たり」とあるのも、そのことを明示しております。

六　武芸の鍛錬

光圀が世子として江戸へ赴いた翌年、すなわち七歳のとき、頼房は小石川藩邸内の桜の馬場で、ゆえあって元家臣永野九十郎を手討ちにすることがあり、その夜光圀に、これを差してゆくようにと脇差しを手渡しながら、その九十郎の首を持ってくるように命じました。桜の馬場は屋形の西方四町ほどのところにあり、そこへの道はせまく、水流れ、樹木がうっそうと生い茂り、昼なお暗いところなので、侍女たちも成りゆきいかんと固唾をのんで見守っていると、当人は少しも憶することなく刑場へ行き、重い生首のもとどりをつかんで引きずりながら帰ってきました。父は、先の脇差しを与えてその勇気を称えたといいます。またこの頃のこととして、父がわれ汝と戦場に出てわれ手負いて倒れたならば、汝われを介抱するや、と問うと、父の身を乗り越えて敵と戦わん、と答えて父を大いに喜ばせたというエピソードもあります（『玄桐筆記』）。

兄の頼重が温厚な性格だったのと対照的に、光圀は勝気で強情な少年でした。あるとき光圀は、柔術をよくした兄が相撲は役に立たぬとけなすのを聞いて憤慨し、論より証拠立ち会ってみようと申し入れたものの、二度ともあえなく投げとばされ、三度目を所望すると、今度は隣の部屋まで転げこむほど投げられたので、侍女たちが、あやまちでもあったら大変、と悲しむと、兄は、あのように強情なやつはこらしめてやるがよいのだ、と答えたといいます（同前）。また、剣術の稽古でも無体な仕打ちをして兄をあきれさせた話などもあります。この頃の光圀は、脇差しを取り上げられて丸腰だったのですが、こうした乱暴な気性を父に見抜かれていたからでしょう。

とはいえ、生来光圀の運動神経は抜群で、馬術の技倆は「究竟の御上手」といわれるほどでした（同前）。馬上に棹立ちになるとか、足を鞍にひっかけて逆吊りにぶらさがるとか、曲馬の名手でした。ある日、早駈けさせていた馬がもぐらの穴に蹄をとられもんどり打って転倒、すわ一大事お怪我は、と人々がかけ寄ると、当人はいたって平気で、まわりの人々の方が驚いたといいます。そうしてこうした稽古ぶりを父頼房は物陰からじっと見つめていたというのです（同前）。父として世子の武芸錬磨にかける期待の並々ならぬものがあったことをうかがわせるエピソードです。

これらの事例は、戦国の世はすでにすぎ去っていたとはいえ、自己の生命を守るためにも、武芸の訓練はまだ不可欠の時代だったことをよく示していると思います。光圀一二歳の夏、疱瘡が回復してまもない時だったにもかかわらず、父は、飢饉の年で死体の浮いていた浅草川（今の隅田川）を、自分のあとにつづいて泳いで渡れ、と命じます。光圀が死体をおしのけながらようやく泳ぎ切ると、父はその気力を賞し、帯刀の禁を解き、小鍛冶宗近の脇差しを与えます。光圀はこの時の感激が忘れられず、藩主となってのちも、江戸城に登るたびにこの短刀を差して出かけました。

この前年、一一歳の光圀は、将軍家光から拝領の甲冑を初めて着用する儀式を行いましたが、拝領日である正月十一日、この日を光圀は毎年特別の日と考えており、質素を旨とした隠居後、山荘での生活の中でも毎年この儀式だけは厳重に行ったのです。

西山公御隠居後、御山荘にては、正月御門松も建てられす。五節供等その外何にても御祝儀これなし。唯正月十一日に、御具足の御祝ゐ計ハ、毎年厳重に遊ハされ候。（『桃源遺事』）

御隠居已後、年中節次の儀式ハ皆被停廃しに、御具足の御祝儀計きつと被執行、十一日御具足を御座間に被為飾、御道服御袴御着御座有、典膳御相伴ニ而御祝ひ被遊、畢而相詰候者とも不残自御手御のし被下けり。（『玄桐筆記』）

文中の「典膳」は大森典膳のことで、山荘に近侍した六十数名ほどの家臣の筆頭格の人物です。この史料からも、終生将軍家との絆を大切にしながら、武人・武将としての誇りを持ちつづけたいと願う光圀の心のありようを見てとれると思います。

七　武将としての覚悟

亡くなる四ヶ月ほど前の元禄十三年（一七〇〇）の八月、彰考館総裁の安積澹泊が、江戸へ転勤となり、暇乞いに山荘を訪ねると、光圀は当時すでに死期の近いことを自覚していたのですが、藩主綱條の子で世子の吉孚への十箇条の伝言を澹泊に託します。澹泊はそれを文章にまとめ、小石川邸で吉孚に渡しました（『西山遺聞』）。光圀はそこで、読書は一身に益あるのみならず老後の慰みともなるから出精すべきこと、槍剣の稽古に励むべきこと、軍法・軍学は『孫子』『呉子』を中心に学ぶべきこと、諸士の由緒来歴をかねて知りおくべきこと、算盤・算術を習得すべきこと、士卒をよく撫育すべきこと、身体強健であるべきことなど、委曲をつくして教諭しているのですが、読書の必要性を説いた第一条以外すべて「武士の心得」（第六条の文言）にほかなりません。算盤・算術の習得にしても、それに無知では「備立人数の配様」（第七条の文言）ができないからであり、身体が強健でなければならないのは、「万一いか様の時節、大寒大暑に野陣を御帳被成候ても、少しも御痛ミ被成候事ハ無之様に」（第十条の文言）するためであり、これは光圀自身常日頃心懸けてきた信条だったにちがいなく、頻繁に行った領内の巡見は身体鍛錬の場でもあったのだと思います。

藩主在任中から手元においてひとしおかわいがっていた吉孚のために、おそらく遺言のつもりで伝えたこの十箇条の文言は、死を覚悟していたこの時期に至ってなお、あるべき武将像に向かって精進を怠らなかったという強い自負の念を知ることができ、戦場で武勲を輝かせたいと願う武士の魂こそ光圀の生活力の源泉だったことがよくわかります。次の二つの史料をご覧いただきたいと存じます。一つは、戦陣をくぐりぬけてきた老人に対する光圀の礼遇ぶり、もう一つは、光圀がつねにみずからの命を「其日限」という覚悟ですごしてきたという自身の談話です。

戦陣を歴たる者をは果報者、あやかり者とて礼遇被遊ける。岩船へ御成ことにかならす伊駒不半を被召出て、御膝下迄近寄らセさセて、御盃を被下、（中略）不半ハ極老なりけれハ、眼口鼻より涕涎流出て、往々盃中へも滴りけり。陪者とも顰蹙して気毒かるを御覧して、打ゑみ給ひて、汝等かよろこふなる艶婦美童の盃よりも、是か美きそと被仰ける。（『玄桐筆記』）

常々被仰しハ、御壮年の時より、御身をは其日限とのミ御覚悟被遊し也。勿論閾を越て外へ御成あるに、二度御屋敷へ帰御有へしとは、終におほさざりしと也。西山へ御隠居已後も、其ことく何方へ御出有にも、再度御山荘へ御帰有へきとは思召れさりしと被仰き。御跡の無一物なるを拝見し奉るに付ても、御言葉符合して覚へ侍奉る。

（同前）

このように見てまいりますと、光圀の精神は、その中核には武人・武将としての矜持と覚悟がゆるぎなく存在し、それを包みこむように一八歳以降自覚的に蓄積してきた儒学（儒教）や和学、さらにその外側には壮年期から関心を寄せるようになった仏教の、教養と学識とがしだいに層をなしつつ文人としても厚みを増してきた、という構造になろうかと思います。

とは申しましても、ここでは光圀の学問・教養の形成過程についてはお話しするゆとりがないのですけれども、一つだけ申し上げておきますと、光圀は若い時分、伯父の名古屋藩主徳川義直の影響もありまして、尊儒排仏といいますか、儒教第一主義を貫き、藩主時代には全国でもおそらくもっとも徹底した寺院整理を断行します。処分された寺院は一〇九八ヶ寺にものぼり、これは当時の水戸藩の寺院数二三七七ヶ寺の実に四六・二％に当たります。

ところが壮年期以降しだいに仏教に心を寄せるようになり、七〇歳を目前にした十二月二十三日、夫人の命日を機として落飾という挙に出たのです。

かたちよりせめて入さの法の道分て尋ねん峯の月影

（『常山詠草』補遺）

とは、その当日に詠んだ歌です。僧形という形からせいぜい入ることにしよう、この仏道修行に、道に踏み入って仏教の真理である真如の月が頂上に輝くさまをたずねたいものだ、という意味でしょう。光圀が晩年に髪をおろし僧体となった事実はこれまで取り上げられることがなかったので、一言申し添えた次第です。若い時分あれほど仏教を排撃した光圀を考えると意外な感じがしますが、実は母の久子は敬虔な日蓮宗の信者だったので、年齢を重ねるにつれ母を慕う気持ちを強めていった光圀はおのずと仏教にも心を寄せるようになっていったのでしょうか。

八　戦国的気風の残存

つぎにはこれまでお話ししてきた光圀の人となり、人格が、藩の政治や幕閣首脳との関係などにどのように反映されているか、具体的な事件を通して見てみたいと思います。

光圀は、すこぶる窮屈な藩財政に苦労するなか、士民の困窮者の救恤に努めたり、先にも触れましたが、埋立て地で水質の悪い城下下町に水道を引いたりして温情をほどこす一方、藩主として峻厳な面も見せており、たとえば天和二年（一六八二、光圀五五歳）にはそのことを示す二つの事件が相継いで起こります。

一つは、執政——執政とは家老級の家臣で用達を命ぜられた者の称です——の職にあった当時六〇歳の穂坂武勝は、折から就藩中の光圀に誕生した赤子をわが子として見せたのですが、それが偽装と知るや光圀は武勝に自尽を命じ穂坂家は断絶、その妻も処刑されました（『水戸紀年』）。もう一つは、和田正勝の事件です。

罪アリテ改易セラレ即日召返サレン為ニ物頭目付等ニ命セラレテ追行ク、遂ニ他領堺ニ於テ正勝ニ行合フ、時ニ正勝追手ヲ見掛テ即時ニ自殺ス（『水府系纂』）

改易されたのは同役の養子の件に加担したからだとか、また召返されなければならなかったのは城代宅で暇乞いのさい無礼な言葉を吐いたからだとかいわれますが、他の説もあって真相ははっきりしません。ただ召返されたら処刑されると即座に思い込んでの自殺だったのでしょう。

元禄二年（一六八九）には、またつぎのような事件も起こっています。

貞享四年（一六八七）から元禄元年にかけて、水戸城下上町で道路の改修工事が行われました。そのとき町人の引き家をめぐって目付・普請奉行と町奉行望月治衛門との間で悶着が生じ、用達二人がその調停に入ったものの、目付・普請奉行の越度を見ぬけなかったとして、用達二人とも逼塞の罪を受けるという事態にまでなったのです。したがってこの問題については、いったんはまもなく新設された大目付に昇進した望月に軍配が上がったかに見えたのですが、望月は翌二年、役替えのため就藩中の光圀の待つ水戸城へ呼び出されることになりました。ところが望月は、なぜかこれを拒み、光圀の仕打ちを恨むがごとき遺書を残して自殺してしまいました。光圀は公命に背く罪重大なりとしてその死体を斬に処したばかりか、骸骨を道路に遺棄せよと命じたのです（『水戸紀年』）。

残されている史料からは望月の弁明の正否を判定できませんが、藩士とりわけ重臣の責任を追及する苛責なき光圀の態度を、前二件とともにこの一件もよく示していると思います。

彰考館編修の中村顧言の『中村筆記』（彰考館所蔵）には、「義公〈光圀の諡号〉の御代に追放等多し、士林さた被成候也、出奔人も多し」と記されています。たしかに光圀の藩主時代には、先代につづいて刑罰に処せられる者甚だ多く、とくに風俗紊乱のかどで罰せられる事件が頻発しております。その数字の一端は、やはり彰考館所蔵の『水城金鑑』二十所収の「町奉行所古記」によって知ることができ、それによれば、頼房時代の正保三年（一六四六）から、光圀が藩主となって五年後の寛文六年（一六六六）の二〇年間に、獄舎に投ぜられた者六三八人にのぼっています。「町奉行所古記」からの転記ということからみて、この中には士分以外の者も当然含まれていたでしょう。

江戸でのかぶき者の跳梁のことは以前ちょっと触れましたが、このような事態には、藩中の士民の生活もそれほどに乱脈だったという面もあるとは思いますが、また戦国時代以来のいわば野性的な自主・自立の気性が士民の間になお強く残存していた結果とみるべき面もたしかにありまして、今述べた和田や望月の言動などはそうした武士の気風を想察させるものがあるのではないでしょうか。

この時分、水戸の城下では辻斬りがあとをたたず、かつて藩庁は慶安三年（一六五〇）、城下宮下で発生した辻斬りについて、犯人を訴え出た者には「縦同類たりと云共、其科をゆるしほうひとして金子可被下者也」と通達していたのですが、その金子は実に「大判五枚」という大金だったのです（『水城金鑑』）。

そういえば、「梅里先生碑陰文」を光圀の特別の依頼で添削したほどの高い学力をもち、彰考館総裁、そして先ほどお話しした吉孚の傅でもあった吉弘菊潭（元常）と、藩士で小納戸役の児玉数衛門とは、喧嘩のすえともに命を落としたのでした。時に元禄七年六月晦日、吉弘は五二歳。世子の傅と藩主の側近とが喧嘩してともに死去したとは驚きますが、しかしこうした藩士同士の喧嘩・刃傷沙汰などは当時日常茶飯の出来事だったのです。

この吉弘と児玉の喧嘩は、『元禄世間咄風聞集』にも収載されていて、それによれば、隠居後、江戸へ出向いて藩邸に滞在中の光圀が、世子吉孚からの饗応を受けていたとき、同席していた吉弘が児玉に謡を披露するよう所望し、光圀がこれを命じたので、児玉は小歌をうたったのですが、吉弘がもっとうたえと言うと、児玉は謡ならば能役者に仰付けていただきたいとこれを拒んだのです。後日、児玉は吉弘に、御前で能役者のするようなことをさせられたのは合点がゆかぬ、それにいろいろと悪口も言われたし、と不満を述べたのに、吉弘はとくに気に留める様子もなかった由。光圀はそうした状況をくわしく聞いたうえで両者を呼び出し、仲直りの盃を取り交わさせました。ところがある日の早暁、吉弘宅へ押しかけた児玉は、まだ就寝中の吉弘に一太刀浴びせたものの、吉弘は児玉を組み伏せて殺害、吉弘も深手を負っていてすぐに命を落とします。光圀はこれを聞き、仲直りの盃まで取り交わしながら児玉の行為は不届として、児玉の子どもまで切腹させ、吉弘については相続を許した、というものです。『元禄世間咄風聞集』はこの一件を元禄六年の「夏時分」のこととしていますが、これが「七年」であることは先ほど申し上げたところです。

同書にはもう一ヶ所光圀に関する記述があり、それは、光圀が死去する前日の晩、近習の者を集めて酒盛りを仰付け、藩主綱條が召上がるようにすすめると、光圀は大盃に六分目くらい注がせ、一四口ほど召上がり、死去間際まで気色も普段と変わらなかった旨、記しているものです。しかしこの記事は事実と著しく相違しており、したがって吉弘・児玉一件の記述もどれほど真相に近いのかはわかりませんが、ともかく謡をうたわされたとか、悪口を言われたとか、それくらいのことですぐに殺人に及ぶという当時の風潮——当事者にすればそれこそ武士の一分を立てることであり、自身の面目にかかわることであったわけですが——の一端を垣間見ることができると思います。尾張藩士の日記である『鸚鵡籠中記』などを見ても、一七世紀いっぱいくらいまでは全国的にまだ殺伐とした雰囲気が社会の中に強く残っていたことがわかるのであります。

ともあれ、元禄三年、六三歳の光圀は致仕して江戸から水戸へ帰りますが、そのとき家臣を水戸城中へ集め、一場の訓示を行いました。この中で光圀は、

新藩主綱條を藩主たらしめるのはみな諸士の心がけしだいであって、君は舟、臣は水、水よく舟を浮かべ、水よく舟を覆すの譬もあるからよくよく頼み申したい。血気にはやりすぎ一命を軽んずるばかりが士の道ではない。死すべきときに死し、生きるべきときに生きる者こそ真の士であって、その決断は儒学の教えを学ばずしては得られない。したがって若い者はまず学問に出精し、五倫の道を弁え、篤実謹厚に勤めなければならぬ。功名を立てようと治世に乱を思うのは治平の賊というべきである。

（『桃源遺事』）

と述べている箇所があります。この部分からは当時の武士の一般的気風も察知できるのではないでしょうか。

藩主としての光圀は、領内の戦国時代的な野性的気風をきびしくおさえこむとともに、儒教的仁政の精神をもって士民を当代の社会秩序の中に組み込もうと意図してきたわけです。士民に向けられた光圀の寛恕と峻厳という二つの顔は、一七世紀後半という転換期の時代相を映す一つの鏡ともなっているのではないでしょうか。とはいえ、人間と

しての光圀の血の中には、処罰された和田や望月あるいは吉弘、児玉らと似かよった、若い時分、「かぶき者」よと指弾された野性的な自主・自立の精神――それは父頼房が期待しかつ父から受けついだ気質でもあったわけですが――は依然として健在だったこと、つぎにお話しするとおりであります。

九　貞享事件と藤井事件

貞享元年（一六八四）、光圀五七歳の八月、江戸城中において若年寄稲葉正休が、大老の堀田正俊を刺殺するという、いわゆる貞享事件が起こります。正休がなぜそこまで思いつめたのか、その理由については必ずしもはっきりしませんが、光圀は老中が正休に一言の弁明の機会も与えず彼を即座に討ち果たしたことを不当とし、さあ一大事と見舞客で混雑する大老の屋敷に背を向けて、近い親類のほか訪れる人もない正休邸へ、世子綱條らをつれ弔問に出向いたのです。この奇嬌とも見える光圀の行為は、当時、世上ひそかに評判をよんだにちがいありません。

光圀は、綱吉のいわゆる生類憐みの令には内心不快の念を抱いておりましたし、我が子徳松を世子に立てたいとする綱吉の内意が伝えられたときも、甲府の綱豊を養君とし、その養君に徳松という順序であるべきだと主張して異議をとなえております。そのほかにも、ともすれば当時、御三家の権威を無視したりないがしろにしたりしがちな綱吉や幕閣首脳に抵抗する言動が見られますが、御三家を大切にすること、これが結局は将軍や幕府のためになるのだ、という信念が光圀にはあったからです。先の正休邸へ弔問に赴いた光圀にはそうした心理もはたらいていたのではないでしょうか。

元禄七年、六七歳の光圀は、綱吉の依頼に応じ、隠居後はじめて江戸へ登ります。そして綱吉から直々に四書の一つである『大学』の講義をと所望され、その冒頭の「大学の道は明徳を明らかにするに在り、民に親しむに在り、至善にして止まるに在り」（原漢文）の箇所について講じます。この前後光圀は、綱吉の『論語』の講義を数度聴聞し、側用人柳沢吉保に将軍の儒学の講義をこれからもぜひ拝聴したいと、その取次方を懇請する書簡を出したりして、江戸での生活をつつがなくすごしておりました。内心は困ったことだと考えつつも、表向きには綱吉や幕閣首脳との良好な関係を保つべく、光圀としてはいろいろと神経をつかいながら江戸での生活をすごしていた様子もうかがえます。

こうした矢先の十一月二十三日、光圀は小石川邸内で腹臣藤井紋大夫を突如手討ちにするという事件を起こします。その当日は、幕府の老中、諸大名、旗本らを邸内に招いての能興行中で、光圀もみずから「千手」を舞ったあと、楽屋で紋大夫を刺し殺したのでした。事件を目のあたりにしていた侍医の井上玄桐は、そのときの模様を次のように生々しく記しております。

紋大夫を引きよせた光圀は膝下へ紋大夫の首を敷き伏せながら、口を強く膝に押しつけ声を出せないようにしておいて、強い力で左右の肩上の横骨の中の窪みを一刀ずつ刺した。刺口を紋大夫の衣服で抑えながら抜くと血は一滴も流れず、「もはやよかるへきぞ」と光圀が立ち退くと、血の胴へ落ちる音がごうごうと聞えて紋大夫はそのまま息絶えた。（『玄桐筆記』）

六七歳の老人の所作とは思えぬ腕前ではないでしょうか。

むすび

数多の家臣を統率し、人心を収攬しなければならない藩主光圀にとってもっとも要となるものは人事でしょう。

『桃源遺事』によれば、光圀は普段から人の過ちを多くは見逃し、その良きを採るようにし、とくに年若の者の過ちには寛大な態度をもって臨んだので、その許された者の中で後年功をたてた者が少なくなかったといいます。光圀自身、

人をの〳〵用ゆる所あり、一事に長すれとも又一事に短きことあり、その長したる所を取用ゆへし、一人に何事も備らんことを求む時は用ゆへき人なし。

とも語っています（「西山随筆」）。

数十年来気に入って側に仕えさせていた牛尾太郎左衛門という家臣がいたのですが、重き過ちがあって家老鈴木石見守に預けとなった逸話がやはり『桃源遺事』に載っています。牛尾は数十年仕えていたといいますから、罰せられたのは隠居後のことと思われます。そのとき光圀は、牛尾の行動を三年も前から内密に探索し、もしや許すべき筋もあろうかと慎重に見究めたうえで、それでもやむなしと決断すると処罰にふみ切ったのです。その日の宵まで以前と変わりなく仕えさせていたので、誰もこのような処断が下ろうとは夢にも思わなかったといいます。光圀はこの一件のあと、「御戯のやうに御近臣ともへ被仰候は、わか目見せよき沚、必す油断すへからす、牛尾太郎左衛門を見よと仰せられ候」ということです。

また光圀は若いときから老後まで、家臣を気に入って使うことと、その人を重い役職につけることとを厳格に区別することにおいて一貫しており、「何某事ハ我か気ニ入候。乍去政事の方ニ可用器にあらす」と見なせば、その原則を踏みはずすことはありませんでした。したがって、軽輩身分の者が思いがけず抜擢を被ることがある一方で、気に入られながらさしたる役職を与えられなかった者も数多いということになります。しかも光圀は、決してその心のうちを容易に表に現わそうとはしませんでした。「西山公の御心中ハ何ともおし計奉り難き事也」と家臣たちは皆言い

あっていたということです（『桃源遺事』）。家臣にとって光圀は、温情ある藩主である反面、畏怖の念を抱かざるをえない存在でもあったわけです。

先ほど申し上げたような時として見せる峻厳な言動、いまお話ししたような心のうちを決して見せようとしない振舞いには、光圀の精神構造の外側を取りまいている文人の層をつきぬけて噴出する武将の顔がのぞいています。常在戦場という不断の心がまえと、修史や古典研究の主宰者として名を後世に残したいとする念願とが経となり緯となって織りなす光圀の人間像は、戦国時代の余風もようやく後景に退き、かわって「太平の時節」がせり上ってくる、その歴史的転換の舞台上での一個の強烈な自己主張と位置づけることができる、私はそのように考えるのであります。

ちょうど時間がまいりましたので私のつたない話をこれで終らせていただきます。ご清聴まことにありがとうございました。

第二章　徳川光圀の文化財保護

はじめに

近世の大名の中では、水戸藩二代の徳川光圀（寛永五―元禄十三、一六二八―一七〇〇）ほど文化財保護に関して多方面にわたる実績を残した人物は他に見当たらないのではあるまいか。

では、なぜ光圀は文化財へそれほどの愛着を寄せるようになったのであろうか。

それは、光圀がみずから発案し、生涯にわたって継続した一大修史事業を推進する過程で、おのずから文化財への関心も高めることになったからである、と考えられる。

そこでまず、光圀の修史事業開始の事情を述べ、そのあと具体的な実例について説明することとしたい。

一　修史の開始と文化財への関心

光圀は一八歳の正保二年（一六四五）、前漢時代の史家司馬遷の『史記』伯夷伝を読んで感銘を受け、とくに史書の重要性を自覚して以来、「本朝の史記」(1)の編纂への志念を抱き、まだ世子の身分ながら三〇歳の明暦三年（一六五七）、駒込の藩邸の一角に史局彰考館を設け[2]、修史事業を開始する。光圀の藩主就任は三四歳の寛文元年（一六六一）である。

光圀の死後、三代綱條によって『大日本史』と命名されることになったこの史書は、その後も延々と編纂が続けられ、二世紀半後の明治三十九年（一九〇六）になってようやく終結の時を迎える。『史記』にならって本邦初の紀伝体の形式を採った[3]『大日本史』は、光圀の生前、本紀は一応完成し、列伝の草稿は過半ができていたものの、志と表はほとんど手つかずの状態であった。とはいえ、光圀自身、この事業がこれほど長期にわたることになるとは予想だにしなかったのではなかろうか。

ともあれ、光圀が三〇歳にして修史を開始したのは、「而立」の年齢に達したとの自覚もあったろうが、それよりも、この年が江戸の大半を焼き尽くした明暦の大火の直後だったことを考えれば、大火の惨状を目のあたりにした光圀は、一日も早く修史の事業をおこして、古書・古記録の筆写・収集をはじめ、史料の湮滅を防ぎ、その保存をはからねばならないと焦燥の念にかられたからにちがいない。当時光圀が師と仰いでいた幕府の儒官林羅山は、この大火によって書庫もろとも一万巻余といわれる和漢の蔵書を失い、落胆のあまり四日後に死去するという悲劇があり、その羅山が中心となって編纂し将軍に献じた『本朝編年録』の呈上本も焼失してしまった。身近におこったこうした事件は、光圀の修史への決意をさらに強固なものとするとともに、文化財全般への関心をよせる契機ともなったのではあるまいか。

図１　徳川光圀陶像（久昌寺所蔵）

光圀が藩主就任後、彰考館員に命じて本格的に史料の収集・調査に乗り出すと、藩内各地より早速、古墳からの出土品の報告や古塚からの経筒の発見などの知らせが相次いで光圀のもとにもたらされた。光圀はさらに延宝四年（一六七六）以降、佐々十竹（宗淳・介三郎）らの彰考館員をしばしば奈良の古寺、京都の堂上家をはじめ、北は津軽、南は薩摩まで全国各地に派遣して大規模な史料調査に当たらせる。全国への史料探訪は、光圀晩年近くの元禄六年（一六九三）まで続けられた。ちなみに、光圀の時代に限っても、修史事業に参画した者は、京都など藩外から招いた学者を含め、その数一三〇名前後に達する。(4)佐々も京都の出身者の一人である。

光圀の侍医井上玄桐の『玄桐筆記』(5)には次のような記述がある。

御代のはしめより御隠居の後迄、御心を被尽て、天下の旧記秘書共購求て写させ給ふほとに、世間無類の珍書共充棟せり。常に仰られけるハ、堂上方の習にて珍書をハ不出門外、是以あるひハ蠧損、あるひハ火燬して烏有となり、上代の遺事、古賢の懿蹟とも後世に伝はらさる事皆是故也。我志は継往開来に在り、つとめて布拡へし。たとひ災変ありとても、関東・関西両地に蔵置なは一方ハ伝へしとて、諸家より御所望有に随而少も御秘惜なく御許借なされたり。堂上方にてハ不宜なされやうのよし、風説きこへしかとも、少も用ひ給ハす、いよ〳〵しきひろめ給ひき。但我一生涯心を尽して聚置、かやうに拡く堂上の求に応する事、継往開来の志あるに依而也。

光圀が、堂上家の古書・記録を求めてこれらを書写し、逆に堂上家から所望されれば、蔵書を貸与したりしたのは、古書・記録を秘蔵せず広く公開して、「上代の遺事、古賢の懿蹟」を後世に伝えようとするとともに、災害時、「関東・関西両地に蔵置なは一方ハ伝へし」と、これら書物の亡失を防ぐためでもあった。「我志は継往開来に在り」とする所以である。

こうした調査の過程で、文書・記録ばかりでなく、仏像・遺跡など各種の文化財が荒廃するままに放置されていることを見聞するにつけ、光圀はその史料的価値を認識・評価すると、必ずそれら物件の修理と保存を命じ、死去するまでこれを継続する。『玄桐筆記』はまたこの間の状況を次のように的確に記している。

仏像のみにも不限、凡寺院・神社・修験等に所蔵の文書・什物等、由緒有て後世へも可伝物をは御見聞次第、必修復被遊て御寄進被遊し也、御領にも不限、佗領の寺社へも御寄進被遊し事数多也。

実際に光圀が命じてそうした仏像・什物・文書など各種の文化財の修理・保存を行った例は藩内外を問わず枚挙にいとまないほどであるが、以下にはその代表的な事例について便宜四項目に分けて述べることとしたい。

二　仏像・神像などの修理・保存

1　「静神宮印」の保存

光圀の正伝と称すべき『義公行実』(6)寛文七年（一六六七）十一月の条には、

静の社を修するに当り、老桧の根を掘りて銅印一枚を獲る。方二寸。題して静神宮印と曰ふ。自ら其の事を記し、之を祠中に蔵む。（原漢文）

とみえる。光圀四〇歳のときである。静神社（那珂市）の本殿建替えのため境内の大木を掘ると、甕に入った、銘に「静神宮印」とある古い銅印が発見された。これを聞いた光圀は大層喜び、早速錦の袋に入れ黒塗りの箱に収め、その箱に発見の年月日（十一月四日）、由来、寸法などをみずから記し、同社の神宝とさせた。この印は現在、国の重要文化財に指定されている。

2　六地蔵寺の典籍保存

茨城県水戸市六反田町の六地蔵寺には、『江都督納言願文集』『神皇正統記』など多くの貴重な典籍（県指定文化財）が所蔵されている。光圀はこれら典籍の価値に注目し、その保護・保存に尽力するとともに、工費を与えて境内に書庫としての土蔵を建てさせた。明治四十二年（一九〇九）この書庫を修繕した際、床下から慶長小判三〇枚と他の小判六枚が発見され、その費用に充てることができた。この小判も光圀の深慮によるものと考えられている。典籍についても光圀は、六地蔵寺三世恵範撰の『倶舎頌疏心車鈔』など五部の書に補修を加え、また別に写して副本を作らせた。これら副本には、各冊ごとに二十世宥密の撰にかかる跋文があり、そこには光圀の命であることを記す次のような文言がみえる。

歳月大積し、世代は杳遠、文字は蠹蝕し、古本将に朽んとす、蟻蛾の力に弊れ、繕写する能はずして隠憂茲す。方今水戸参議源公、古を好み廃れたるを起し、邪を黜け正を挙ぐ。此書の湮滅を恐れ、而して辱も工費若干金を賜ひ、之を修補しかつ別に一通を写し、もって副本に備ふ。嗚呼夫れ、思恵崧高、功徳海深なり（以下略。原漢文）(7)

3　仏像などの調査・修理

光圀は、藩主に就任した直後の主として寛文年間に徹底した寺院整理と神仏分離の宗教政策を断行した。その際、不行跡の僧侶のいる寺や由緒不確かな新立の寺院など多数を破却あるいは移転させた。その一方では、由緒正しい寺社についてはこれを保護・復興につとめるとともに、仏像・神像・古碑などの修理・保存をはかった。『常山文集拾遺』[8]には、仏像の修理刻銘などが二六例掲載されているので、[9]次にその中から三例だけを紹介する。

小松寺　木造浮彫如意輪観音像

小松寺（東茨城郡城里町）の境内には、平重盛と伝えられる墓があり、同寺にはその重盛の念持仏と称される木造浮彫如意輪観音像がある（図2）。光圀は、みずから像の背面に、貞享四年（一六八七）に傷んでいたこの像を修理し、その尊厳を永く伝えるために、その由来を記す、と書いて刻んだ（図3）。

小松寺伝来如意輪像、弘法雕せる所なり。予新たに尊厳を加へ、隔つるに水晶を以てす。これ物の像を汚するを畏るる也。（原漢文）

貞享四年丁卯十一月　光圀　印

光圀は、この像が弘法大師空海の作とし、新たに水晶のケースに入れて保護しようとしたわけである。この像は縦

図2　木造浮彫如意輪観音像（小松寺所蔵）

図3　光圀修理刻銘（小松寺所蔵／いずれも『水戸黄門光圀とその周辺』〈茨城県立歴史館、1993年〉より転載）

八・五センチ、横七・八センチ、厚さ一・二センチで、戦前は国宝中一番小さなものといわれていたが、現在は重要文化財。晩唐時代の作で日宋貿易の渡来品と考える説が有力。なお、水晶のケースは現在は失われてしまったようである。

長勝寺　木造大迦葉立像

長勝寺（潮来市）所蔵の、木造大迦葉立像（県指定文化財）の裾の部分にもやはり光圀自筆の由来記が刻まれている。

常陸国行方郡潮来邨海雲山長勝禅寺、中より派を改む。歴住の像なりと雖も、誰某かは知らず。堂の側に散在す。我偶これを視る。殆んど迦葉面貌に似たり。是に於て工に命じ新に刻雕す。以て迦葉尊者の肖像を作り、彼の仏殿に安置すと云。（原漢文）

元禄戊寅之歳（十一年）　源光圀　印

この銘記によれば、この像はかなり破損した状態にあったものを光圀の命で修復できたわけである。

このように破損の甚だしい像や絵画を修復した例は他に正念寺（行方市）の阿弥陀如来像や福泉寺（鉾田市）の紙本墨画維摩居士像（県指定文化財）などいくつか確認できる。

しかし、修復した仏像の背面や裾部、絵画の軸裏などに、その由来を名とともに記しているのは、今日では文化財を毀損する行為であって許されるものではない。ただ、こうした光圀の刻銘があることによって、寺宝として尊重され、火災などの非常時にもいち早く運び出されて現在まで伝えられたという例もあり、功罪相半ばというところであろうか。

諏訪神社　木造万年太夫夫婦坐像

木造万年太夫夫婦坐像（図4）は、茨城県日立市諏訪町の諏訪神社の神宝で光圀の寄進として知られる。光圀が夫

婦像を修理奉納した際にその理由を刻んだ銘文（万年太夫夫婦像改造記）には、

常陸多珂郡諏訪神祠、万年大夫藤原高利夫婦像有り。年久しく朽弊す。今新に工に命じ二像を改め造り、故の像を其の体中に蔵し、以て将来に垂れんとす。（原漢文）

元禄三年歳次庚午十月吉日　　水戸侯源光圀識

とある。この時光圀は六三歳。藩主退任の年に当たる。諏訪神社に参詣した折、夫婦像が朽ちて傷んでいるのを見て、新しい夫婦像を工人に命じて造らせ、もとの夫婦像を保存すべく、それを新像の胎内に収めたのである。

図４　木造万年太夫夫婦坐像（諏訪神社所蔵、日立市郷土博物館提供）

昭和四十八年（一九七三）五月、茨城県文化財専門委員会（のち茨城県文化財保護審議会と改称）の調査により、実際に、像高二七・五センチの万年太夫像、像高二三・五センチの婦人像が光圀の造らせた像の胎内から現われ、光圀の銘文の真実性が確認された。この夫婦像は県指定の文化財で、鎌倉時代の作と推定されている。(10)

三　遺跡の保存・管理

１　那須国造碑の修理

天和三年（一六八三）六月、五六歳の光圀は、藩内巡見で那須郡小口村（栃木県那須郡那珂川町）の庄屋大金重貞（重昭）家に立ち寄り、その時、大金自身の話とその著作『那須記』によって、ある古碑の存在を知った。その古碑は、下野国那須郡湯津上村（栃木県大田原市）の草むらに長年埋もれていたものであった。その後、貞享四年（一六八七）八月からの巡見で、九月二十四日、馬頭村（那珂川町）に赴いた時、随行の彰考館員佐々十竹にその古碑の拓本をとらせ、それは那須国造碑に相違ないと判断した光圀は、大金にその修理を命じた。しかるに、湯津上村は藩外のため、領主である代官と二人の旗本の了解を得る必要があったので、大金を仲介役として交渉させ、碑周辺の田畑山林六反四畝余を買収することになり、元禄四年（一六九一）の二月、難航した交渉はようやく成立した(11)。

国造碑の修理は、現地に滞在した佐々の指揮のもと大金の協力を得て行われ、同年十二月中旬にほぼ竣工の運びとなった。光圀はそこに鞘堂を建てて碑の保存をはかることとし、その傍らに修験を住まわせ、手当を支給して碑を守らせる方策をとった。現在は笠石神社と称し、碑はその神体として祀られ、国宝である。この那須国造碑は、永昌元年（六八九）に新羅から渡来した人々が那須国造韋提の高徳を称えてその死後まもなく建立したものと考えられている。

2　上・下侍塚古墳の発掘

那須国造碑の修理を終えるとすぐに光圀は、やはり佐々に命じ、大金の協力のもと近くの上侍塚・下侍塚(12)（図5）の発掘を開始させた。何らかの事情で国造碑だけが湯津上へ移ったとすれば、碑がもとあった場所の両古墳を掘れば、碑に関する史料（墓誌など）が見つかるかもしれない、と光圀は考えていたのである。発掘は大金の監督のもとではじまり、元禄五年（一六九二）二月中旬までにはおおむね終了したが、整地や土留めのため、墳丘のまわりに小松を植える作業などが続き、完了したのは四月中旬である。この間光圀は、出土品の鏡、高杯、「矢ノ根」（石鏃）などを水戸から派遣した絵師に描きとらせたあと、厚い松板の箱を用意させ、現物はその中へ、箱の蓋の内側に自身の書付「那須国造墳墓修築記」とともに入れ、もとの墳中に納めさせた。

この書付の表題を「那須国造墳墓修築記」としたのは、光圀は発掘後も古墳が那須国造の墳墓と信じており、その点は認めがたい。しかし、この発掘は学術的な着想をもって行われたわが国最初の試みであることに大きな意義があり、しかも出土品を私物化することなく、原状を復元し、適切な保存方法を採ったことなどは高く評価されてしかるべきであろう。図6の絵は、絵師の描いた絵を大金が模写したものである。

> 下野那須郡湯津上村に大墓あり。何人の墓なるかは知らざる也。その制度たるや、これ侯伯連師の墓也。是歳元禄壬申之春、儒臣良峯宗淳（佐々十竹—引用者）に命じて、瑩域を啓発す。もし誌石ありその名氏を知らば則ち碑を建て文を勒し、以て不朽に伝へんと欲する也。惜い哉、惟だ折刀破鏡の類有りて銘誌有ること莫し。これに於て瘞蔵し、旧に仍って新に封築を加へ、四周に松を裁へてその崩壊を防ぐと云ふ。（原漢文）
>
> 前権中納（言）従三位源朝臣光圀識[13]

図5　下侍塚古墳（南東より／大田原市提供）

3　鳴呼忠臣楠子之墓の建造

上・下侍塚古墳の発掘が済んでまもなく、今度は佐々を、建武三年（一三三六）楠木正成が自刃した場所と伝えられる摂津国兵庫浜（兵庫県神戸市）の湊川の地に派遣し、正成の忠臣ぶりを称える墓碑の建設を命じた。この建碑は光

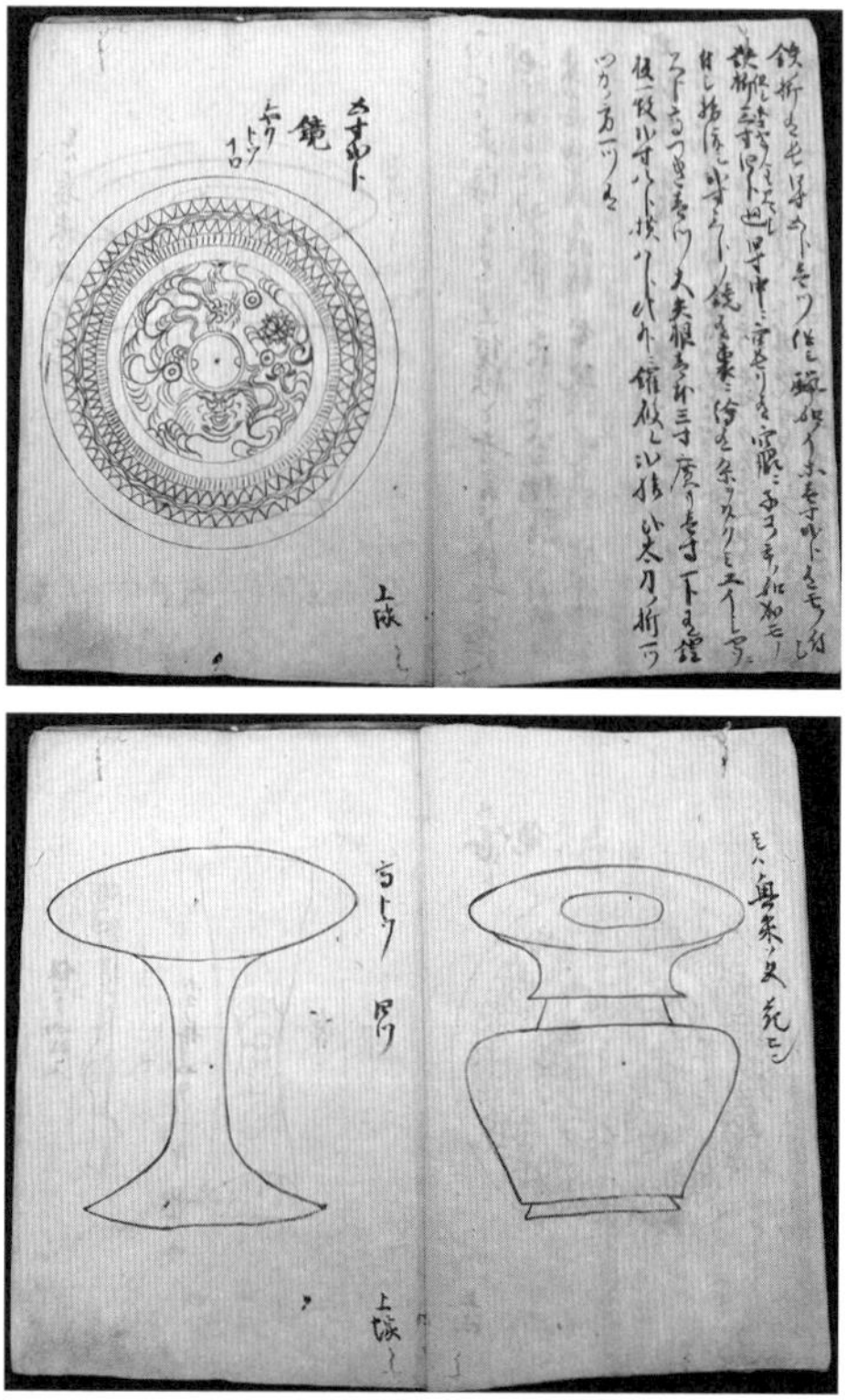

図6　湯津神村車塚御修理（大金重晴氏所蔵）

圀のかねての念願だったようである。

佐々は、京都で諸準備を整えたのち、六月二日に湊川の広厳寺に到着するや住吉（神戸市）の石工頭を呼んで設計図を提示している。それは下壇まわり一丈四方、高さ五尺、上壇まわり五尺四方、高さ二尺五寸とし、その上に亀の背に載せて墓碑を建てるという構想で、耐震にも配慮するよう注文をつけた。

工事は七月十九日からはじまり、石工三五人がかりで八月には上下壇とも形態が整った。墓碑には光圀自身の揮毫になる「嗚呼忠臣楠子之墓」の文字を表面に彫らせ（図7）、碑陰にはかつて朱舜水[14]が作った「楠公賛」[15]の文章を京都の書家岡村元春に書かせ、彫らせた。工事が完了したのは元禄五年（一六九二）十二月二十一日である。

正成自刃の地とされるこの場所には、かつて尼崎藩主青山幸利（元和二―貞享元、一六一六―八四）が建てた五輪の供養塔とみずから植えた梅と松の二株があったのであるが、このたびの建碑に際し、梅・松は切られ、五輪塔も新たな墓碑の下に埋められたという。[16] この記述をみると、旧跡への配慮を欠いたようにも受け取れるけれども、両侍塚古墳発掘に際して入念な原状復元をはかった佐々がここでも現場責任者だったのであるから、その措置にはそれなりの然るべき理由があってのことと考えられる。

4　神武天皇陵の修造請願

元禄七年（一六九四）の秋、光圀は、摂津高槻（大阪府）出身の彰考館員森儼塾（尚謙）に、神武天皇陵と伝えられる畝傍山陵の修造を建議する上表文を書くよう命ずることがあった[17]。五〇〇字ほどのその上表文の宛先については、他に徴すべき史料がないのではっきりしないが、文案をみる限り朝廷を想定したとも考えにくく、幕府への呈上を目論んだものではなかろうか。

しかし、上表文表題の下に割注のかたちで、「此の表、元禄甲戌（七年―引用者）の秋、公命を承りて作る。而るに議有り、罷て達せず」（原漢文）とみえるように、何らかの「議有り」て、結局未提出に終ったのである。

佐々十竹は、前述の湊川建碑の重責を果たした元禄五年十二月以降も翌六年にかけて京都・河内・奈良に滞在して

図7　「嗚呼忠臣楠子之墓」拓本（湊川神社）

いたので、その史料採訪の折、畝傍山陵の荒廃を見、あるいは伝え聞いて、その実情を光圀に報告することがあり、それが森に上表文案を作成させる動機になったのかもしれない。

なお、のち九代の徳川斉昭も、光圀と同様の志願を抱いていたが、この時も実現には至らなかった。(18)

5　多賀城碑の修復

光圀は元禄七年（一六九四）、在府中の仙台藩主伊達綱村へひそかに書簡(19)を呈し、次のように申し入れた。

御領内宮城郡壺之石碑之事、古今其かくれなき碑ニ而候、近来及破損候由伝承候、御領内之事を外よりケ様之事申候段指出申たる様ニ候得共、何卒修復を加へ、碑之上ニ碑亭を建、永代迄伝り申様ニ仕度念願ニ候
ついては、出家一人遣わして勧化させるから、その費用で「壺之石碑」（多賀城碑。宮城県多賀城市）を修復したいともちかけ、鞘堂の建設も含め、これを実現させている。

「壺之石碑」は、万治・寛文（一六五八—七三）の頃、土中から掘り出されたもので、元禄二年五月にここを訪れた松尾芭蕉は、『奥の細道』の「壺の碑」の項に、碑を目のあたりにすることができた感激を、「爰に至りて疑なき千歳の記念、今眼前に古人の心を閲す。行脚の一徳、存命の悦び、羇旅の労をわすれて、泪も落るばかり也」と記した。

光圀の出家派遣は、その五年後に当たるわけである。(20)

四　文書の修復・保存と絵図の模写

藩内の寺社や庄屋などの所蔵文書が、光圀の配慮で修復できたという伝承を耳にすることがあるものの、確証を得

にくい場合が多い。そこでここではその確実な事例として、京都の僧遺迎院応空（遺迎院住職）の所蔵文書の修復について記すことにする。修史事業推進のため、彰考館員を全国に派遣していたことは前述したが、元禄七年（一六九四）当時、故郷の京都に滞在して、史料の収集に当たっていたのは大串雪瀾（平五郎）である。大串は、応空のもとにも足を運び、「遺迎院文書」や「三鈷寺反古」(21)などの存在を知り、これを光圀に報告した。

その文書類が傷んでいるとの報告を受けたのであろう、光圀は早速「文書」や「反古」のみならず「什物」についても必要に応じ修復してつかわすよう指示し、また応空自身から、元禄三年（一六九〇）に退任して以来、隠居所としていた西山御殿（常陸太田市）を直接訪ねたいとの意向を伝えられた時には、これを快く応諾した。

京都で行われた「文書」「反古」などの修復は、数ヶ月で終了したらしく翌八年八月、応空はまず藩主綱條に、さらに光圀にも謝意を言上すべく、修復を終えた文書類やその他『西山上人伝記』『明徳記』など八種類ほどの書物を携えて江戸へ下向した。これらの書類を持参したのは、修史に少しでも役立つならばと考えたからであろう。

応空はしばらく江戸に滞在したのち、九月下旬に西山御殿に到着した。応空が「余人とちがい御家ニ内縁も有之人にて」(22)とのことであるが、いかなる縁故なのかは残念ながらわからない。

応空の持参した修復の文書を一見した光圀は、その出来具合に不満を抱き、これが水戸家の肝煎りで行った作業かといわれては面目がたたないからと、後日、京都で仕立直しをするように命じた。「遺迎院文書修復仕直しの覚」(23)によって、それは縁起六巻、文書八巻、綸旨とそれらを入れる箱であることがわかる。仕立直しの作業は、明けて元禄九年三月末頃には上々の仕上りで完了したようである。

光圀は、修史事業を進めるうちに、諸文献・記録から恒例・臨時の朝儀に関する記事を拾い出し、これらを分類して部類立てにすれば、朝廷の政務・儀式の将来にも役立つだろうと考えるようになった。そこで天和年間（一六八一一八四）からその方面の史料収集にも力を入れるようになり、当時はこれを「部類記」と称していた。

この「部類記」は、光圀の没後、『礼儀類典』五一五巻という大部の書物となるのであるが、その史料収集にも応空は仲介の労をとっている。その一例をあげれば、光圀は、晩年の元禄十一年、蔵人所出納を務めていた大蔵大輔平田職直（豊後守）に、「大嘗会庭上之図」「御即位総図」「御高座図」「大礼幢之図」「御装束諸具之図」「御殿調度之図」などの模写を依頼した。これらは実際には絵師による細かな作業のため、応空のたびたびの督促にもかかわらず、光圀生前には間に合わなかったものもあったのであるが、これらは『礼儀類典』の中に色彩豊かに収録されて今日に伝えられている(24)（図8）。

五　古典の校合と出版

光圀は、修史事業と併行するかたちで、『万葉集』の研究、和文と漢詩文の集成、前述の『礼儀類典』のほか『花押藪』、『草露貫珠』などの編纂も行っている。これらはもちろん修史に役立てるためのものではあるが、今日からみると、それ自体独自の学問的価値を有する書物となっている。契沖の『万葉代匠記』はその顕著な実例である。

修史にはまた、史書や古典の古写本を収集してこれらを校訂し、定本を作ることも必須の作業で、光圀はこの点にも意を用い、大きな成果をあげている。

諸本を校合して本文を確定した書には「校正」、その校正本を出版した書には「校刻」、校訂者の意見を書き込んだ書には「参考」を、それぞれ書名に冠する方式を採った。光圀時代の書物を記すと次のようである。

○校正本―『校正古事記』、『校正日本書紀』、『校正旧事記』、『校正続日本紀』、『校正続日本後紀』、『校正文徳実録』、

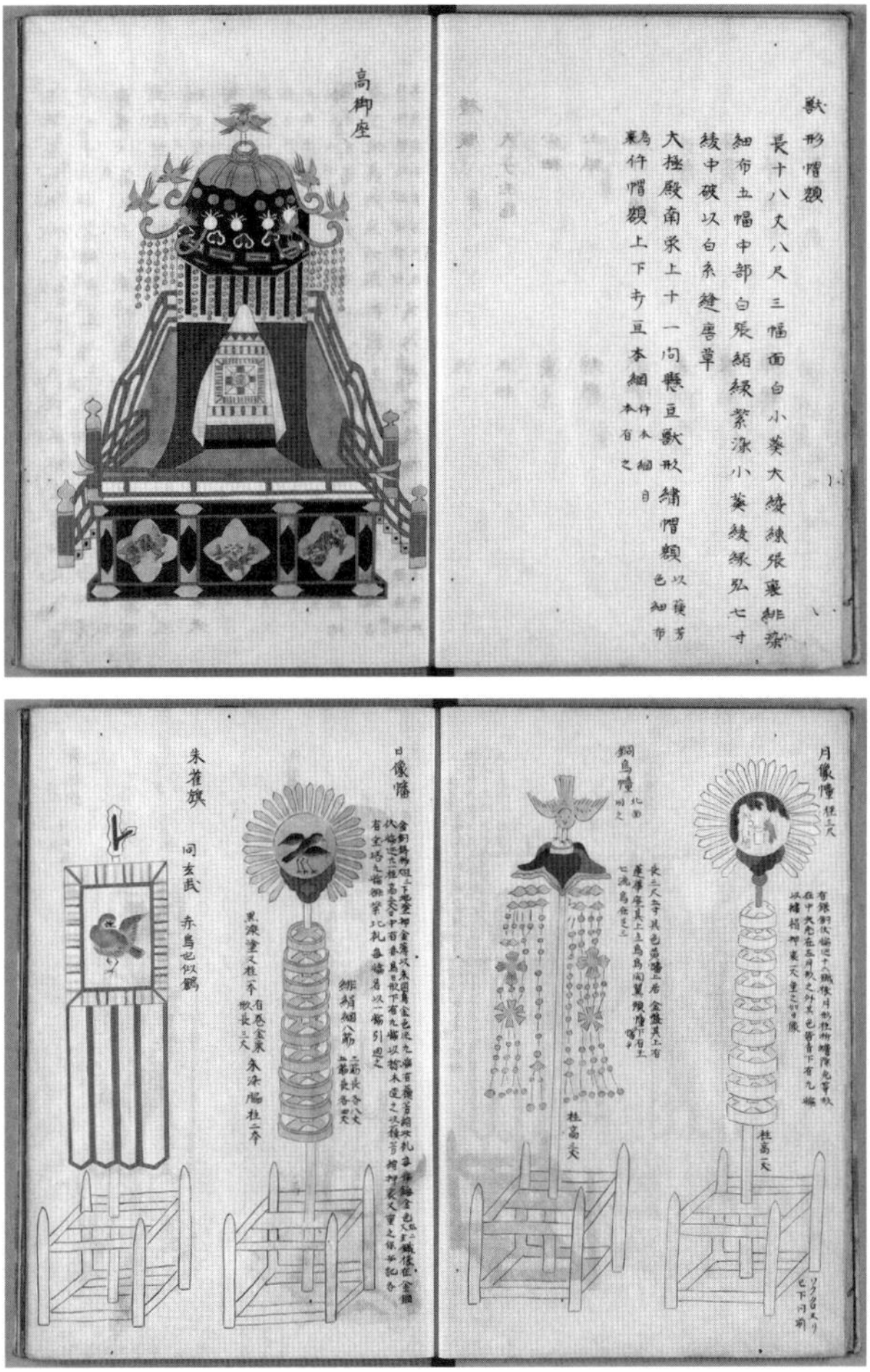

図８　徳川光圀編『礼儀類典図会』２巻（写、国立国会図書館デジタルコレクション〈抜粋〉）

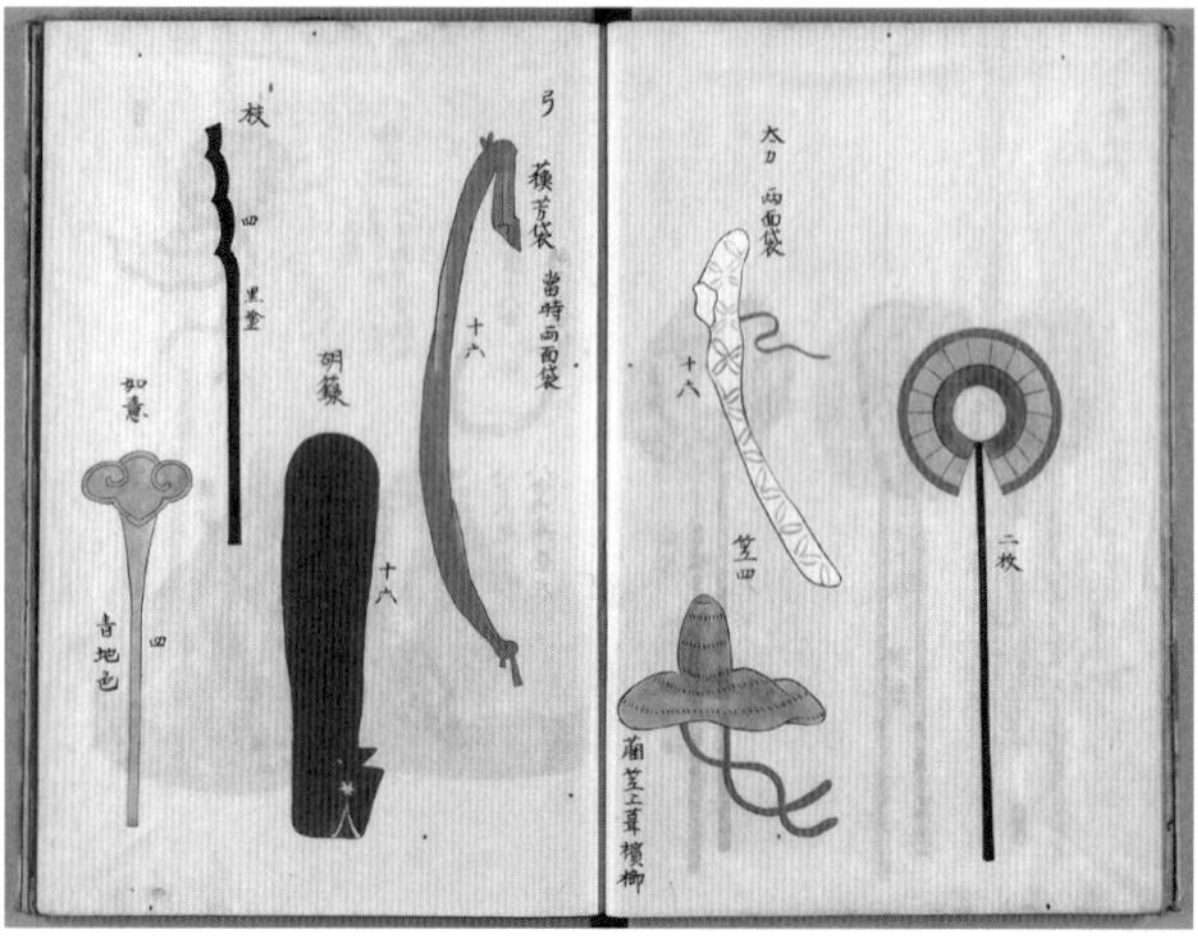
杖
弓
如意
胡簶
太刀
笠
二枚

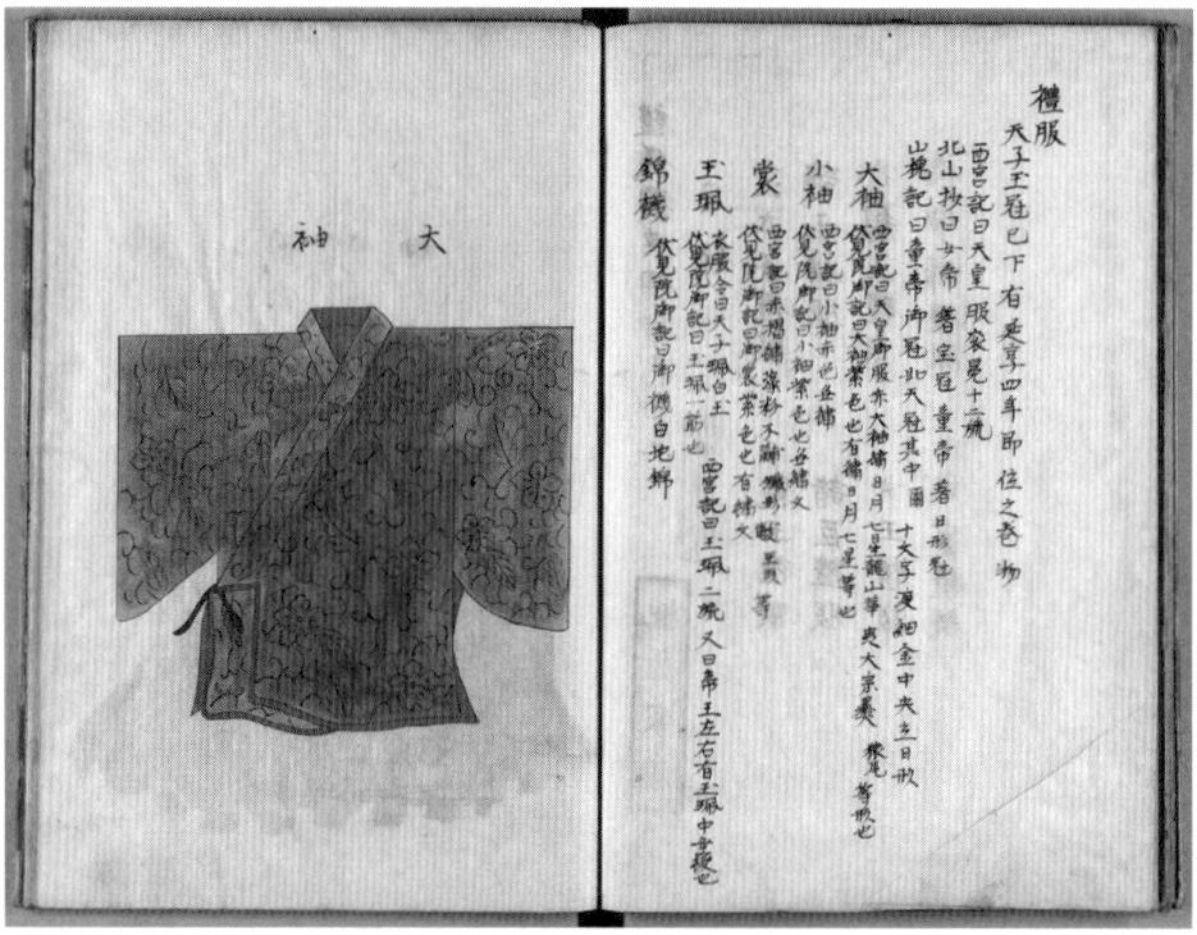
大袖
禮服
大袖
小袖
裳
玉珮
錦襪

『校正三代実録』
○校刻本―『校刻菅家文草』、『校刻難太平記』、『校刻韻府古篆彙選』、『校刻平治物語』
○参考本―『参考保元物語』、『参考平治物語』、『参考源平盛衰記』（この書のみ未刊）、『参考太平記』

校正本は元禄四年（一六九一）に江戸の昌平坂に聖堂が建てられた時、光圀はみずから跋文を記してここに奉納し、これらは水戸本といわれた。参考本は京都の小川柳枝軒（茨城屋多左衛門）から水戸藩蔵版として刊行され、校刻本も出版元はいずれも小川柳枝軒である。(25) 古典の出版が、その書物の亡失を防ぐ最良の手段であることはいうまでもない。これらの諸本は、現在の史学や文学の研究に大いに役立っており、この方面での光圀の見識も高く評価されなければならないと思う。

元禄十三年（一七〇〇）十二月一日、彰考館員の中村篁渓は、西山御殿へ参上し、日光門主に進呈するための「毘沙門堂記録」の新写本ができ、その奥書の案文を認めてきたことを告げた。光圀はそれを読むように指示し、中村が読み上げると、吟味のうえ三ヶ所訂正するとともに、奥書には「光圀曽蔵一本、今新謄写」の二句を加え、これが光圀の絶筆となった。

かほとの御大病の中むつかしき儀、こまかに御吟味御直し等在之候段、人皆奉感候。(26)

文化事業に生涯をかけてきた、いかにも光圀らしい所作ではあるまいか。翌二日からは床につき、死去するのは四日後の六日である。享年七三。

おわりに

光圀は修史に携わる彰考館員に対して、つねづね戒めて次のように語っていたという。

毎に史臣に戒めて曰く、皇朝の史を選するは固より汝輩のよく及ぶ所に非ず。後世必ず良史の者出てこれを修むること有らむ。吾はその稿に備ふるのみ。(27)(原漢文)

光圀としては、よりよい史書の編纂は後世必ず優秀な史家が出現してこれを成就するであろうから、自分はそのための準備作業のつもりでこの事業に当たっている、というのである。

今日みる『大日本史』には、文章の一段落ごとに二行割にして逐一出典を明記し、学説の分かれるものについてもやはり二行割にして注記し、ここでこの学説を採用するのはこうした理由による、と考証の手続きまで記している。これらは、学問的態度から出た方策であるだけでなく、後世の史家への便宜のためでもあったにちがいない。「彰往考来」、「継往開来」という明確な歴史意識が端的に物語っているように、光圀は過去から現在、そして未来へとつづく悠久の歴史の極微小の一点にすぎない自分が、限りある生命の中で何をしておかねばならないかをつねに考えていたのである。

光圀の文化財保護についての考え方もこれと全く同様であって、しかもその視野は、史料調査の規模や湊川建碑、多賀城碑修復などの例にみるとおり全国に及んでいた。たとえば古墳の出土品を私有物とせず、絵師に描きとらせ、頑丈な松板の箱を造ってまた埋め戻したのは、永く保存することによって後世の調査・研究に役立たせることを期待していたからであろう。

図9　下侍塚古墳　夕焼け（東より）

荒廃している寺社の復興や傷んでいる多くの仏像・神像などを工費を与えて修理を命じたのも、六地蔵寺の書庫修繕のさい多くの小判が見つかったのも、みな将来への配慮であった。古典の校合や出版また然りである。

「部類記」（『礼儀類典』）編纂の際、朝廷の儀式の図を絵師に模写させて後世に伝えようとしたのは、今これを描いておかなければ、後世、その儀式ではどのような装束で、どのような器物を使うのかわからなくなるのを心配してのことであった。一方、古墳の出土品を埋め戻し、修理後の仏像・神像をその寺社に保管させたように、文化財はあるべき場所にこそ置かれるべきだとの固い信念についても、今日、その態度は高く評価されるべきである。

史書の編纂に必須なこれら史料をできるかぎり多く健全な姿であるべき場所に置いて後世に伝えたいと願う光圀の使命感は、年齢を重ねるにつれて強まっていったであろう。実際に史書を編纂してみると、史料の大切さ、史料の存在することの有難さを身にしみて思い知らされたはずである。

ただ、前述のように、仏像の裾などに直接由来を陰刻、署名したのは、今日のように文化財への意識が高くない時代であったとはいえ、やはり批難されるべき行為にちがいないけれども、光圀の文化財に寄せる執念がそこに刻み付けられているとみることもできようか。

ともあれ、御三家水戸藩の藩主、前藩主という特別の地位にあって、権威を保持し、財力にも恵まれていたからこそみずからの念願をこれほどまでに実現できたといえるわけであるが、文化財保護にかける光圀の情熱は、修史事業の開始とともに興起し、以後光圀は、生涯変わることなくその情熱を燃やし続けたといえるのであろう。

註

(1) 元禄八年（一六九五）、三条西実教宛光圀書簡。徳川圀順編『水戸義公全集』下（一九七〇年、水府明徳会）所収。第一部第四章参照。
(2) 「彰考」は、西晋の杜預の『春秋左氏伝』序にある「彰往考来」から採ったもの。過去を明らかにして将来を考えるという意味。
(3) 本紀・列伝・志・表という四部門から成る。
(4) 小宮山昌秀編『史林年表』（一八八五年、彰考館文庫託写）東京大学史料編纂所所蔵（原蔵者は彰考館文庫〈水戸市見川〉）。
(5) 常磐神社・水戸史学会編『徳川光圀関係史料水戸義公伝記逸話集』（一九七八年、吉川弘文館）所収。
(6) 徳川圀順編『水戸義公全集』上（一九七〇年、水府明徳会）所収。
(7) 水戸市立博物館編『徳川光圀　水戸市市制一〇〇周年記念特別展』（一九八九年、水戸市立博物館）所収。
(8) 前掲註(6)。
(9) 小松寺（東茨城郡城里町）所蔵の「木造不動明王坐像」の光圀寄進刻銘が未収なので、まだ洩れているものがあるとみられる。
(10) 瀬谷義彦「水戸光圀とある神像の謎」（『歴史有情』一九七九年、歴史有情刊行会）所収。
(11) 湯津上村誌編さん委員会編『湯津上村誌』（一九七九年、湯津上村）所収。
(12) 当時は上車塚・下車塚と呼ばれていた。ともに前方後方墳。
(13) 元禄五年二月、大金重貞「湯津神村車塚御修理」。個人蔵。

(14)光圀が水戸藩に招いた明の儒学者。光圀はみずから舜水の「門人」と称していた。
(15)拙著『徳川光圀』(二〇〇六年、吉川弘文館)。
(16)森田康之助著『湊川神社史』中巻・景仰編(一九七八年、湊川神社)。
(17)上表文は森尚謙『儼塾集』巻三、上書七(一七〇七年、茨城大学図書館)所収。
(18)拙稿「徳川光圀・斉昭の修陵請願」(『季刊考古学』五八、一九九七年、雄山閣)所収。
(19)前掲註(1)掲載本所収。
(20)前掲註(15)。
(21)三鈷寺は慈円の法統を継ぐ名刹。
(22)元禄八年(一六九五)八月十五日付、石井三朶花宛中村篁渓・安積澹泊書簡。『大日本史編纂記録』所収。京都大学文学研究科所蔵。
(23)「平五郎への書案」、元禄八年(一六九五)十一月二日付、大串宛安積・中村書簡。前掲註(22)掲載本所収。
(24)第一部第四・五章参照。
(25)水戸市史編さん委員会編『水戸市史』中巻㈠(一九六八年、水戸市役所)、第二部第一章参照。
(26)『桃源遺事』。前掲註(5)所収。
(27)「謝平玄中書」、安積澹泊『澹泊斎文集』、『続々群書類従』第十三 詩文部、国書刊行会所収。

〈追記〉

光圀は殖産全般にも深い関心をもっていて、その振興をはかるため、いろいろな具体策を講じている。『桃源遺事』(前出)巻五には、その一環として、禽獣草木の類で日本にないものは中国(「唐土」)から取り寄せ、水戸藩にないものは国内各地から取り寄せたという記述があり、その実例として「草之類」三二種、「木之類」五八種、「虫之類」六種、「介並魚之類」五種、「禽之類」二〇種、「獣之類」一四種を挙げている。

西山公(光圀—引用者)常々被仰候は、禽獣艸木やうの物迄世話ニいたし、ふえ候様ニと存候事、全く身の為にあらす。日本の為を思ふ故也と仰せられ候。

光圀はまた名木・古木を観賞することを好み、同じ『桃源遺事』巻五には、隠居後、西山御殿で生活していた時期の話として次のようなエピソードが紹介されている。

或年水戸城より南に当りて、小幡茨城郡（東茨城郡茨城町―引用者）といふ所の往還の傍に、類ひなき桜有、一とせ花の比、春雨の晴間もなくふりける日、この桜の事を覚し召出され、雨中の花一しほにこそとて、御笠を召れ、遥々と彼木の下へ至り給ひ、宴を抜き、詩を吟し、哥を詠し、終日御詠候。

この桜は、『水府志料』（小宮山楓軒著。水戸藩士）に、「其樹三十年前、風の為に折られ、今は其ひこばへあり」とみえる。のち九代藩主徳川斉昭がこの遺事を伝えるため街道沿いにその「ひこばへ」を植えたといわれるが、今その桜も見ることはできない。しかし藩内には、大戸の桜（東茨城郡茨城町、国指定天然記念物）、外大野の枝垂桜（久慈郡大子町、県指定天然記念物）、小田野の三浦杉（常陸大宮市、県指定天然記念物）をはじめ、光圀ゆかりの名木・古木はいくつも現存する。

光圀がこれらの保存・管理をはっきりと指示した史料は見当たらないけれども、それぞれの地元の人々が、光圀お手植えの桜とか、その木の下で光圀が歌を詠んだとか、言い伝えながら、これらの樹木を今日まで大切に守ってきたことも確かである。したがって、本文中の仏像などと同じように、結果的にはそれら名木・古木の保存・管理をはかる上で大きく寄与することになったといえよう。

第三章　徳川光圀の仏教信仰

はじめに

第二代水戸藩主の徳川光圀（諡号は義公。寛永五―元禄十三、一六二八―一七〇〇）は、晩年といえる元禄九年（一六九六）の十二月二十三日、六九歳のとき、妻尋子《ちかこ》（泰姫。前関白近衛信尋の息女）の命日を機として落飾（剃髪）し、日常的にはその後も隠居所である西山御殿での生活を変わりなく継続していたものの、彼の内面においては、この日をもって世外の人となったのである。

しかるに、佐藤進氏著『水戸義公伝』(1)をはじめとして、これまでには多くの光圀の伝記研究、思想研究が世に出ているにもかかわらず、この落飾をめぐる仏教信仰の問題について探究し、信者としての光圀論を展開しているのは、宮崎道生氏が「水戸光圀と新井白石」と題する論考(2)の中で、次のように述べているのがほとんど唯一の事例ではあるまいか(3)。

光圀の場合は既に隠居の身で老齢、余命測りがたい状況にあり、それでもなお『大日本史』ほか編纂事業で未完成のものがあり、世俗的交際も相変らず多かったようであるから、当時世間の慣例に従い、出家―「世捨人」となる手段として剃髪を側近者に打明けることなく、ひそかに実行したと解するのが妥当ではないかと思う。

宮崎氏のこの論考から五年後、すなわち平成十八年（二〇〇六）、拙著『徳川光圀』（人物叢書二四四）の出版に際しては、光圀の生涯を概観しつつ、折々、彼の仏教信仰についても触れ、若い時分の鮮明な尊儒排仏の思想から年齢を重ねるにつれて次第に仏教への関心を強め、ついに落飾の挙に出るまでの過程を記述することがあった。ただ拙著では、「人物叢書」の性格上、また紙幅の都合上、この問題に的を絞って論ずることはできなかった。そこで以下には、世俗との交際を制限するために「世間の慣例に従い」、「手段として」「出家」の道を選んだとする宮崎氏の見解がはたして「妥当」であるかどうかを含め、これまで閑却されてきた光圀の仏教信仰について詳しく検討し、彼の人間像の一面に新たな光を当ててみたいと思う。

一　尊儒排仏の立場

『義公行実』(4)『桃源遺事』(5)などの伝記史料によれば、光圀は正保二年（一六四五）、一八歳のとき、司馬遷『史記』の「伯夷伝」を読んで感銘を受け、兄頼重の子をつぎの世嗣ぎとすることを決意するとともに、それまであまり好まなかった学問にも精出すようになった、という。『桃源遺事』は次のように記している。

正保二乙酉、西山公（光圀―引用者）初而史記の伯夷伝を御よみ御感有て、御父頼房卿（初代藩主徳川頼房―引用者）の御世継にハ御兄頼重殿御たち可被成所に　西山公御世嗣に御たち候段、其本意ならす覚召候。自是して御嫡家へ御譲被成度の御存念おこり申候。此頃迄ハ学文ハ御好なされす候か、今年より御学文御精を出され候。(6)

「伯夷伝」を読んでの感銘は、光圀に史書の重要性あるいは史筆の威力を自覚させ、その自覚が修史への願望を生み出し、やがて養嗣子の第三代徳川綱條（粛公。明暦二―享保三、一六五六―一七一八）によって『大日本史』と命名される一大修史事業へと発展していくことはよく知られている。

一方、一八歳頃から精出すようになったという「学文」（学問）については、一つは和歌の道であり、いま一つは「仁義礼節の道」に基づいて「人倫の大義」を知る儒教（儒学）の道であった。光圀は二〇歳頃から幕府の儒官林羅山に師事するとともに、その子息鵞峯・読耕斎とも親しく文雅の交わりを結ぶ。

こうして学問に志して以後、光圀の才能は急速に伸長し、二〇歳を過ぎた時期の文章には、「白鷲賦」（慶安元年）、「送生万之京師序」（同二年）、「跋都氏文集補遺」（同二年）、「源敬公誄并序」（同三年）などが残っている。(7)なかでも、伯父の初代名古屋藩主徳川義直を弔する「源敬公誄并序」(8)において、故人の遺志を無視して家臣が盛大な仏葬を営んだことを「癡の至りと謂ふべし、罪の大なる者也」（原漢文）と激しく批難して、尊儒排仏の主張を表明している態度が注目される。

光圀が、当時一七歳の尋子と結婚したのは、承応三年（一六五四）、二七歳の時であるが、尋子は四年後二一歳の若さで病死した。その埋葬に際し（墓地は水戸城南吉田村の薬王院）、馬鬣封という儒教の墓の形式をもってしたのも儒教尊信の光圀の意図によるものであった。

また父頼房が寛文元年（一六六一）、五九歳にして死去すると、水戸城の北方約二四キロの久慈郡随留村に新たに選定した墓地にやはり儒礼をもって埋葬した。以後随留の墓地は水戸徳川家代々の墓所となり、瑞龍山と呼ばれている。(9)光圀の藩主就任はこの年の八月十九日、時に三四歳。その二年後の同三年五月、幕府が「武家諸法度」を改定しようとしたとき、この草案を読む機会をえた光圀は、文章の一部修正を求めて、次のように述べたという。

公、令文を読み、儒者・医者・陰陽師の乗輿を許すとあるに至り、廼ち曰く、凡そ先王の道を学ぶ者、これを儒者といふ。王侯より以下、これに由らざるはなし。某もまた儒なり。儒は特に策を挟み、書を読む者の称に非ず。

豈に小技の士と並び称せんや。令文の云々、恐くは笑を後世に貽さん。幕府その言を善とし、令文を改め、医陰二道となす。(10)（原漢文）

この時改定された「武家諸法度」の一一条には、「乗輿者一門之歴々」云々として「医陰二道」とみえ、光圀の意見を容れて「儒」は除かれたと考えられる。「某もまた儒なり」と揚言し、儒教を「人倫の大義」を学ぶ「学問」とする光圀からすれば、この指摘は当然といえよう。

同七年七月十四日、光圀は日頃親しくしていた一〇歳年長の林鵞峯と面談し、意見を交わすことがあった。鵞峯はこの日、日記に、両者の議論が排仏論に及んだとき、「君、度量抜群、その言豪気快達、憚る所なし。余もまた遠慮に及ばず。殆んど貴賤の分を覚へず」と記し、また「君、平生甚だ仏法を厭ふ。然れども新奇を好むの癖あり。(11)」（原漢文）とも評している。光圀が排仏論を唱えて意気軒昂たるところをみせていたのである。「然れども新奇を好むの癖あり」とは、次節に述べる徹底した寺院整理の政策を指しているものと考えられる。

なお、翌十五日にも鵞峯は、諸大名の仏教に対する妥協的態度を批難し、「凡そ今、武林の儒と称する者、皆、俗に違ふこと能はざるは、公儀を憚るによりて也。唯、卓爾として専行するは、水戸参議のみ。(12)」と記している。鵞峯には前日の熱い議論の余韻がまだ残っていたのであろう。

二　寺社改革と久昌寺の建立――三教併存の立場へ――

光圀は寛文三年、初回の就藩時、村単位に「開基帳」(13)の作成を命じ、藩内の全寺社を対象にその実態調査を開始する。同五年には、寺社奉行を新設して、従来、城下町は町奉行に、農村は郡奉行に、と分かれていた寺社行政を一括して管轄させることとし、北河原景隆と山縣元纜の二名をこれに任じた。ともに寺社改革への布石である。

こうした準備のうえで、翌六年、三九歳の光圀は、寺院の破却、移転を含む強硬な整理を断行する。まず四月には、「諸宗非法式様子之覚」七ヶ条を定め、破却すべき寺院の条件として、息災（祈禱）・滅罪（葬祭）を行わない寺、禅・浄土・日蓮各宗のうち祈禱を行っている寺、祈禱ばかりで葬祭を本意としない寺、葬祭を行わず宗門帳に請判している寺、檀那（檀家）が全くいない寺、年貢地・屋敷に立つ寺、掛け持ちの寺、などをあげてこれらの寺を壊すとともに、八月には、藩内のおびただしい小寺の存在が由緒ある寺まで渡世を困難にしているとして、これらも破却の対象とした。

このような方針のもと、同年に処分された寺は一〇九八寺にも及ぶ。前記「開基帳」によれば、水戸藩の寺院総数は二三七七寺であるから、実に四六％が処分されたことになるが、これらの開創年代をみると、奈良・平安・鎌倉時代の開創と伝える由緒をもつ古寺ほど処分割合は小さく、室町末期から江戸時代（近世）の寛文までの新立の寺院ほど多く処分されている。歴史の浅い寺ほど整理されたのである。

処分の形式としては、破却が最も多く、七一三寺で全体の六五％を占め、これを水戸城下についてみると、一〇八寺中、処分寺院数六四寺で、そのうち破却が五九寺と九二％にも達し、城下寺院の整理がいかに徹底していたかがわかる。

処分された寺院の僧侶は、帰農した者が多かったが、追放・立退きを命ぜられる場合もあった。処分理由は不行跡とされた者が多い(14)。

光圀はこうした寺院整理の一方で、同六年、家臣のために城外坂戸（酒門）村と常葉村の一角に、それぞれ墓所を開設し、それまで寺院内に墓地をもっていた家臣にこの両所に墓を造らせた。この両墓地は、特定の寺院に属さず、諸宗の共同墓地として存続し、酒門共有墓地、常磐共有墓地として現在も使用されている。

また、僧侶には葬祭に関与させないように、士民には自葬祭を勧め、朱子の礼式を参考に作成した「喪祭儀略」[15]を編んで頒布したのである。

近世の初期、まず林羅山ら儒学者の間から、中世以来の神仏習合の否定、仏教の排斥、神道の復興などの思想運動が興り、幕府も寛文五年八月、「諸宗寺院法度」を定めて仏教への統制強化に乗り出していた。こうした動向を背景に、諸大名の中では岡山藩の池田光政、会津藩の保科正之らも寺院整理を行っているが、光圀による水戸藩の場合、その数も断然多く、かつ徹底していたのである。

光圀が伝統ある寺院についてはこれを存続させる方針をとっていたことは前述したが、寛文後半頃からは由緒ある寺を積極的に保護する態度をとるようになっていく。たとえば、同七年十一月、板久（潮来）村へ巡見に赴いた折、源頼朝の創建と伝えられる名刹長勝寺に立ち寄ると、その荒廃するさまを歎き、金五〇両を与えて修造させ、同月、静神社（常陸国二の宮）・吉田神社（常陸国三の宮）の二社を修造させるとともに、社僧を廃して別院に住まわせ、両社の神主を京都へ派遣して神道を学ばせている。

光圀のこれら一連の寺院整理と神仏分離の政策は、排仏一辺倒ではなく、由緒正しい寺院を保護し、これらの寺院を中心として本末関係を整理し、神仏ともに信仰の純正を確保し、あわせて寺院・僧侶の適正化をはかる方針へと、この時期、移行しつつあった表われのように思われる。

　神道ハ神道、仏道ハ仏道、修験ハ修験、各其道を専にして、佗を混雑せされと教へ給ふ。仏家にても、其宗々の外に佗宗の旨を、仮初にも混乱するを大にきらひ給ひき。（傍点原文のママ）

とする『玄桐筆記』[16]の記述は、この時期の光圀の宗教観を端的に表明しているといえよう。

さて、寺院整理から六年ほどたった四六歳の光圀は、延宝元年（一六七三）、寛文元年に五八歳で死去していた母久（久子）の墓のある水戸城西向井町の経王寺を、母の一七回忌までには久慈郡稲木村へ移そうと考え、この年、その地所を定め、同三年に着工、同五年の忌日（十一月十四日）までに堂塔を完成させた。そして寺号も母の諡号・法号にちなみ、新たに靖定山妙法蓮華院久昌寺と改めた。久は生前、経王寺の住職日忠の説法を聞き、深く日蓮宗（法華宗）に帰依していたのである。ちなみに、久昌寺は、瑞龍山墓地の南南西約四・五キロのところに位置する。

開山法会は、身延山貫主日通を招いて導師とし、盛大に催したが、光圀はかねて僧侶の堕落は、金銭に執着し、権門、富家に接近するにありと考えていたので、開山に当たり、僧侶には葬祭や財務に関与させないこととし、摩訶衍庵を首位とする一〇坊を建て、その庵主として京都から日乗（慶安元―元禄十六、一六四八―一七〇三。字は慈性、号は皆如院）を招き、彼に寺務の執行、藩庁との連絡などの一切を任せることとした。日乗は当時三〇歳であった。光圀は五〇歳。

こうして経王寺は、久昌寺と改称されて面目を一新し、開山当時は、仏殿をはじめ、法堂、位牌堂、多宝塔、方丈、食堂、鐘楼、垂跡堂、山門、厨庫、浴室などを備え、寺領三〇〇石を有し、摩訶衍庵以下一〇坊を付属する大寺となった[17]。

此年、西山公御在国也けるか、御別間へ御入御潔斎、御衣冠にて一字三礼に法華経開結の二経ともに以上十巻をうすき板に書写被成、段々に御重ね箱に御入、其上を黒漆に御ぬらせ候て、日蓮上人の正筆の題目を御写し取、筥の面に御彫せ、久昌寺の仏殿の本尊になされ候[18]。

なお、開山法会から六年後の天和三年（一六八三）には、寺内に僧侶の修学道場である檀林を設け、翌貞享元年（一六八四）、初代能化として飯高檀林の日暹を迎え、さらに元禄六年には久昌寺の東方約五五〇メートルのところに三昧堂を建て、ここにも学寮を設けている。前者を久昌寺檀林、後者を三昧堂檀林と称する。

久昌寺を建てた五〇歳前後の光圀の宗教観は、先にも触れたように、若い時分の厳格な尊儒排仏の思想は影をひそめ、あくまで世俗化を抑えつつ、神儒仏三教をともに尊ぶ心境へと変化していたものと考えられる。法華経開結二巻を書写した行為のごときは、母への孝養もさることながら、仏教そのものにも心ひかれていた当時の光圀の精神態度をよく示しているように思われるのである。

三　光圀と日乗——仏教信仰への傾斜——

光圀が元禄三年十月十四日、六三歳にして藩主の座を退き、その地位を綱條に譲って西山御殿に隠居して以降、死去する同十三年十二月六日までの約一〇年間、最も親しく交際した人物は摩訶衍庵主の日乗である。西山御殿を起点とすると、久昌寺は南南東に約六〇〇《メートル》、瑞龍山墓地は北東に約四・一《キロ》という位置関係になる。光圀はしばしば日乗を御殿に招いて詩歌を賦し、あるいは摩訶衍庵へ出向いて法話を聞き、水戸城へあるいは藩内巡見など、外出の際もよく彼を随伴させた。日乗も頻繁に御殿へ赴いて何かと光圀の意見を求めていたのである。

その日乗の手になる、元禄四年から同十六年にいたる日記が残っていて、これは昭和二十九年（一九五四）七月、稲垣国三郎氏の解読により、『日乗上人日記』と題して翻刻されている（日乗上人日記刊行会刊）。翻刻された『日乗上人日記』は、Ａ５判、二段組で一〇四〇頁の大冊。本文の一ヶ月ごとに適宜「註」（本文理解にきわめて有益）を施し、巻末には稲垣氏による「日乗上人伝」一〇頁が付載されている。

この『日乗上人日記』（以下『日記』と略称する）は、光圀の当該期の日常生活を具体的に伝える貴重な史料であるばかりか、光圀の仏教信仰についても日乗とのかかわりの中で詳しく知ることができる。そこで以下には、『日記』の中から、光圀の仏教への関心ないし信仰をとくによく示すと思われる記述四ヶ所とそれに関連させて考えるべき記述一ヶ所、計五ヶ所を年月順に取り上げ、検討を加えてみることとしたい。

（一）元禄四年二月十六日の条。

巳ノ下太田より御成、庵に入御、しばらくありて聚石堂（法堂―引用者）へ御入、修懺《しゅうせん》はじまる。（中略）御座ハ東の間にもうく。越禅師御ひだりの方に座せらる。（中略）午ノ刻に懺法《せんぼう》（諸経に基づく過罪を懺悔する行儀やその儀式のこと―引用者）はじまりて、未ノ下刻におはる。おと、しの冬より思召たちける事なれば、懺法今日大旨成就して御聴聞ある御事、なか〳〵大事の法会也。ことゆへなくと、のひけれバ、御機嫌めでたく庵に御入にて、恩もたいめん給ハる。（中略）今日懺法よくと、のひし事、御ほうびなのめならず、や、久しく御物語ありて御帰府。（中略）懺法よくと、のひて御まんぞくのよし、御ほうびとして某に羽二重二疋、十坊へハ白銀壱枚ヅ、下さるよし。此懺法永代すたれぬやうに、ずいぶんつくいて《ママ》あいつとめよなど仰下さる。いづれも随喜のなみだもよふす斗也。

退任後の光圀は、西山御殿が竣工する元禄四年五月まで、約七ヶ月ほど水戸城に滞在していたのであるが、同四年正月の四日と七日、久昌寺に参詣し、摩訶衍庵にも立寄っている。その後光圀は二月十三日にも太田御殿に来て、十四日に明日の来訪を予告していたのに、当日は「さむく風はげしくて御成有間敷由被仰下」、十六日の来訪となったのである。

右の十六日の記事によれば、光圀は一昨年すなわち元禄二年の冬から日乗の懺法を見聞したいと願っていて、それがこの日ようやく実現し、「懺法よくと、のひて御まんぞく」、褒美として日乗に「羽二重二疋」、一〇坊へは「白銀壱枚ヅヽ」与え、懺法を末永く続けるよう激励したのである。

（二）元禄四年五月三日、西山御殿が完成したので、光圀は日乗に祈禱を命じた。次はその当日の模様を伝える記事の一部である。文中の日視は、久昌寺檀林の化主（講主）で、この講式を主宰した人物。

辰ノ時、白坂西山へ御祈祷に参ル。日視上人、皆如院、自入、慈教、慈観、益信、慈縁、玄利、春東、視上人の伴両人、行者浄心。坊衆徒行、視上人輿也。予も雨ふりて道あしく歩行難成、力者ヲたのみて籠にて参ル。或ハ山ヲこえて参る衆もあり、まはつてゆくも有。（中略）辰ノ下より御祈禱始ル。御座ノ間ノ床に御本尊ヲかくる。前に御経ヲ置、次ニ三具足、其前にて講主机上ニ御礼幷御祈禱経ヲ置テ、御経ヲ始らる。（中略）御祈禱経巻おさめて、さらに磬をならして陀羅尼一返、次、普賢呪七返、首題、此経難持、円頓者にて已ル。三拝、午前帰寺。（中略）西山御殿御祈禱の時思出る。伝教大師の我がたつそまにみやうがあらセ給へと、三世の仏にちかひ給ひぬる事、今さら有がたく覚て、十方三世法華経中の仏たち、此殿づくりにみやうがあらセ給へと、心のうちにねんじ侍る也。

御札、奉納所、御座の間、御しんの間、御文庫、御台所、何も天井の上に箱ニ入てはりの下ニうちつくる也。

当日の記事の半分ほどは省略したのであるが、光圀の見守る中、厳粛に講式が行われた始終は右の記述だけからもよくうかがうことができる。伝教大師最澄の故事を引きつつ、「此殿づくりにみやうがあらセ給へと、心のうちにねんじ侍る也」という日乗の文章は、光圀との深い絆を思わせて興味深い。

（三）元禄四年閏八月二十一日の条。この日光圀は、かねて読んでいた法華経、維摩経、楞厳経《りょうごんきょう》（首楞厳経《しゅりょうごんきょう》）などの経典について、それらの比較を論じつつ、法華経のもっとも秀れている所以を日乗に語った。その言葉を受けて日乗は、次のように返答したのである。

公曰、法華経ハ読で見るに殊勝成事、かへつて維摩経又ハ楞厳等ノやうにはなしと被仰。予申上るハ仏ノ修目意己証の法文なれバ、幽玄深遠ニして、凡見ニハかりそめに御覧ありて、おもしろくありがたきとも、はやくハ御合点なき御事也。維摩等ノごとく文のおもてにあらはれで、御合点ゆかぬ事なれ、さ思召さるゝ也。その当さに御合点ゆかぬ所ありがたき御事也。儒書にも小学よりハ大学中庸等深クして合点ゆかず、小学ほどおもしろくなきやう也。御学問ありて理に至る時、深意をしろしめして深きと浅とを御合点あるべし。法華も文句など御覧ありて、深きを御合点あつて、いよ〳〵殊勝におぼしめされ候はんと申上る。其外いろ〳〵の法問どももありし。しげきゆへ略ス。

経典はすべて「幽玄深遠」な内容を含むものであるから、当座の理解はなかなか困難であっても、「御学問」を積んで「理に至る時」、その「深意」を汲み取ることができる、としたうえで、儒教に例をとり、『大学』『中庸』は、『小学』ほどには「おもしろくなき」、すなわち感興のわく文章ではないけれども、「御学問」の進展につれてその深きと浅きとを納得するだろう、と日乗は述べている。そして期待を込め、「法華も文句など御覧ありて、深きを御合点あつて、いよ〳〵殊勝におぼしめされ候はん」と、申上げたのである。

この日、「其外いろ〳〵の法問どももありし」というから、光圀の仏教理解の一段と進んだ一日であったと想察される。それにしても、法華経ばかりでなく、維摩経や楞厳経などにまで目を通していて、その比較を日乗の前で論じたとは、光圀の仏教への、並々ならぬ関心を物語る行為といえよう。

この元禄四年は、その十月、光圀が瑞龍山墓地に寿蔵碑「梅里先生墓」を建て、碑陰に有名な「梅里先生碑陰並銘」（碑陰文）を記した年である。その中には、これもよく知られている「神儒を尊んで而も神儒を駁し、仏老を崇めて而も仏老を排す」（原漢文）という一文がある。

仏教への理解を深めつつあったこの時期、右の一文を寿蔵碑に刻み、しかも事前にその草案を示して添削を求めた吉弘菊潭（元常）[19]に対しても、この「儒仏之論」だけは、そのままにしてほしい、と断っているのである。[20]神儒仏老を学びながらそのいずれにも囚われない境地に達することができた、という意味に解せられるこの箇所には、強い執着があったのであろう。

しかし一方、日常生活においては、この時期、前述のように、法華経をはじめとする経典を読みながら、仏教とくに法華宗（日蓮宗）への理解を深めようと念じていたこともまた事実としなければならない。

なお、日乗との親交を示す『日記』の記述は枚挙にいとまないが、次に三例だけを示しておく。

○西山へ参る。今宵は御前に人すくなくて召に遣されんと思召さるに、参りたるぞやとて御前にめして、御機嫌よく侍る。（元禄五年二月十一日の条）

○今日西山にて予がむねに食とゞこおるを聞召て、養胃丸ヲ被下也。（元禄六年五月十四日の条）

日乗は身体が弱く、つねに健康不安に悩まされていた。光圀は日乗の体調を日頃から大層気遣っていて、時折薬などを与えていたのである。

○午時西山にまいる。今日ハ雨中にて御さびしく、まいる人もなく侍るに、よく参りたるよしとて、御前にいで、終日。夜に入亥ノ比帰寺。（元禄六年七月二十五日の条）

(四)　元禄六年九月二十八日の条には、次のような記述がある。

法事半ニ西山より今日田中内へ出御あり。隙あらバ可参、舟ヲ予が好メバ参りたらん可然など御意の趣申来る。法事半也。已テ可参由御返事申遣ス。（中略）申ノ上刻山をいで、、暮ニ及で田中内へ参る。

九月二十八日から十月七日まで光圀は多賀郡田中内村の大内勘衛門家に滞在した。大内家へは隠居後たびたび足を運んでいるが、その期間は日乗ら七名を伴っての訪問であった。その五日、同家で詩歌の会が催され、その探題で光圀は「釈迦堂の月」を引き当て、

村を問へば指示す釈迦堂と、謂ふ莫かれ名は存し跡已に亡ぶと、仏教殆んど雲上の月の如し、盈つる無く欠くる無き一円光(21)（原漢文）

と詠んだ。仏教信仰の深化をうかがわせる一句である。

（五）日乗は格別母思いの人であった。もっとも生後まもなくから三宅という家に養われていたらしく（元禄十一年正月二十八日の条）、実の父母のことは何もわからず、養父母を実父母のように慕っていた。養父とは、寛文八年五月、日乗二一歳のときに死別している(22)。

京都で暮らし、すでに仏門に帰して妙玄と号していたその母(23)が、年老いてきたことを思うにつけ、自分のもとに呼び寄せるべきか否か、日乗の迷いは深かった。周囲に問えば、僧の身として呼ぶべきではないという者と、「釈氏二十四孝」を説いて呼んで孝養を尽くせという者とに分かれ、思い悩んだ末、日乗は光圀にも意見を求めた。次はその時の模様を伝える、元禄七年二月二十七日の記述の一部である。

しばらく御思案ありて、いづれも其道理あり。さりながら、御前に思しめすは、先いかやうともそこのこゝろ行にし侍れ。其内ニ二つの道理あり。若、其方に母にあいたき志ありてよびむかへむとするハ、誠に僧のうへの着なるべし。さあらバむやうの事也。又、老母そこをしたふこゝろありて下りたくおもふ心あるならバ、いかに仏者の上とても、父母報恩経（ママ）ヲ仏も説給ふ。其上、むかしより智者たち幾人も父母に孝養をつくし給ふ也。とかくハ母がこゝろに、下りてそこにも対面したくおもハゞ、くるしからずよびむかへ給へ。是れわが所存也。（中略）

予、忝サに涙も袖にあまりて畏侍りし。

日乗に、母に会いたいとの意があるなら僧として呼ぶべきではないけれども、母の方に日乗を慕う心があって下向を望んでいるのなら、「父母報恩経《(ママ)》」もあること、古来智者たち幾人も父母に孝養を尽くした例のあるゆえ、呼び寄せて差支えないであろう、というのが光圀の意見であった。

それでもなお決心のつきかねた日乗は、「仏の御はからひ」を頼み、「観音のセン（籤《くじ》—引用者）」を引き、一度目は半吉、二度目が末吉、三度目でようやく「吉ノ御くじ第十六」を引き当て、「よぶにし侍らんとおもふ」決心をしたのであった（元禄七年二月二十八日の条）。

母が京都から、日乗の妹と従者一人とともに摩訶衍庵に到着したのは、七三歳の同年閏五月十六日。「老体遠所事ゆへなく下着、三宝ノ御加護也」（同日の条）。

日乗は庵の近くに居所を造り、そこに母と妹を住まわせた。日乗は母に孝養のかぎりを尽くし、光圀も日乗の母に扶持を与えるなど物心両面の援助を惜しまなかった。母妙玄の死去は元禄十六年正月六日。享年八二。しかしその間には、母と同行してきた妹が、到着してから五〇日にもならない七月五日、環境の激変にどうしても順応できなかったのか、「法堂ノ池に入水」、自殺をとげるという悲劇が起こっている（同日の条）。

四　落　飾

光圀は、冒頭記したように、元禄九年十二月二十三日、六九歳のとき落飾した。この一件は、日乗はじめ周辺の人々にも全く予想できない出来事だったようである。この日は妻尋子の命日であるから、それを強く意識しての一挙だったことは間違いない。光圀落飾当日の模様をもっとも詳しくしかも如実に伝えてくれているのもやはり日乗の

『日記』である。光圀生涯の大きな節目となった一日であるから、長文になるが、繁をいとわずその全文を次に示そう。

勤行如常

巳ノ比、昨日の御礼とて西山へまいるに、玄桐(24)よく来れり。公今朝御くしおみちかふセさセ給ひて、御かざりをおろし給ふなどいへば、何となふむねふたがりて、物もおぼへざりしが、御前へめして御寿申上るに、セきかぬるなみだおちぬ。さすがに御いはひのほどなるにと思ひて、今となふとりまぎらはしける。はたとセがほど御前へいでゝ、御としわかく御かんむりのかゝりも、きのふ今日見しほどに、今更かゝる御さまの心にしミておぼへしも、われながらことはり《コトワリ歟—稲垣氏註》なり

かくて御前に人々もなかりければさふらいて、御ことぶきの御もちひなど給ハりて後、よみて奉る歌

青柳の枝を千世ふる松の葉にかへてし君が御ぐしとぞ見る

日暮ニ雨いたうふりけるに、歌よみてむやと仰ありければ、

奥山は雪やつまなむ《ふりつまんか(マヽ)》つま木とるふもとの里は今日もしぐれて

一、公の御歌あそばしける

かたちよりせめているさの法のみちわけて尋むみねの月かげ

人々も皆歌奉りぬ。今日ハ御セちみなれど、人々御ことぶきとて御酒奉りける。夜更て帰山。

日乗は、前日のお礼に御殿に参上したと書き出しているので、前日の出来事を説明しておく。
光圀が前日、久昌寺唐門の東に新築中の尊明院(25)の居所の普請具合いを視察に訪れた折、摩訶衍庵にも立寄り、そこで寺の人々に料理を振舞ってくれたこと、また、「公明日より御セちみ(節忌—引用者)ゆへ、日の内御酒まいる」、

図10　数珠を持つ晩年の光圀像（徳川ミュージアム所蔵　© 徳川ミュージアム・イメージアーカイブ／ DNPartcom）

そこで「歳暮の述懐」という題による詩歌の会を催し、日乗は「なすこともあらで暮ぬる年浪のうちおどろかぬわがこゝろかな」と詠んで、御前へ上ると、光圀から「御ほうびありし」こと、こうした光圀の好意に対するお礼言上のため御殿へ出向いたのである。

そのとき日乗は、井上玄桐から光圀落飾のことを聞かされ、驚いたのであるが、当日の光圀の一挙は、みずから突然思い立っての衝動的行為ではなく、また人に会うことの煩わしさを避けるため「手段として」「出家」の道を選んだのでもなく、これまで多くの経典を読み、日乗と対話しつつ思索を重ね、入念に心の準備を整えたうえでの決断だったと考えざるをえない。

かたちよりせめていいるさの法のみちわけて尋ねむみねの月かげ

という歌が光圀の心の内を端的に物語っているのではなかろうか。この歌は、僧形という形からせいぜい入ることにしよう、この仏道修行に、道に踏み入って仏教の真理である真如の月が頂上に輝く様を尋ねたいものだ、という意味に解せられる。

この歌は『常山詠草補遺』にも載っており、それには「頭をろしてそのよ口にまかす」という詞書きがついている。(26)

『日記』によれば、落飾後の光圀は、日々、水戸城へあるいは藩内各地の巡見にと忙しく、御殿への人々の出入りも以前と変わりはなかった。一例のみ次に記す（元禄十二年六月十七日の条）。

今日ハ中山内記[27]、西山御殿へめさせらる。御餞別ノためなるべし。あさより参らるゝ也。御茶湯御手前にて被遊よし。

一、巳上ニ典膳[28]より、今日可参ようめさるゝ事有べし。心得候へとこさるゝ也。

一、午過る比御めしとて人来る間、参上セし也。色衣、御前に出づる。内記幷城代朝比奈宇右衛門、老中筧助太夫、味禅老など参られし也。医師宗仙其外中山一類中少々。今日御詩歌あるべしとて、夏述懐といふ御題いづる也。（中山・筧らの歌省略）

申ノ比後段いでゝ、其後より御酒ゐん有し。初夜過るに御いとま申て中山帰られし也。予も又御座敷にいでゝ暫ありて、御いとま給ハりて帰山。

こうした日常を送る中で光圀は時折、日乗と仏法談義を交わすことがあった。雨の元禄十一年二月七日もその一日で、光圀は終日、仏教信仰についてこれまでの実体験をふり返りつつ語って倦まず、日乗も光圀の話を聞きかつ自己の信念を吐露してこれに応えた。

この日の『日記』の前段は、

勤行如常。午過るニ御殿へ参上する也。御前ニいでゝ御悔など申上る[29]。何事も定たる業因縁也との御意也。終日御前ニ侍て御物語聞へ奉る。赤豆ノ飯など給ハる。日暮て御酒まいり、丑ノ上ニ帰山。

一、今宵仰なりけるハ、我一生ノ内ニ或ハ法華懺ノ御興立、或ハ寺ヲ立、又ハ虚空蔵ノ義、宗門祈禱ノ録外書など御考、かれこれノ善業、昔ノ因縁も有事ニこそ、市毛ノ経筒ほり出し事、本国寺ノ小方丈ノ祖師像裏書ニ御名乗有事等、不思議ノ事共、しかしながら、過去ノ因縁ニこそと仰ありける。

と書き、このあと日乗は光圀への応答を具体的に記していて、この日の記述は全体として光圀の仏教信仰を考えるうえできわめて重要な意義をもつ内容となっている。

此時、乗申上ル。誠ニ君一生ノ御善根皆宗門ノ為種々ノ御興立有事不申及、尤過去ノ厚因縁甚顕レけれバ、我君過去ニ而ノ御善根、無漏ノ善なれバ或ハ初住、又ハとそつニ生レ給ふべし。有漏ノ御善根なれバ今天下ニ壱人ニ人ノ御身と成給ふ。妙荘厳王ノ事あらまし申て、有漏ハ必つくる事あれバ、空にむかつて矢ヲはなつニ同じ。今、我君法花ノ善根ニ而如此の御身となり種々ノ御善根ありといへども、過去ノ善根ノ顕レ侍ル程ノ御善根ハ未足候。願ハ今時大事ノ時節也。無漏ノ御志をおこして旦暮題目ヲ御唱、或ハ読誦の御修行あらば、未来目出度果報ヲ得させ給ふべし。たゞ〳〵法花ノ御修行あれかしと申上るに、うちうなづかせ給ひて、尤ニ思召よしの御喜色也。

まず光圀は、過去の数々の「善業」をふり返りつつ、今の時点で考えれば、これらすべて「昔ノ因縁」「不思議ノ事共」と感懐深げに語る。那珂郡市毛村の古塚から経筒が掘り出され、光圀のもとに届けられたのは寛文五年、三八歳のときであるから、(30)まだ強い排仏思想を抱き、きびしい寺院整理をはじめようとする時期であった。七一歳の現在、落飾した身から顧みれば、これらはまことに「過去ノ因縁ニこそ」と思わざるをえなかったのである。

これに対し日乗は、有漏・無漏の論（漏とは煩悩と同義。心に汚れのある状態を有漏、汚れがすべて滅し尽された状態が無漏）を語りながら、「過去ノ善根ノ顕レ侍ル程ノ御善根ハ未足候」と、光圀のさらなる「法花ノ御修行」を強く求めたのである。この日乗の説法に光圀は、「うちうなづかセ給ひて、尤ニ思召よしの御喜色」だったという。両者対座の場面を彷彿とさせる臨場感溢れる記述である。

五　光圀の死去とその前後

光圀は落飾後も藩内巡見に忙しく、一方では仏道修行にも余念なかったが、『義公行実』に、「（元禄─引用者）十三年庚辰夏、痞を患ひ食少」[31]（原漢文）とあるように、この頃から体調不良が進み、五月のはじめ寝覚めのとき、ほととぎすの声を聞くと、

郭公なれも独はさひしきに我をいさなへ死出のやま路に

と詠んでいる[32]。久昌寺経王殿では、五月の十七日から二十八日にかけて連日「大君病患消除延命息災」の祈禱が行われた[33]。

その五ヶ月後の十月十五日の『日記』に、日乗は次のように記している。

一、西山より玄桐承りニ而可参由御意也とて人来る。未上御殿に参る。御前にめす。此ほど已ニと思召しが、御こゝろよく侍る。いまだ廻向にもあつかるまじ、など御たはむれありし也。夜更る迄御前に侍りし。左近殿も参りて居給ふ也。

光圀の、冗談めかして「いまだ廻向にもあつかるまじ」との言葉を耳にした時にはさすがに日乗も驚き、この言葉を深く胸に刻んだにちがいない。この時光圀ははっきりと死を覚悟しており、死後は日乗に廻向してほしいと願っていると受けとれる言葉だからである。廻向とは、仏事法要に僧侶を招いて読誦念仏し、故人の冥福菩提を祈ることにほかならない。

なお、文中の左近は、尋子とともに京都から江戸へ下向し、尋子死去ののちは光圀に長らく近侍し、奥向きを取り

しきっていた女性である。

その後も連日のように御殿へ参上する日乗であったが、十二月三日にもきわめて注目すべき記述がある。

勤行如常
一、未明ニ西山公至極御不例重キよし告来る。一、卯ノ刻、西山へ参上、人々参りつどいし。相公（綱條―引用者）も御成也。暫ありて六助（ママ）[34]などにあひて帰る也。御様子重きよし也。
一、巳下、六介より御用ある間、只今参上可致由申来る。則、参上する也。一、乗ヲ召事ハ、蓮花寺[35]ハと仰ありしと也。依之、左近殿よき時分也。能御序也とおもひて、蓮花寺呼びて御とぎがてらに御そばニ置、御きたうヲもさせなんど伺給ひしかバ、よびておき候へと被仰し故也とぞ。
一、乗まいりて御内証よりおくへ参る。以外ノ御大事と見へテ御目も見へさせ給ハず、ふさせ給ふ。御紙長ノ内ニ人々侍りし。蓮花寺参りたるよし左近殿申されし。
一、左近殿申されしハ、御まくら祈禱ノやうにて、御経しづかに御よみ候て可然由被申故、御まくらにより居テ侍るニ、玄桐御経はしめられバ御気もよはり候ハん。先御待候へと被申間、心得テ口ノ中ニテ微音ニ寿量品七返斗誦ス。其間、医師衆かはる〳〵御脈うかゞひ給ふ。

右の文面によれば、「以外ノ御大事」の光圀の最期ともいうべき言葉が「蓮花寺ハ」、すなわち、日乗は（おらぬか）、という呟きであり、左近は、「よびておき候へ」という光圀のこれに続く言葉を受けて日乗を枕元に呼び、光圀の心中を察して読経を許したのであったが、侍医であり儒者でもある井上玄桐からは、読経はかえって気が滅入るとして止められ、日乗はやむなく口中で寿量品を七度唱えることになった。その後の『日記』には、玄桐の注意についてさらに詳しく、「御臨終ニ御経よみ給ふ事仏者ノ御家ニもなし。其外障有事也。ゆめ〳〵叶かたし」とみえ、日乗が読経ができないのなら側近くに居ても詮なきことゆえ帰ると申出ると、左近は「貴師ハつね〳〵御なじみと申、御経よませ奉りてきかせ参らせたく侍るに、うたてや儒者衆ノ障あれバ、わが力にも不叶、是非なき事也とて」、涙ながらに語るので、「予も衣ノ袖しぼる斗にて、御いとま申て出侍る也」。

日乗としては、左近の好意的な取りなしに感謝し、口の中で読経できたことだけでもよしとしなければならないと思いつつも、「御さいごに題目すゝめ不奉事残念也。」、とその日の『日記』の結びに記している。

光圀が静かに息を引きとったのは、それから三日後の六日の午前三時頃であった。

葬儀は、綱條の命により、中村篁渓・栗山潜鋒両彰考館総裁の指揮のもと、儒礼に則って執行され、出棺は十二日の午後一時頃、多くの士民の見送る中、光圀の遺体は瑞龍山の、寿蔵碑の後方に定められた墓に埋葬された。

日乗による臨終の祈禱を井上玄桐が中止させたことに端を発する側近儒者と僧侶との対立は、葬儀の方法をめぐって深まり、一時藩庁へ訴状を提出しようとする僧侶側の動きもあったが、結局「御遺言なき事ハ不可叶」（六日の条）と思いとどまり、日乗ら僧侶は葬列にも加わることができなかった。

日乗は出棺の際、自入・慈教ら一〇坊の僧侶たちとともに路傍にて柩に拝礼し、墓参ができたのは三日後の十五日であった。その日、日乗は『日記』に、

日比ハ玉のうてなにおハしまして、御とのゐも多ク侍りしに、今更かゝる山中のこけの下にひとりましましけんと、むかしの御事どもおもひいでゝ袖もしぼりあへず。なく〳〵御焼香、誦経、十如、寿量、神力等誦ス。

と認めた。日乗の哀惜の情ひしひしと伝わってくる文面である。

おわりに

およそ四〇歳頃までは、明確な尊儒排仏の思想的立場を堅持し、林鵞峯に「君、平生甚だ仏法を厭ふ」といわれ、きびしい寺院整理を断行した光圀であるが、五〇歳のとき、母久の菩提を弔うため久昌寺を建立し、京都より日乗を招いて摩訶衍庵主とした頃からその思想は神儒仏三教をともに尊ぶ心境へと変化していった。その後三者の中では仏教への関心を徐々に強めながら、六九歳のときついに落飾にまで至った状況は、以上に述べてきた通りである。

光圀の脳裡には、年齢を重ねるにつれて、儒仏の比重は仏へと傾斜していったとしても、あるバランスを保って両者は併存していたものと考えられる。しかし、他者にそれを理解されるはずもなく、葬儀時の儒者と僧侶との対立は起こるべくして起こった事件であった。

儒教にはもともと道徳性と宗教性の二つの性格があり、道徳性は宗教性の基盤の上に立つという構造になっている(36)。したがって父頼房を儒礼をもって葬った光圀であれば、儒教の宗教性についても当然十分認識していたはずであり、実際光圀自身も父と同様儒葬されたのであった。

この儒礼による葬儀が、冗談めかしてとはいえ、「いまだ廻向にもあつかるまじ」と日乗に語った光圀の意に添う礼法であったか否か、もはや確認するすべはないけれども、「善業」「善根」を積みつつ死後の霊魂の救済を願っていた光圀としては、それを叶えられるのは儒教ではなく、やはり仏教とりわけ法華経だったということであろうか。

この問題を考えるうえで注目すべき記事が『日記』の中にある。それは、光圀死去六ヶ月後の元禄十四年六月十一日の条の、当日の綱條の言葉と、それに関連させて日乗が光圀の言葉を回想しつつ綴った次の文章で、当時出府中の日乗が綱條と面会した時の記述である。

公（綱條―引用者）仰なりけるハ、我ハ日比より只今ニ至るまで、代々の法をしいて守るべしとも思召さず、そのゆへハ儒ノ法も源威公（頼房―引用者）ノ御時ノ御おきてにて、源義公もすでに仏法ヲ内々御信仰ありし也。さあれバ、三家ノたれ〳〵も先祖儒法に候てもつゞいて儒をまもる事なし。我ハ儒法をやめて仏法に帰依せん志有と仰られし間、予申上ル。尤有がたき思召に候。しかも先君源義公ノ御内証ノ御宗旨ノ義、たれとても存知たる者壱人も不可有候。若、清友[37]など少し推量も候ハんか。其外ハしる人可有とも不奉存候。此七年あとに予にひそかに御意さふらいしハ、汝心安おもひ候へよ、我ハおさなき時、養珠院殿[38]ノ仰にてありし間、法花経ヲ日暹上人より受持（経典を信受し、心に念じて暫時もゆるがせにしないこと―引用者）したる也。其後たしかに日脱上人ノ御経ヲ受持し、其後又、大僧正ノ御経ヲ〈受持脱カ〉する也。此幾年か毎朝御手水めして後、御経ヲ頂戴し首題ヲ十返ヅ、唱へ侍るぞ。乍去、此事空〈穴カ〉賢〳〵人にハもらし候なよと被仰し間、随喜のなみだをおさへて侍る也。

尊儒排仏の思想から仏法へと傾斜し、落飾に至った光圀が、その時点でみずからの思想の歩みを顧みるならば、幼少期養珠院に導かれて以降の数々の仏道修行も、これすべて「過去ノ因縁ニこそ」と、しみじみ思い返されたにちがいない。そして、仏教信仰に辿りつくうえで、養珠院の導き、母への思慕、日乗との交遊、とりわけ日乗から受けた影響が大きな意味をもっていたことを身にしみて感じていたのではなかろうか。右の日乗自身の思い溢れる回想もその事情をよく物語っているだけでなく、息を引きとる前の、「蓮花寺ハ」「よびておき候へ」という言葉こそ、光圀の信心を象徴しているように思われるのである。

ひるがえって近世の仏教は、従来、幕府によるきびしい統制のもと、本末制度や寺檀制度により、世俗化・形式化が進み、葬式仏教などと批難されることが多い。僧侶の中には惰性に流され、みずからの立場を弁えない者も多かったであろう。光圀による大規模な寺院整理が行われた所以でもある。

しかしながら、この時代、社会的にみれば、将軍・大名から一般の庶民に至るまで、仏教がひろく普及・浸透していた実態にも目を向けてみなければならない。

光圀の儒葬を命じた綱條であるが、仏教を信心していたことは『日記』の前述の文面から明らかである。事実、綱條自身、元禄十四年六月二十八日、正室季姫、子息軽松、季姫の妹方姫とともに日乗の導きにより受法（師より仏法の相承を得ること）しているのである（同日の条）。また『日記』からは、鵜殿八太夫、鵜殿平七、矢野長九郎らの家臣、御殿女中一〇人ほどもやはり日乗の導きにより、法華経を受持、入信していたことも知られる。

もとより、前述したように、経典を読みつつ、その比較検討まで行っていた光圀と、たとえば日乗の説法によって入信した人々との間には、仏教理解の深浅度に画然とした相違のあったこと、いうまでもない。しかし、死後の霊魂の救済をひたすら願う心情において両者の間にさしたる懸隔はなかったといえよう。さらに踏み込んでいえば、光圀・綱條周辺のこれらの人々の心底にも、いつしか霊魂救済を希求する心情が芽生えていたがゆえに、日乗の説法が各々の琴線に触れて、その心情が自覚的となり、入信に至った場合が多かったのではあるまいか。

いずれにしても、社会各層に仏教信仰のひろまっていた近世社会において、人々が、仏教（光圀らの場合であれば法華宗）こそ、死者の霊魂を仏の世界へと誘ってくれる最善の道であると考え、現世にあって心の安らぎを得ていたとするならば、それがたとえ世俗化・形式化していたにせよ、この時代の仏教に、より積極的な歴史的意義を与えて然るべきであろう。光圀の仏教信仰の内実を明らかにすることができた今、そのことを改めて思い知るのである。

註

(1) 一九一一年、博文堂。
(2) 『茨城県史研究』八五(二〇〇一年、茨城県史編さん委員会)所収。一〇頁。
(3) ただし、瀬谷義彦氏が『常陸太田市史』通史篇上(一九八四年三月刊)の中で、光圀の落飾、臨終および葬儀の模様につき、『日乗上人日記』(本文参照)を用いて略述している(八一一〜八一二頁)。この拙論ではやはり『日乗上人日記』によって、これらの点についても以下詳しく考察を加えることとしたい。
(4) 常磐神社・水戸史学会編『徳川光圀関係史料水戸義公伝記逸話集』(一九七八年、吉川弘文館)所収。
(5) 同右。
(6) 同右、九二頁。
(7) いずれも徳川圀順編『水戸義公全集』上(一九七〇年、角川書店)所収。
(8) 同右、一九〇―一九二頁。
(9) 尋子の墓は、延宝五年十二月、その一七回忌に薬王院から瑞龍山に改葬された。
(10) 小宮山楓軒「水戸威義公年譜」(写本)三四丁ウ、茨城県立歴史館所蔵。
(11) 『国史館日録』(『本朝通鑑』第十六、一九一九年、国書刊行会)所収。三九六頁。
(12) 同右。同頁。
(13) 写本。茨城県立歴史館所蔵。
(14) 以上、『水戸市史』中巻㈠、第六章第二節「寛文・元禄の社寺改革」による。
(15) 水府明徳会彰考館所蔵。
(16) 前掲『徳川光圀関係史料水戸義公伝記逸話集』所収、五八頁。著者の井上玄桐は、京都の人で、天和二年(一六八二)から水戸藩に招かれて光圀に仕えた医者であるが、儒学にも詳しく『大日本史』の編纂にも関与した。『桃源遺事』巻之五の「西山にて召仕れ候者之覚」の井上玄桐の項には、「御隠居の中頃より勤、御逝去まで勤。儒医なり。新左衛門平に住す」(一九三頁)と記す。
(17) 明治維新後、久昌寺は取り壊され、その末寺格であった蓮華寺が久昌寺と改称して現在に至っている。註(38)参照。
(18) 『桃源遺事』巻之三、一二九頁。

(19) 周防の人。寛文四年に修史局である彰考館に入り、元禄元年から同四年までその総裁を勤めた。
(20) 拙著『徳川光圀』(二〇〇六年、吉川弘文館)二二四頁。
(21) 『常山文集』上、(『水戸義公全集』上所収)一三八頁。
(22) 稲垣氏の「日乗上人伝」三頁による。父の法号は実相院日慈玄孝(同頁)。
(23) 元禄四年六月二十八日の条の「註」(七八頁)による。
(24) 前出の井上玄桐。
(25) 尊明院日輝。三昧堂壇林に留学し、のち那珂郡市毛村の無二亦寺の開祖となり、やがて京都本国寺貫主となった(稲垣氏の「註」四九一頁による)。
(26) 『水戸義公全集』中、一八六頁。ここには「かたちよりせめて入さの法の道分て尋ねん峯の月影」と記す。
(27) 老中中山信敏のこと。家老中山氏の一族。『水府系纂』巻三(水府明徳会彰考館所蔵)の同人の項には、「(元禄)十二年巳卯五月十八日義公信敏カ水戸三丸ノ宅ニ渡御アリ」と記す。
(28) 家老大森典膳のこと。前出の「西山にて召仕れ候者之覚」には、「西山ニての御家老也。御隠居の節より御逝去まで初中終相務候。始の名は弥惣左衛門と申候。不老沢に住す。」と記す。
(29) 光圀の実子で第二代高松藩主松平頼常の子息頼泰の死に伴う悔み。『増補高松藩記』巻二(一九三二年、永年会)には「(元禄)十一年戊寅二月二日、右衛門君卒」とみえる。右衛門頼泰は江戸の藩邸で一二歳で死去。
(30) 前出『桃源遺事』巻之五、一七七頁。
(31) 前掲『徳川光圀関係史料水戸義公伝記逸話集』所収、一七頁。
(32) 『常山詠草』巻之四(『水戸義公全集』中、所収)一三八頁。この歌には、「例ならすなやみて、おきもせすねもせぬまくらのうへを、時鳥二こゑ鳴わたりけれは」という詞書がついている。
(33) 『日記』、同日の条。
(34) 江橋種氏のこと。前出の「西山にて召仕れ候者之覚」には、「江橋六介」として、「小吟味役。御隠居の節より御逝去の節まて務。白坂に住す。」と記す。
(35) 日乗のこと。日乗は元禄六年正月十日から蓮華(花)寺の住職も兼ねていた。(同日の条)註(38)参照。

(36) 加地伸行『沈黙の宗教―儒教』（一九九四年、筑摩書房）。

(37) 楊清友元廣。前出の「西山にて召仕れ候者之覚」には、「柳清友外科」と記す。また『水府系纂』五七巻上の楊元廣の項には、「元禄四年庚午十二月、西山ニ勤仕ス、十三年庚辰十二月六日、義公御病革ナリ時（マヽ）ニ元廣ヲ近クニ召セラレ、男子ハ婦人ノ手ニ死セスト仰アリテ元廣カ膝ヲ枕トシ玉ヒ終ニ薨シ玉フ」と記す。

(38) 名は万。徳川家康の側室。頼房の養母。日蓮宗の信者で、慶長十九年（一六一四）十月、蓮華寺を建立。承応二年（一六五三）八月没。享年七七。

〈付記〉

『日乗上人日記』の翻刻というきわめて困難な作業を「十年の歳月を費して」（巻頭の「編者のことば」）完成された稲垣国三郎氏の並々ならぬ御努力に、衷心敬意を表したい。

第四章　徳川光圀と遺迎院応空

一

元禄三年（一六九〇）、六三歳のとき、二九年勤めた水戸藩主の座を養嗣子綱條に譲り退いた徳川光圀は、当初水戸に帰ったが、翌四年から久慈郡新宿《あらじゆく》村（常陸太田市）に構えた隠居所西山御殿（西山の山荘）へ移り、そこを生活の拠点としていた。光圀は、四年後の同八年十月二十九日付で、その山荘から、京都の遺迎院《けんごういん》応空宛に一通の書簡を呈することがあった。書簡は、光圀がこれまでの人生を振り返りみずから抱懐してきた思念を一気に吐露したともいえる文面で綴られており、いささか長文にわたるが、まずその全文を引用してみよう。

道中無恙御到着候哉、承度存候、此度は遠方辱御尋問の所、辺鄙故倉卒の体、残念不少候、雖然久々にて清話閑談、欣慰之至候、然は面晤の通、下官十八歳の時分より少々書物を読聞申候、其時分より在寄候は、本朝に六部の国史古来有之候へ共、皆々編集の体にて史記の体に書申候書無之候故、上古より近代迄の事を本紀列伝に仕、史記の体に編集申度存立、四十年以来方々才覚仕候て本朝の旧記共集申候へ共、存候様に旧記あつまり兼、編集はかとり不申候、就夫、三条西大納言殿御家御代々学問御好被成候故、旧記共多く御所持被成候様に承及申候、何卒致懇望候て蒙御許借申度、数年願罷在候へ共、誰人を頼可申達方も無之、空く打過申候、此度貴僧御物語にて、大納言殿御事承、幸と奉存、貴僧を頼捧愚札候、猶更下官所存の趣、貴僧御演達頼入申候、下官史記編集の事、第一上古より近来迄の事を記録仕候て、後世の重宝にも可罷成哉と存、次には下官事武家に生長仕候得共、太平の時節に候故、何にても武名を立申事無之候、然は家業にて無之候へ共、書籍編集仕候は丶、少は下官名も後世え伝り可申哉と存候て存立申事候、もはや齢も晩年に及候へは、何とそ存生の内、多年の大望相達申度候、貴僧能々被伝達、下官志の程あはれと被思召候て、御旧記御許借被遊候様に頼入申候、頓首

十月廿九日

遣迎院

応空和尚

猊座下

若於御許借は貴僧と従下官他言申間敷候儀、及其期、以一紙誓言、貴僧まて可申進候、以上

私は、『水戸義公全集』下所収のこの書簡を、光圀の人となりを知り、かつ光圀がなぜのちに『大日本史』と呼ばれるようになる一大修史事業を開始したのか、その理由を知りうるきわめて重要なものとして、拙著『徳川光圀』（人物叢書）にも二箇所に分けて引用したのであったが、そのとき、光圀の積年の思いを腹蔵なく打ち明けた相手、久しぶりに会ってうちとけて話したというこの遣迎院応空とは一体どんな人物なのか、遣迎院はなぜわざわざ西山の山荘までも訪ねたのか、といった点を明らかにできないだろうか、と考えた。しかし、拙著の執筆時にはそこまで手がまわらず、書簡を引用しただけで済ませてしまった。その後数年して、水戸市教育委員会の依頼で、光圀時代以来の水戸藩の出版事業について調査する必要が生じ、『大日本史編纂記録』（原題『往復書案』、京都大学文学研究科所蔵。写真版が茨城県立歴史館にあり、閲覧可能）を通覧したとき、元禄七年から同十四年、すなわち光圀六七歳から死去直

後にかけての時期の書簡（案・写）に、遺迎院応空の名を何度も目にすることができたので、かつての思いがよみがえり、出版事業の調査をおえたあと、改めて遺迎院関係の記事を拾い出し、ノートに筆写しておいた。『大日本史編纂記録』の中で、前記の時期以外には遺迎院関係の記事は見出せないようであり、以下は、光圀と遺迎院応空との間をとりもって連絡役をつとめた安積澹泊（覚兵衛）ら当時の彰考館員の書簡（案）あるいは遺迎院自身が安積らに宛てた書簡（写）などを通してうかがえる右の時期における両者の交渉のあらましである。

ちなみに遺迎院は、法然の高弟証空（西山上人）が創建した寺で左京区白川にあったが、のち何度か場所や寺号を変え、昭和三十年に上京区北之辺町から現在の北区鷹峯に移転した（『拾遺都名所図会』巻一（天明七年〈一七八七〉刊）の「遺迎院」の項には、「京極通中御霊の北にあり。宗旨は四宗兼学にして、廬山寺・二尊院・般舟院・当院、これを四箇の本寺といふ。開山善恵上人〈西山上人―引用者〉、宝治元年十一月廿六日入寂し給ふ。七十一歳。本尊二尊仏　釈迦・弥陀共に安阿弥の作。立像、三尺計。遺迎の号こゝに起る。」云々とみえる）。したがって遺迎院は寺院名であり、以下では遺迎院応空あるいは応空とすることが適切かとも思うけれども、応空自身の書簡で「遺迎院応空」とする以外、安積らの書簡ではすべて「遺迎院」とみえるので、ここでは「遺迎院」で統一することにしたい。

二

元禄七年十一月当時、彰考館員の大串雪瀾（元善。平五郎。京都の人）は、光圀の命で京都の水戸藩邸に駐在し、修史事業の進捗をはかるため、公家や寺社所蔵の史料蒐集に従事していた。大串は三条西家にも触手をのばそうとしていたものの、直接三条西家と交渉するのはむずかしいとみて、十一月末には、まず清水谷家や押小路家への問合せを試みたりしていた。この時期大串は、遣迎院へも足を運び、「近代堂上方詩三首」を写し取って、江戸の彰考館へ送っている（元禄七年十一月二十八日付、安積澹泊・佐々十竹・中村篁渓宛大串書簡〈二九—数字は『大日本史編纂記録』の巻数を示す。以下同〉）。その折、「遣迎院文書」や「三鈷寺反古」について話が出たのか、その後大串は遣迎院のもとにあった「古詩ノ写三通分」を光圀に呈上するとともに、「遣迎院文書」や「三鈷寺反古」の存在についても安積らを通し報告した（元禄八年三月二日付・五日付、大串宛安積・佐々・中村書簡〈四三〉）。いま寺名を出した三鈷寺は、洛西西山の中腹に位置し、慈円（諡慈鎮）の法統を伝える名刹である。慈円のあと前述の証空（西山上人）がこの寺を継承し、以後の住持は、良空・円空・栖空など代々「空」の字を僧号に用いて西山派の法脈を伝えてきた。元禄八年三月五日付、大串宛安積・中村・佐々書簡には、「三鈷寺反古之義御紙面委曲得其意御尤ニ存候、則西山へ相伺申候所被仰出候は、遣迎院当住之儀兼而御座候方ニて候間」（同前）とみえるから、遣迎院は三鈷寺の住職も当時兼務していたように考えられる。「応空」の僧号もその伝統に由来するのであろうか。大串の報告を受けた光圀は、「文書」や「反古」のみならず「什物」についても必要に応じ修復してつかわすように、と指示し、また遣迎院自身が直接山荘を訪ねたいとの意向を伝えられたときにはこれを快く応諾した。来訪を応諾するに際し、光圀は、「余人とちがい御家ニ内縁も有之人にて御座候間、勝手次第罷下候様ニと被　仰出候」（元禄八年八月十五日付、石井三朶花宛中村・安積書簡〈四〇〉）というが、残念ながらいかなる縁故なのかはわからない。

　ともあれ、京都で行われた「文書」「反古」の修復は数ヶ月で終了したらしく、元禄八年八月、遣迎院は、まず藩主綱條に、ついで光圀に、謝意の言上を兼ねて面会すべく、それらの品物を携え江戸へ下向した。修復された文書類は、三鈷寺所蔵の綸旨・文書・縁起などで、十四日、綱條はこれらを見て「何も殊勝成物ニ而御感賞被遊」たという（八月十五日付、同前書簡）。その綸旨・文書・縁起は、先に「遣迎院文書」といわれていたものであることは後掲の史料から判明する。

下向に際し遺迎院は、「遺迎院文書」だけでなく、『西山上人伝記』『明徳記』『一山録』『応無象録』『証道歌』『永嘉集』『普明行業録』『古林拾遺偈頌』なども持参してきた。このうち仏書である『一山録』『応無象録』などは珍書で書写しておくべき書物であり、『明徳記』も古本なので早速新写し、その他文書についても写本をつくり保管するとともに、『西山上人伝記』は、逍遙院殿（三条西実隆）の真筆の本にて補訂したものということなので、やはりこれも借りて水戸家所蔵の本と校合する手筈とした。

三

しばらく江戸に滞在し、綱條をはじめ、安積澹泊らとも面談した遺迎院は、いよいよ予定通り西山の山荘に光圀を訪ねることになり、九月二十七日、八日頃に到着し、久々の再会を喜びあった。しかるに、遺迎院持参の文書類を実見した光圀は、その修復状態の粗末なことが気にかかった。もっともこのたびの修復は虫損の害を防ぐための簡易なものであって、それはそれでやむをえなかったと、光圀も一応了解はした。しかしのちのちまで水戸家の肝煎により行った作業といわれてはやはり面目にかかわると判断した光圀は、後日京都で改めて仕立直しをするよう命じた。そのときどのような仕様にするかを指示したのが左の書付である（「平五郎へ之書案」、元禄八年十一月二日付、大串宛安積・中村書簡写所収〈二一七〉）。

遺迎院文書修復仕直シ之覚

一縁起六巻

表紙ハ有来候ヲ用、軸紐ハ仕直シ可申候事、軸ハ玉軸、ひもハ紫あんだ打可然候、金ん（ら脱カ）など麁相ニ候ハヽ、取
合候様ニ仕直シ可申候事
一同箱
有来候箱ヲ用、真ノ黒ぬりニぬり直し可申候事
一文書八巻
表紙何も金らんか鈍子類之能切レニ而仕直し、軸紐も相応ニ仕直し可申候事
一同箱
有来之箱ハ別而麁相ニ候間、恰好ニ仕直し、真ノためぬりか黒ぬりニ仕替可申候事
一綸旨
表紙ハ有来候ヲ用、是も玉軸ニ仕替可申候事
一同箱
有来候ヲ真ノためか黒ぬりにぬり直し可申候事、但、ふくさニ包候故、箱ちいさく候ハヽ、新ニ仕替可申候事
縁起・文書・綸旨等之軸物、何も不残浅黄ふくさに包可申候事、並箱之上ニ外題ノ書付、何も蒔絵ニ出来候事

遣迎院は、一〇日余りほど山荘に留まって種々接待を受けながら歓談し、十月十二日に江戸へ戻った。その間に遣迎院が三条西家と懇意にしている旨を話したことが、冒頭の光圀書簡となったのである。

次には、山荘での歓待に遣迎院が深謝の意を表していたことを伝える元禄八年十月十四日付、佐々宛安積・中村書簡（四二）を示そう。佐々は、山荘の光圀に近侍していた。

以書付申達候、遣迎院一昨日西山ゟ被罷帰候由ニ而昨日角兵衛方迄（ママ）被参、於西山段々御馳走御懇意之儀共難有仕

合、殊ニ拾葉集被致拝領無残首尾忝次第ニ奉存候、偏ニ自分、宗憺老（板垣宗憺―引用者）など御取持故と被存候間、右之趣御両所へ宜様ニ申候宜様様《ママ》ニと暮々も申候、御序を以御礼謝宜様ニ可被仰上候

光圀が、二年前に水戸家で出版した『扶桑拾葉集』（三五冊）を遺迎院に贈呈していることは、今回の面談によって両者の間に強い信頼関係が生まれたことを物語っているように思われる。

光圀は、一方で、三条西家の当主である実教にも直接書簡を認め、帰京後の遺迎院にこれを持参させて家蔵史料の「許借」を請う手筈も考えていた。しかし、当時実教は、折悪しく勅勘を蒙って謹慎中との噂があることを知って、もしそれが事実ならば連絡をとることは憚かられるので、その点を確認してから行動するように遺迎院へ伝えよと、安積・中村に念をおしている。

十一月三日、遺迎院は江戸を出立したが、なぜかその時までに安積らの手許に光圀の書簡は届かなかった。遺迎院に持参させるべく毎日鶴首して書簡の到着を待っていた安積らは大いに気をもみ、近侍する佐々に、遺迎院が着京次第三条西家を訪問する予定になっており、機会を失うことにもなりかねないから、もしまだ光圀が認めていないのなら至急にと、催促しているほどであった。

もっともこの件は安積らの杞憂で、光圀は遺迎院に宛てたと同じ日付、すなわち十月二十九日付で実教宛に認め、書簡は御用部屋経由で直接京都駐在の大串のもとへ届けられた。光圀としては、事を隠密に運ぶためあえてこのような手段をとったのかもしれない。

十一月十三日に京都に帰った遺迎院は、早速、三条西家の動静を伺い、実教が勅勘を蒙ったわけではなく、自主的に勅参・院参を止めているだけであることがわかったので、十五日、同家を訪問、光圀の書簡を実教に直接届けることができた。次はその書簡の全文である（『水戸義公全集』下、所収）。

雖未接　芝眉、年来瞻仰　芳声、不堪欣望之至候、即向寒冷、益御清健御座候哉、承度奉存候、然者光圀自若年之時分存立、本朝の史記致編集候、引用の書籍不自由故、四十年来未遂成功候、就夫、御家の事御代々名賢御相続、旧記多ク御所持被成候由及承申候、蒙御許借、編集之史記に引用仕度奉願、年久しく蓄懐候へ共、可申達便も無之、空ク打過申候、遣迎院弊邑へ被罷下、貴嚀被申出候付、幸と存、不顧推参呈簡札候、御家蔵之旧記於御許借は莫大の御厚恩、二世の大望不可過之候、光圀齢及晩景候へ共、存命之内、何とそ多年の所願相遂申度存而已、勿論此事深ク隠密可仕候、委細遣迎院え申含候間、演説可被致候、光圀恐惶謹言

十月廿九日　　　　西山前中納言

光圀拝

三条西亜相公閣下

執達

書簡の内容は、「晩景」を自覚しつつもなお修史の宿願達成に強い執念を抱いていることを明示している点で遣迎院宛のものと同じであるが、ここでは編纂中の書名を「本朝の史記」とはっきり述べているところが注目される。光圀書簡に対する実教の応対は、遣迎院の目にはすこぶる好意的なものに映ったようで、この分だと希望は叶えられるのではないかとの観測を、大串に伝えるとともに、安積らには当分は何事によらず、拙僧自身が取り次ぐことがよろしかろう、と自信をのぞかせている。

なお、遣迎院は、山荘滞在中、光圀から林羅山編になる『惺窩文集』について、内々冷泉家に問合わせてほしいと依頼され、藤原惺窩の出身である下冷泉家（惺窩は冷泉為純の三男）へ赴いたこともある。

ところで、縁起・文書などの修復の件は、前述のように京都で為直すことになったのであるが、大串が遣迎院と入

れ変わるように江戸へ下ると、主として中村半七という在京の藩士が、遺迎院との仲介役を命ぜられている。このたびの修復は、次の書簡により、明けて元禄九年の三月末頃には上々の仕上りで完了したと考えられる。

遺迎院頃日被罷下候、拙者共宅へ早速被参、御機嫌被相伺、京都筋御用向之事共被申談候、先以旧冬　殿様ゟ再修復被仰付候縁起、文書、段々結構ニ出来、偏ニ　御威光故与難有被奉存候由、御礼何分ニも宜様申上候様ニと被申候（元禄九年三月二十三日付、青野栗居宛中村・佐々・安積書簡〈四五〉）

これより先、三条西実教から和歌一首を添えた好意的な返信（書付）が届き、これを喜んだ光圀は、年明け早々には返書と音物（進物）を京都へ届けたいと考え、その案文と目録を作るよう安積らに指示した。安積らは早速案文を作り、光圀の意見を求めるとともに異存はなかったようである。一方、音物については、遺迎院によれば、「重キ物」では受けとらない可能性があるので「軽キ物」がよかろうということだが、硯石や海苔ではどうか、あるいは魚鳥類にするか、塩雁とも考えたが、実教の高齢（七八歳）を配慮して塩鶴がよいのではなどと、安積らは大層気を揉んだ様子であった（元禄九年一月八日〈七日〉付、馬場高通宛安積・中村・佐々・板垣宗憺書簡〈二二二〉）。

こうした思案の末、光圀の裁断を待つことになったのであろうが、結局何品に決めたかはわからない。十二月二十六日付の二度目の実教宛光圀書簡は、一月十七日に、遺迎院のもとへ同人宛（同日付）の書簡（『水戸義公全集』下、所収）とともに到着したが、そのとき三鈷寺へ出かけていて留守だった遺迎院は、二十一日に帰ってこれらを受領し、早速翌二十二日には実教のもとへ届けた。

ところが、いろいろと品物の選定に悩んだ音物については、どうしたことか遺迎院の方から「必々御無用ニ被遊可然」と言ってよこした（元禄九年一月二十四日付、中村・安積・大串宛遺迎院書簡〈二二二〉）。京都までは届けたけれども渡さなかったのか、事前の連絡で京都へも運ばなかったのか、その辺の経過は不明であるが、結局実教に渡されたのは書簡だけであった。遺迎院によれば、「先年松平丹後守殿（佐賀藩二代藩主鍋島光茂カ—引用者）ゟ哥書之儀御望ニ而」、押小路殿の仲介により実教の家来筋へ音物を渡したところ、実教はことのほか立腹、音物をすべて返還してきたのだという。前述のように遺迎院が「軽キ物」ならば可と言ってよこしていたのであるから、その後こうした情報を得て、音物を差出すことは控えるようになったのであろう。音物をつかわして然るべきときは、私の方からその旨伝えるからと遺迎院は申し出、来月上旬には再び江戸へ下る予定なので、その間の事情は面会したときくわしく話す、と安積らに報じている（同前書簡）。

光圀の初回の書簡以来好印象を得たかにみえたにもかかわらず、実教はなかなかむずかしい人物でもあったようで、遺迎院は、安積・中村宛の書簡（一月二十五日付〈二―二二〉）で、「三条殿御事、とかくあんはいの入候事ニ候間、左様ニ御心得可被成候、あんはいさい《ママ》能候ハ、起録《ママ》之義ハ自然とひとり埒明可申と右之仁被申候、猶罷下可得御意候」と伝えている。文面中の「右之仁」とは、「三条殿御心底能々存候仁ニ御座候、拙僧為ニも縁者ニ而御座候故、万事塩梅等此仁ニ内談仕候」（同前書簡）とみえる人物である。とすると、音物を渡さなかった一件の情報も、その人物から得たのであろう。

それ以降、三条西家所蔵史料の「許借」の希望が達せられたのかどうかは明らかでない。『水戸義公全集』下所収の実教宛光圀書簡（年月日不詳）に、『旧事記』『日本後紀』『類聚国史』は水戸家でも所蔵しているが欠巻が多いので、「右三書許借奉願候」と、具体的な書名をあげて依頼した一通がみえるものの、希望通りの「許借」が実現したかどうかはわからない。

なお、予告よりやや遅れて、二月二十日前後に再び江戸へ下向した遺迎院は、二十八日、表書院にて綱條と面会し、綱條からこれまでの京都向き御用について取持ちの功を賞され、その後御庭で安積・中村はじめ、京都から帰っていた大串らも加わって振舞が行われた（綱條は御庭での宴には出席せず）。遣迎院が江戸を発ったのは、七月二十日である。

四

光圀は、公家方に書籍類の「許借」を願う一方、公家方からの水戸家蔵書借覧の求めに応ずることもあった。たとえば、飛鳥井雅豊から『都氏文集』『元氏長慶集』、紀長谷雄らの詩文集を所望されると許諾し、『都氏文集』については光圀みずから跋文を草し、『元氏長慶集』と詩文集については新しく写本をつくって贈呈したもののようである。これらを京都駐在の藩士へ送付し、遣迎院を通して雅豊に届けている。雅豊はそのとき遣迎院に、同家の所蔵本で用に立てるものがあれば、何なりと申し入れてほしい、と伝言したという。

光圀は、修史事業を進めるうちに、諸文献・記録から恒例・臨時の朝儀に関する記事を拾い出し、これらを分類して部類立てにすれば朝廷の政務・儀式に役立つだろうと考え、天和年間（一六八一—八四）からその方面の史料蒐集にも力を入れるようになり、当時これを「部類記」と称していた。

この「部類記」は、光圀の没後、『礼儀類典』五一五巻という大部の書物になるのであるが、その史料蒐集にも遣迎院は仲介の労をとっている。一例をあげれば、光圀は元禄十一年、蔵人所出納を勤めていた大蔵大輔平田職直《もとなお》（豊後守）に「大嘗会庭上之図」「御即位総図」「御高座図」「大礼幢之図」「御装束諸具之図」「御殿調度之図」などの模写を依頼した。「御即位総図」は八月に、「大嘗会庭上之図」は十一月に出来たものの、何分絵師による細かな仕事なので、遣迎院のたび重なる催促にもかかわらず、その他の絵図についてはなかなか進捗しなかった。同十四年二月二十三日付の平田職直から安積への書簡には「旧冬指上候絵図品々道中無恙参着、（中略）如被仰聞、今少之違ニ而故黄門様御在世之内不奉備　台覧候而乍恐遺憾之次第不尽筆紙奉存儀御量察被成可被下候」（二二一二）とみえ、光圀生前に間に合わなかった絵図もあったのである（光圀の死去は、前年の十二月六日、享年七三）。

光圀は、このように死去するまで、修史事業だけでなく、「部類記」の編纂などについても安積ら彰考館員や京都駐在の藩士らにこまごまと指示を与え、その進展を期していた。その中にあって、遺迎院は光圀と公家方との交渉を一身に担っていたといえる人物であり、光圀もまた彼を大いに頼りにしていたのである。

内々出納豊後守方へ被遊御頼候御即位之図一通漸出来仕、即木内弥助殿（在京藩士―引用者）立合候而請取、此目録之通弥助殿へ相渡シ申候、存之外手間入ニ而延引罷成候、（中略）大嘗会一通之義は御即位図程ニ采色も無御座候故、指而手間も入間敷様ニ申候得共難斗奉存候、此度之絵図之義も中村半七殿、木内弥助殿御存知之通、拙僧大形毎日参、急キ候様ニと催促申候得共、殊外手間入故、絵師も精出シ候得共延引ニ罷成、尤豊後守殊外被入精諸事吟味之上ニ而相違無之様ニと精出し被申候、御序之節宜御披露頼入奉存候

これは、元禄十一年八月十三日付の安積宛の遺迎院書簡（二二一二）である。遺迎院の気遣いと尽力を如実に伝えているのではあるまいか。

第五章　徳川光圀と遺迎院応空　補遺

一

徳川光圀が、みずから発案し、のちに『大日本史』と称される修史事業の進展をはかるため、彰考館（史館）員を奈良・京都をはじめ全国各地へ派遣して鋭意史料の蒐集に当たらせたことはよく知られている。

一方、京都在住の遺迎院応空（以下、遺迎院と略称）は、光圀の要請を受け、かねて培ってきた人脈を生かし、公家などの所蔵する史料の閲覧実現への仲介役を果たした人物である。

私は、平成二十八年三月、「徳川光圀と遺迎院応空」（『茨城県史研究』一〇〇号所収、前章に再録）を発表し、『大日本史編纂記録』（原題『往復書案』。京都大学文学研究科所蔵。写真版が茨城県立歴史館にあり閲覧可能）の解読により、光圀と遺迎院との交遊の模様を明らかにし、その交遊を通じ、光圀が終生、修史事業のみならず、「部類記」（本章三の節参照）などの編纂にも強い決意をもって取り組んでいたその姿の一端を述べることがあった。

ところで、このたび、別の用件で『大日本史編纂記録』を読み返す必要が生じ、久しぶりに頁を繰っていると、（前章）執筆時に利用した遺迎院に関する筆写ノートにはなお見落していた書簡（案・写—以下これを省略）のあることに気づき、改めてその解読を行ってみた。その結果、この際前章を補足しておくべき意義をもつと考えた書簡をいくつか見出したので、以下それらを三項に分けて記しておくこととしたい。

二

遺迎院は、元禄八年（一六九五）、「遺迎院文書」「三鈷寺反古」などの文書類と家蔵の『西山上人伝記』など七種ほどの文献を、京都からわざわざ西山御殿を訪ねて光圀の閲覧に供した。光圀が史館員に命じてそれらの筆写や水戸徳川家蔵本との校合を行わせたことは前章に述べたが、遺迎院はその後も折にふれ史料提供の助力を続けていたのである。次にその中の二例を示そう。

（一）遺迎院は、元禄十二年十二月、書簡を添えて『南朝記』『建武二年記』を光圀のもとに届けてきた。『南朝記』は水戸家蔵本と照合すると「全同物」とわかり、この方は書写する必要はないと判断し、返却することとした。『建武二年記』は「致吟味候処、殊勝成物ニ相見」えたのでこの方は書写することとし、その持主に書写の了解を求めることにした（元禄十二年十二月二十一日付、井上玄桐宛中村篁渓・栗山潜鋒・安積澹泊書簡。九五―数字は『大日本史編纂記録』の巻数を示す。以下同）。

遺迎院からは、「建武二年記新写之儀、緩々写可申由」との返事が届いた（同十三年一月二十九日付、遺迎院宛安積澹泊書簡。一一〇）。同十三年二月十七日付、遺迎院宛安積書簡（一一〇）には、「旧臘御転借之建武二年記書写相済申候ニ付致返進候、本主へ御返可被成候」とみえる。

遺迎院は、このように他家の蔵書であっても、修史に役立ちそうな文献を知ると、わざわざ現物を送ってきたり、次項のようにまず目録にして届けたりしたのである。

（二）次に紹介するのは元禄十三年六月二十七日付、安藤新助（為章。号は年山）宛の安積澹泊・酒泉竹軒書簡（一一〇）で、安藤からの書簡を受けての安積・酒泉の返答である。長文なので要約しつつ、原文の引用も極力控えることにしたい。なお、安藤は、京都の人で、兄為実（号は抱琴）とともに光圀に招かれ、「部類記」の編纂に従事。元禄十三年六月当時は史料蒐集のため故郷の京都に出張中であった。

遣迎院が、ある史料所蔵者の書籍目録を送ってくれたが、この目録の中には、その所蔵者を紹介してくれた人物の所蔵本も混っている由。「右之目六大殿様（光圀—引用者）入　御覧、御蔵本もくろく見合申候所、過半此方ニ有之物」と判明した。ただし、目録のうち『菅家日記』『両立記』は「御蔵本」になく、これがどのような「書躰」かもわからないので実際に一覧し、有用ならば写し取りたい。『南紀略志』は、「紀州ノ儒者善斎」の著とのこと、近代のものとは思うけれども（永田善斎著。慶安五年跋—引用者）、「紀伝」（本紀・列伝）の「考合」に役立つならばとも考える。どうするかはそちらの判断で「致取捨候様」にと「大殿様」の仰せがあった。この旨は遣迎院にも知らせておく。

また『明月記』二巻、『江談抄』五巻、『続本朝文粋』十三巻（別名『本朝続文粋』—引用者）、『朝野群載』二十巻、『室町日記』十一巻（『室町殿日記』—引用者）も目録にみえる（巻数は原文のママ）。これらもみな所蔵はしているが、「大殿様」の仰せにより「少ニても不足之所有之候へハ御重宝ニ　思召候間」、「右之数部毎巻首尾一、二行つゝ」写し取り、「巻付部立御書付急使ニ早々」送ってほしい。書物を京都まで送っていたのでは大部のことゆえ煩わしいから「書付にて埒明候方簡便」だろう。このことも遣迎院まで詳しく申し送っておく。

この書簡の年月、すなわち元禄十三年六月は、光圀の最晩年、光圀は半年後の十二月六日に死去する。すでにこの三、四月にはめっきり痩せて食事も細くなり、みずから侍医井上玄桐に、もはや本復はむずかしかろう、と語っていた（拙著『徳川光圀』、人物叢書）。

そのような時期にもかかわらず、遺迎院からの目録に目を通し、史館員とともにそれらの書物本文の異同や書体などについて綿密に検討しようとする光圀の学問的態度は、『校刻菅家文草』『校正三代実録』『参考太平記』など多くの校刻本、校正本、参考本の、いわゆる水戸本をつくった精神と共通する。こうした精神態度が修史事業の根底を支えていたことを実感させる具体例として、当該書簡は注目に値するのである。

三

光圀は史料蒐集の一環として、かねがね三条西家の所蔵史料の閲覧を強く希望していたのであるが、遺迎院の仲介約束が得られた（前章参照）ことから、まず元禄八年十月二十九日付で、当主三条西実教宛に「御家蔵之旧記」の「御許借」を請う書簡（『水戸義公全集』下所収。一〇一頁）を呈した。これに対し実教から好意的と受け取れる返信（書付）が届いたので、光圀は「許借」を願う具体的な書名も記しての第二信を送付するとともに、何かこれに進物を添えたいと考えた。

しかるに、前章で述べたように、実教は一筋縄では行かぬ厄介な人物だとわかり、結局遺迎院の指示通り、進物なしの書簡（元禄八年十二月二十六日付）のみを呈することになった。

次は光圀と遺迎院との間に立って、いかにすれば「許借」に漕ぎつけることができるか、史館員相互間で苦慮しながら遣り取りする中の一通で、元禄九年一月十七日付、鵜飼称斎・青野栗居宛佐々十竹・中村篁渓・安積澹泊・板垣聊爾（宗憺）書簡（一二三二）である。これも要所のみを摘記して示す。

「此度三条西殿へ御書（光圀の書簡―引用者）被遣候ニ付、御所望之御書物別紙之通先被仰遣、重而又何々と段々被仰遣可然被　思召之旨」承知した。「別紙御書付之書籍」は、「緊要之書」なので、「一部ニ而も被借遣候へは大幸之御事」だが、「西殿御心底未しれ不申候内ニ而御座候間」「先此度は御書バカリ被遣、其上ニ而様子相しれ可申候間、重而御目録被遣可然哉」。「西殿殊外六ケ敷御方ニ而御座候由ニ候へハ」、このたびは「種々熟議、何とそ当分」目録を差遣わすことは「延引」した方がよいと思う。遣迎院は来月早々には江戸下向の予定の由。何とか在京中に「大殿様」の書簡が遣迎院まで届くよう切望している。

この十二月二十六日付の光圀書簡は、翌九年正月十七日に遣迎院のもとへ届き、遣迎院は二十二日に実教に届けることができた。佐々らがこの書簡を認めていたちょうど同日、佐々らの心配をよそに光圀書簡はすでに京都に到着していたことになる。光圀書簡は別ルートすなわち御用部屋経由で直接京都駐在の藩士大串雪瀾（史館員）のもとに届けられたように考えられる（前章参照）。

ともあれ、右の文面からは史館員の心を煩わしているさまが如実に伝わってくるが、「御所望之御書物別紙之通先被仰遣、重而又何々と段々被仰遣可然被　思召之旨」とある書き振りからは、光圀自身の気遣いのほども察せられよう。

前章で述べたように、『水戸義公全集』下には、年月不詳の実教宛の短かい光圀書簡（下書きか）が収められており（一〇一頁）、それには『旧事記』『日本後紀』『類聚国史』は水戸家でも所蔵しているが、欠巻が多いので「右三書御許借奉願候」とみえる。この光圀書簡が右の「別紙御書付」で、「右三書」がその「緊要之書」に当たるようにも考えられる。しかしこの「御書付」が実教のもとに届いたのかどうか、「許借」が実現したのかどうか、などは残念ながらわからない。

光圀は公家方の書籍「借覧」を請う一方、公家方からの水戸家蔵書「借覧」の求めにも応じていた。前章ではその際、光圀自身が跋文を草し、あるいは写本を新たに作ったりして贈呈していたことを飛鳥井雅豊の場合についてみたのであるが、ここでは、当時京都の藩邸に滞在中の藩士塙清左衛門（勝邦）宛の元禄九年八月四日付、中村篁渓・安積澹泊書簡（五七）を掲出し、やはり雅豊への応対について記し、前章の補足としたい。この時は、「御書物」を塙を経由してまず遺迎院へ届け、彼から雅豊へ渡す手順をふんでいた。

別紙目録之通御書物十弐冊（『都氏文集』など。前章参照）従　大殿様（光圀―引用者）飛鳥井三位殿へ御音物ニ被遣候、是ハ内々飛鳥井殿ゟ遺迎院ヲ以御所望之御書物共ニて御座候、箱ハ其元ニて申付候様ニと被　仰出候ニ付、先程遺迎院当地発足之砌、委細申合、其元にて箱奇麗ニ御申付、遺迎院迄被遣候様ニと申合候事ニ御座候（中略）遺迎院へ御聞合、桐にて箱壱つにも弐つニも宜敷様ニ被仰付、御書物御入、遺迎院迄可被遣候、奉書ニ相認申候もくろく、是又御書物ニ相添可被遣候、此箱ハ道中かり箱ニ申付候間、御序之節御返し可被成候

この書簡からは、単に「御書物」を届けるだけでなく、「御書物」に目録を添え、桐箱に入れるなど、かなりの心遣いのあとがうかがえる。雅豊からの依頼であっても、この場合、光圀からの「御音物」（進物）という形にしたのもその表れであろう。なお、文面中の「先程遺迎院当地発足之砌」とあるのは、当年二月に寺用で江戸に下向していた遺迎院が七月二十日に江戸を出立したことを指している。

「御書物」を受け取った雅豊は、感謝の辞を遺迎院を通して伝えてきたが、その際、以後飛鳥井家所蔵で「入用之品も御座候ハヽ、無隔意被申越候様ニと」言い添えてあった。この雅豊の厚意を光圀と当主綱條に知らせると、「被入御念候儀被致満足、御父子共に貴様（遺迎院―引用者）迄宜申進候様ニとの事ニ御座候」（元禄九年十月八日付、遺迎院宛中村・安積書簡。五七）。

四

光圀は、修史と併行して、先に触れた『校刻菅家文草』のほか『参考太平記』『花押藪』『草露貫珠』など十数種の書物の校訂・出版を行いもしくは継続中であったが、その一つに「部類記」がある。

光圀は、修史を進めるうちに、諸文献・記録から恒例・臨時の朝儀に関する記事を拾い出し、これらを分類して部立てにすれば朝廷の政務・儀式の執行に役立つだろうと考え、天和年間からこの方面の史料蒐集に努めつつあり、当時これを「部類記」と呼んでいた。「部類記」は、光圀の死後『礼儀類典』五一五巻という大部の著作となるのであるが、その史料蒐集にも遣迎院の多大な尽力があった。

この書物はその性格上、文章だけでなく多くの絵図の挿入が不可欠であり、光圀は晩年の元禄十一年、蔵人所出納を務めていた大蔵大輔平田職直（豊後守）に、「大嘗会庭上之図」ほか六種の絵図の模写を依頼した。絵図の模写は実際には専門の絵師の仕事であり、平田の体調不如意の時期もあったりしてなかなか順調には進捗せず、遣迎院からのたびたびの催促にもかかわらず、光圀の死後にまでその仕上りが持ち越された絵図もあったのである。

元禄十四年二月十二日付の木内弥助（京都の水戸藩邸勤務）宛安積澹泊の書簡（一二三）からは「大嘗会図等」が出来た謝礼として、平田に白銀三〇枚と子籠鮭二尺、仲介役の遣迎院には和紙二〇束と玉海苔一曲物が届けられたことがわかる。平田はその中から絵師に報酬を支払ったのであろうか。

この書簡の文面中には、「遣迎院ゟ申来候内意之趣共有之候ニ付、御相談之上にて先年ゟ十枚御加へ候而三十枚被遣候事ニ御座候」とみえる。したがって、絵図が出来た時、先回は二〇枚だったけれども、遣迎院の意向で今回は

「十枚」上のせして「三十枚」にしたわけである。それは「先年」(元禄十一年八月)「御即位図」が仕上った時、「白銀廿枚」を贈呈したところ、平田自身から遺迎院を通じて不満の意が伝えられていたからである(元禄十四年二月十二日付、前記遺迎院宛安積書簡)。「十枚御増被遣候間十分ニハ無之候共、定而不備之儀も有之間敷と存候」と安積は木内に伝えている。書簡の末尾には、「先ハ是にて出納方御用ハ無残相済於拙者大慶ニ存候」とあり、光圀依頼の絵図についてはこれで一応結着がついたものと考えられる。

五

光圀と遺迎院との間で連絡役を果たしていた安積ら史館員の書簡によって、前章では言及できなかった一面をいささか補足した次第である。

『大日本史』をはじめ『礼儀類典』その他諸種の編纂事業の過程を顧みるとき、その成果は、光圀を筆頭に、後世にまで及んでそれらにかかわった多くの人々がそれぞれの立場・環境の中で精一杯行った活動の集積であり結晶であるとの思いを改めて深くする。遺迎院もその中の一人として忘れることができない存在といえよう。

前章とともに、水戸藩の編纂事業にかかわった多くの人々の努力の一端なりとも明らかにすることができたとすれば幸甚である。

第二部　『大日本史』編纂と水戸藩の教育

第一章　水戸藩の出版書・蔵書とその普及

はじめに

江戸時代、特にその後半期の顕著な時代的特色の一つは、学問・教育が武士はもとより、一般の民衆にまでひろく普及・浸透し、人々の知的水準を急速に向上させたことにあるが、その手段として出版事業の果たした役割はきわめて大きい。長い戦国時代が去って、平和な社会がつづくようになったことが、学問・教育の普及と出版文化の盛行を促した何よりの要因である。

この時代の出版事業の経過をたどってみると、はやく江戸幕府の初代将軍である徳川家康は、慶長四年（一五九九）に『孔子家語』『吾妻鏡』など八部の書物を刊行し、三代将軍家光は、寛永寺の天海に命じ、一一年の歳月をかけて「大蔵経」の開版を企て、六三二三巻を刊行した。儒学によって人心の教化をはかろうとした五代将軍綱吉は、『四書集註』『周易本義』を開版し、儒教の振興に熱意を傾けた。その後、八代将軍吉宗も人心教化の手段として、清の范鋐の著『六諭衍義』の出版に当たり、儒学者荻生徂徠に訓点を施させ、また室鳩巣にはその大意を平易に解説させて『六諭衍義大意』（三巻）と題して刊行した（笠井助治『近世藩校に於ける出版書の研究』吉川弘文館、一九六二年）。

この吉宗の時代あたりから、諸国の大名にも藩校設立の機運の高まりとともに、儒教を中心とした書物の出版熱がおこって藩版あるいは藩校版が増加するに至る。

水戸藩では、『大日本史』の編纂局である彰考館勤務の学者が、編纂を主宰する二代藩主徳川光圀の命を受けて次々と諸書の出版に着手しているから、諸藩にくらべかなり早い時期から出版活動が開始されていて、その嚆矢は寛文七年（一六六七）刊の『菅家文草』（一二巻）である。清水正健著『増補水戸の文籍』（一九三四年刊）によれば、『菅家文草』以後、江戸時代に水戸藩蔵版として刊行された出版書は二十数部、このほかいわゆる私家版まで加えると合計八十数部（地図三種を含む）ほどになる。

これら水戸藩蔵版の出版書のうち光圀の命によって刊行された出版書について、各出版書の刊行経過と、その出版書や水戸藩蔵書の貸借関係などを通して、それらの普及状況を述べるとともに、水戸藩の蔵書がどのような手段で集められ、またどこに貸出されていたのかについてもわずかながら触れてみたい。大正七年（一九一八）発行の『彰考館図書目録』によれば、そこにはおよそ一万六〇〇〇部の書物が掲載されているが、第二次大戦の際の水戸空襲でその書物の三分の二以上は烏有に帰したといわれてきた。そこで改めて公益財団法人徳川ミュージアムに現存する彰考館の書物の部数の調査を依頼したところ、それはおよそ四〇〇〇部ということであった。ともあれ、彰考館がかつて所蔵していた一万六〇〇〇部という書物の多くは、おそらく二世紀半にわたって継続された『大日本史』編纂の過程でその編纂を核として集積された書物であろう。したがってその全体からみれば、以下に取り上げる蔵書は、ごくわずかといえる数ではあるが、修史事業を遂行する過程でどのようにして蔵書を増やしていったのかについてその一端を知ることができる。

水戸藩では、先に触れたように、藩版以外に多数のいわゆる私家版が存在する。その代表的なものは、たとえば後期の会沢正志斎著『新論』、藤田東湖著『弘道館記述義』、青山拙斎著『皇朝史略』などである。また、原南陽、本間玄調らによる医学書の出版などもある。これらは、前者がいわゆる「水戸物」として全国各地に流布し、後者もその高い学術的価値が認められて大いに普及した。

しかし、これら私家版については、前記笠井助治著『近世藩校に於ける出版書の研究』に記述があり、特に秋山高志著『近世常陸の出版』（日本書誌学大系八〇、青裳堂書店、一九九九年）に詳しく述べられているので、ここではすべて割愛することとしたい。

一　各出版書の刊行経過

秋山高志著『近世常陸の出版』所収の論文「常陸の出版」のなかから、光圀の命により出版されたとみられる書物を抜き出し、書名、出版年を表にすると表1のようになる。版元はいずれも京都の書肆小川柳枝軒（屋号茨城屋、姓名小川多〈太〉左衛門）である。初代の多左衛門（方淑）は元禄十四年（一七〇一）に死去し、以後は二代目の多左衛門（方道）が同家を継承した。

なお、秋山氏の著書には、光圀とかかわりのある人物の出版書（版元はいずれも柳枝軒）として、

人見林塘『東見記』	三冊	貞享三年
同　『林塘集』	二冊	貞享三年
鈴木甫庵『救民妙薬（集）』	一冊	元禄六年
森　儼塾『儼塾集』	一〇冊	宝永三年
栗山潜鋒『保健大記』	一冊	正徳六年

が記載されている。

以下には、『大日本史』をはじめ、表1で○印を付した書物、秋山氏の論文「水戸の漢籍出版」（『近世常陸の出版』所収）で書名が取り上げられている『校刻韻府古篆彙選』と『洪武聚分韻』、いわゆる参考本の中で出版の準備を進めてきたもののついに実現に至らなかった『参考源平盛衰記』の計一〇部について、各書の出版に至るまでの経過（『参考源平盛衰記』は出版に至らなかった状況）を述べ、次節では水戸藩における文献筆写と蔵書の貸出状況について触れ、そこでは水戸藩と公家・大名・寺院などとの学的交渉の一端を明らかにしたい。

本章の記述は特に注記するもの以外すべて京都大学文学研究科所蔵『大日本史編纂記録』（原題『往復書案』、以下『記録』と略称）の解読によって得られた成果であり、『記録』から出版経過が比較的よくわかる書物が表1で○印を付したものである。

表1　光圀の命による出版書

○校刻菅家文草	12巻12冊	寛文7
新編鎌倉志	12冊	貞享2
校刻難太平記	2冊	貞享3
○扶桑拾葉集	35冊	元禄2（元禄6）
○花押藪	7冊	元禄3（元禄5）
参考太平記	4冊	元禄4
参考保元物語	4冊	元禄6
参考平治物語	6冊	元禄6
校刻拾遺往生伝	2冊	元禄11
○草露貫珠	22冊	宝永2（宝永3）
○舜水朱氏談綺	3巻4冊	宝永5
○続花押藪	7冊	宝永8・正徳元
○舜水先生文集	30冊	正徳5

※（　）内は訂正すべき出版年

1　『大日本史』

二代藩主徳川光圀の命により、明暦三年（一六五七）に編纂を開始した日本歴史の書。四〇二巻。光圀の死後も編纂を継続し、明治三十九年（一九〇六）に完成。中国の正史の体裁にならいわが国ではじめての紀伝体（本紀・列伝・志・表をもって構成）で編述した。叙述は初代の神武天皇から一〇〇代の後小松天皇までを対象とするが、神功皇后を皇位から除き、大友皇子を皇位に加え、南朝を正統とした、いわゆる三大特筆が有名。江戸時代の尊王論の発展に大きな影響を与えたといわれる。光圀生前には「本朝の史記」「国史」「倭史」などと呼ばれていた本書は、光圀死去一五年後の正徳五年（一七一五）になって、三代藩主綱條により『大日本史』という書名が決定した。

この『大日本史』の出版が水戸藩の申請により幕府から公式に認可されたのは享保十九年（一七三四）七月のことで、光圀の死から三四年たってからである。

大日本史御手前ニ而板行被仰付度との義 公儀へ御願被遊候所、御勝手次第被成候様ニと被仰出候（「徳田庸抄録」、『記録』一八六所収）

そこで藩庁は、光圀、綱條、宗堯三代の藩主の廟に祝文を奏上する儀式を行った。それから四ヶ月後の十一月以降、板行に備えて本文の点検と清書がはじまり、それが進行中に、「日本史板行之義伺書付」が彰考館から藩庁へ提出された。その「書付」によれば、「日本史吟味段々相済申候ニ付、当秋暮頃より先四、五冊も板下清書仕、相済次第来春迄之内ニ先四、五冊も試ニ為彫候而板下手際見届け申度」ということになった。とはいえ二五〇巻という大部の書物（当時は本紀・列伝で二五〇巻であった）であり、板木も一二〇〇枚になるので、細工人（彫工）は三〇人ほど必要となる、ついてはどこで彫らせるかが大きな問題であり、京都、江戸、水戸のいずれにしても早く決着することが望ましい、と「書付」は記し、京都の場合、「多左衛門義は御先代より度々御大切之御書物御用被仰付慥なる者」だが、何分遠方の地なので多左衛門の仲介で細工人を江戸へ呼び寄せ、

図11 『大日本史』（水戸市立博物館所蔵）

屋敷内で彫らせることも考えられよう、また水戸城下の下町には加藤五郎兵衛なる者が、御用仰付けられたいと願い出ている由だが、もし五郎兵衛を指名したとしても、やはり京都から細工人を呼び寄せることになるだろう、水戸城下での作業ということになれば万事便利ということはいえる、いずれにしても、誰に仰せ付け、どこで彫るのか、板下清書が出来てからというのでは「殊外手支ニ罷成申候故、右の通唯今より奉伺候事ニ御座候」と「書付」は結論する。

これより先、清書は少しずつ進捗しており、正徳五年十月には「本紀新写五十八冊出来立申候付、昨日御城へ為持罷出、御老中御奉行衆へ懸御目申所」（二十九日付、大井松隣・神代鶴洞宛酒泉竹軒・佐治竹暉書簡）となっていた。やがて元文五年（一七四〇）三月には、「日本史板下清書最早三ヶ二余出来立」（十四日付、「日本史仮彫被仰付られ候様ニ申出候書付」、「徳田庸抄録」所収）、五月には、清書が一応終了と藩庁に報告されている。

しかし、板行のことは長期間一向に進展しなかった。おそらく財政上の事情によるのであろう。

その後半世紀をへた寛政元年（一七八九）閏六月になって、時の彰考館総裁立原翠軒が、「大日本史編修成就之致方乍憚愚案之趣左之通申上候」とする意見書を藩庁に提出し（茨城県立歴史館所蔵『往復書案』所収）、『大日本史』の志・表の編纂を中止しても本紀・列伝の刊行を急ぐべきことを訴えた。立原はこの意見書の中で、「本紀列伝も板行可被仰付候との事ニ而前年より度々被仰出、取かかり候へ共、御物入等之儀ニ而御延引ニ相成申候」と述べている。

立原によれば、

享保十九年五月十七日板行被　仰出、清書吟味ニ懸リ、元文五年六月、御国版ニ被　仰出、其年十一月御止ニ成、寛保元年京へ板行つもり申遣、寛延二年ニも又申遣、此時京より本屋手代迄御よひよせ弥可被仰付ニ成候而止ニ申候とのことで、寛政以前に、既述のごとく享保十九年（立原は「五月十七日」とするが、前出の「徳田庸抄録」では「七月」とあり、何日かは不記載）と元文五年の二回以外に、寛保元年（一七四一）と翌二年にも出版計画があったことが知られる。

また立原は、出版経費の見積りについてもこの意見書で言及している。

享保十九年入目小川彦九郎つもり七百両余、京つもり三百九十三両余、江戸つもり□　□両斗、又京つもり四百十一両余、寛保元年京つもり九百八十六両、寛延二年京つもり千三百八十二両余、皆々日本史上木議と申書キ集メ置候、其内ニ委細記し置申候、右之通段々直段高く成、今ニ而ハ又引上申候も難斗候（中略）先大数千両位之事と大つもりハ仕候事ニ御座候

これによれば、享保の時点ではもっとも安い見積りが三九三両余だったとみられる（江戸見積りは不明）のに、寛保二年になると京都見積りで一三八二両余と三・五倍ほどにはね上っている。立原も現時点ではおおよそ一〇〇〇両くらいは見積っておかなければならない、と述べている。なお、「入目」とは経費のこと、小川彦九郎は江戸の柳枝軒。立原が右のような意見書を提出してから一七年後の文化三年（一八〇六）になって、ようやく板行のことが具体化した。

それ以降の出版状況については、前記秋山高志氏の研究（「『大日本史』刊刻の周辺」。『近世常陸の出版』所収）があるので、これに依拠するとともに、若干補足を加えつつ述べることにしたい。

文化三年正月、幕府の若年寄戸田采女正から、将軍家斉の命として『大日本史』の完成後に刊行を考えているのであれば、それには及ばない、刊行できたものから追々進献すればよい、と水戸藩の家老に伝えられた。このため、江戸・水戸の両彰考館では刊行を急ぎ、板下書きに吉村伝九郎（彰考館雇）、根本三十郎（彰考館当座雇）を任じ、彫刻

には江戸の板下師棟梁江川八左衛門、同役富田六左衛門とそれぞれの配下の彫工を三人ずつ出してもらって彼らを雇い、文化三年五月十九日から彫刻を開始した。場所は江戸の水戸藩邸内の元式台というところである。当日には棟梁はじめ彫工に「御酒肴等被下置」、「先以不朽之大典、此度無滞御上木」を願った（五月十九日付、小池桃洞宛藤田幽谷・高橋坦室書簡、茨城県立歴史館所蔵『往復書案』）。

同六年十二月八日、江戸彰考館総裁代役川口緑野は、昌平坂学問所の林述斎に摺り上った本紀・列伝二六巻を見せ、藩庁は同月二十四日、幕府に進献、翌七年十一月、朝廷にも同様献上した。

九代藩主斉昭は、天保三年（一八三二）九月、編纂を督励し、板木彫刻は原稿完成後一斉に取掛ることを指示し、同十三年四月四日に上木のことが許可され、五月十九日から江戸で彫り始めることになった。その後も青山佩弦斎らによって原稿の補正がつづけられ、本紀・列伝二四三巻、一〇〇冊の用紙は枚数にして本文四五三六枚の刊行が一応終了、嘉永二年（一八四九）十二月六日、光圀の一五〇年忌にその廟前に供えられた。

しかし、刊行後も校訂は継続され、同五年二月六日、紀伝の刊行は終了した。斉昭が跋文を付して朝廷はじめ各方面へこれを寄贈した。これを嘉永版『大日本史』という。

藩士はじめ一般への販売は江戸の書肆玉巖堂和泉屋金右衛門が担当した。左は慶応三年（一八六七）四月九日付、江戸文庫役から水戸同役への書簡である（茨城県立歴史館所蔵『往復書案』）。

大日本史当節御家中御払直段御問合之処、壱部ニ付金六両壱分ト銀弐匁七分ニ御座候、当時御本弐部斗有之候、此後之仕込ハ又々直段引上ケ候様可相成候

これによれば、慶応三年四月の時点での『大日本史』の値段は「六両壱分ト銀弐匁七分」であった。『大日本史』は大部の書物であるから、どの程度の需要があったのかわからないが、参考までに、『日本教育史資

表2　全国の藩校で教材とされていた水戸藩関係図書一覧

番号	藩　　名	藩校名	水戸藩関係図書
1	弘前藩(陸奥)	稽古館	大日本史
2	盛岡藩(陸奥)	作人館	大日本史
3	中村藩(陸奥)	育英館	大日本史
4	岩崎藩(出羽)	勅典館	大日本史
5	峯岡藩(越後)	学問所のち入徳館	大日本史・皇朝史略
6	三日市藩(越後)	学　校	大日本史
7	宇都宮藩(下野)	修道館	大日本史
8	烏山藩(下野)	学問所	大日本史
9	大田原藩(下野)	時習館	大日本史
10	高崎藩(上野)	遊芸館のち文武館	大日本史・皇朝史略・続皇朝史略
11	安中藩(上野)	造士館	大日本史
12	関宿藩(下総)	教倫館	大日本史
13	小久保藩(上総)	盈進館	大日本史・皇朝史略
14	村松藩(越後)	学問所	大日本史・弘道館記述義・新論・皇朝史略
15	高田藩(越後)	修道館	大日本史・新論・弘道館記述義
16	松本藩(信濃)	(藩　学)	皇朝史略
17	松代藩(信濃)	文武学校	皇朝史略
18	須坂藩(信濃)	立成館	皇朝史略
19	上田藩(信濃)	明倫堂	大日本史
20	高島藩(信濃)	長善館	大日本史
21	加納藩(美濃)	文武館	大日本史
22	大垣藩(美濃)	致道館	大日本史
23	福井藩(越前)	明道館	大日本史・皇朝史略
24	重原藩(三河)	養成館	大日本史・保建大記
25	静岡藩(駿河)	兵学校	皇朝史略
26	名古屋藩(尾張)	明倫堂	大日本史・西山遺事・西山随筆・烈公遺事・迪彝編・告志編・新論・弘道館記述義・皇朝史略・常陸帯
27	亀山藩(伊勢)	明倫舎のち明倫館	大日本史・皇朝史略
28	淀藩(山城)	明新館	大日本史
29	郡山藩(大和)	敬明館のち造士館	大日本史・皇朝史略
30	芝村藩(大和)	明喬館	大日本史
31	水口藩(近江)	翠輪堂のち尚志館	大日本史
32	麻田藩(摂津)	直方堂	大日本史
33	尼崎藩(摂津)	正業館	皇朝史略
34	和歌山藩(紀伊)	学習館	大日本史
35	田辺藩(紀伊)	修道館のち学校	大日本史・保建大記・皇朝史略

36	新宮藩(紀伊)	育英堂のち学校	皇朝史略
37	伯太藩(和泉)	伯田仮学校	皇朝史略
38	福地山藩(丹波)	惇　明　館	大日本史
39	山家藩(丹波)	致　道　館	大日本史
40	篠山藩(丹波)	振　徳　堂	大日本史・皇朝史略
41	亀岡(亀山)藩(丹波)	(不　　明)	大日本史・皇朝史略
42	丹南藩(河内)	丹南学校	皇朝史略
43	宮津藩(丹後)	礼　譲　館	大日本史・皇朝史略
44	峰山藩(丹後)	入　徳　館	大日本史
45	出石藩(但馬)	弘　道　館	大日本史・烈公遺事・桃源遺事・烈祖成績・退食閑話・新論・皇朝史略・北島志
46	龍野藩(播磨)	敬　楽　館	皇朝史略
47	林田藩(播磨)	敬　業　館	大日本史
48	三日月藩(播磨)	広　業　館	大日本史
49	鳥取藩(因幡・伯耆)	尚　徳　館	大日本史・保建大記・皇朝史略
50	岡山藩(備前)	学　　　校	新論
51	新見藩(備中)	思　誠　館	大日本史
52	成羽藩(備中)	勧学所(学校)	皇朝史略
53	高梁(松山)藩(備中)	有　終　館	大日本史
54	松江藩(出雲)	修　道　館	弘道館記述義・新論
55	福山藩(備後)	誠　之　館	大日本史
56	津和野藩(石見)	養　老　館	大日本史・新論・皇朝史略
57	松山藩(伊予)	明　教　館	大日本史(蔵書)
58	宇和島藩(伊予)	明　倫　館	大日本史・皇朝史略
59	高知藩(土佐)	致　道　館	大日本史・皇朝史略
60	福岡藩(筑前)	修　猷　館	大日本史・皇朝史略
61	久留米藩(筑後)	明善館のち学館	大日本史
62	豊津(小倉)藩(豊前)	育　徳　館	皇朝史略・続皇朝史略
63	中津藩(豊前)	進　修　館	大日本史
64	平戸藩(肥前)	維　新　館	保建大記・大日本史
65	福江(五島)藩(肥前)	育　英　館	皇朝史略
66	鹿島藩(肥前)	鎔　造　館	大日本史
67	蓮池藩(肥前)	育　英　館	大日本史
68	飫肥藩(日向)	振徳堂のち飫肥学校	大日本史・皇朝史略・続皇朝史略
69	延岡藩(日向)	広　業　館	皇朝史略
70	佐土原藩(日向)	学　習　館	大日本史・皇朝史略

※『日本教育史資料』より作成（北条重直著『水戸学と維新の風雲』所収のものを修訂）

料』から幕末・維新期に諸藩の学校で教科用図書として使われていたとされる藩名を示すと表2のようになる。この表には同書に記載のある『新論』『弘道館記述義』『皇朝史略』など水戸藩関係の著作も記しておく。

なお、志・表の編纂は、その後も継続し、廃藩後は水戸徳川家の事業となり、明治三十九年（一九〇六）八月、十志五表の計一五四巻と、先に出来ていた本紀・列伝二四三巻、それに目録五巻を加え総計四〇二巻が完成、徳川家蔵版として刊行された。

2　『校刻菅家文草』

菅原道真（八四五―九〇三）の漢詩文集。一二巻。一巻から六巻までが詩、七巻から一二巻までが文章を収める。前記のようにはじめ寛文七年（一六六七）に出版された。

しかし、その後も善本を求めていたところ、延宝八年（一六八〇）に見つかったというので、借り出したいと依頼したところ（どこからかは不明）、「借代殊之外高直」（五月二十九日付、板垣真庵〈聊爾〉・鵜飼錬斎宛今井魯斎・佐々十竹・人見懋斎・辻好庵書簡）であり、文字の違いも少々ということなので、これを断念したという。

ところが、貞享四年（一六八七）になって、光圀から文字に多くの誤りがあるので改訂せよ、との指示が出た。次は、同四年七月五日付、史館（彰考館）中宛佐々十竹の書簡である。

板行之菅家文草、文字あやまり多く御座候、先年鵜飼金平（錬斎―引用者）、京師古本を以校正仕候御本、御文庫ニ有之候、是ヲ金平在京中早々京へ御上せ被成、文章ノ板所持候本屋方へ少し遣し、文字の誤改正イタサセ候様ニと被　仰出候、文章御取出シ候て、右之　御意之段早々金平方へ被仰遣候

のちに『大日本史』と命名される、当時は「国史」「倭史」「本朝の史記」などと称されていた史書を編纂中の光圀

は、延宝四年から京都・奈良方面をはじめ、各地に史館員の家臣を派遣して、そのための史料収集にあたらせていた。前記の書簡は、その任務を帯びて貞享四年には鵜飼錬斎が京都に滞在中だったので、史館に対して、在京中の錬斎に、自身がかつて校訂し史館内の文庫に収めてある『菅家文草』を取出して送り、錬斎から板木を所持している本屋へその旨を知らせ、改訂させせよ、という光圀の指示を伝えているのである。

その後『菅家文草』の板木は、二ヶ所に分かれて所持されていることがわかり、その本屋も改訂に応ずる旨を申し出てきた。しかし、この改訂作業は一向に進捗しなかったようで、結局出版元は、寛文期同様、茨城屋多左衛門（柳枝軒）が請負うことになったものの、それでも作業は滞り、ようやく元禄十四年（一七〇一）、すなわち光圀死去の翌年に改訂版が完成をみることになる。

茨城太左衛門より菅家文草校正本差下候ニ付、御前へ御披露相済、以後義公（光圀の諡号―引用者）様御霊前へ御備可被成候旨御尤存候（十一月二十九日付、中村篁渓宛栗山潜鋒・酒泉竹軒書簡）

3 『花押藪』・『続花押藪』

光圀の命を受け、彰考館員の丸山可澄（活堂、雲平）が中心となって史上有名な人物の花押を集録した書。出版は元禄五年（一六九二）。正編出版後、続編の編纂がはじまり、これは正徳元年（一七一一）の出版。

光圀がいつ丸山に『花押藪』編纂のことを命じたのかはわからないが、『記録』の延宝八年（一六八〇）七月八日付、佐々十竹宛辻好庵・吉弘菊潭書簡には「花押藪・古簡雑纂三冊指上申候」とみえるから、この時点で一応形あるものにはなっていたのであろう。その後、丸山は貞享四年（一六八七）から元禄元年にかけて耳病が悪化、一時彰考館員としての勤務も免ぜられるという事態になったものの、その間も編纂は他の館員の協力を得ながら継続され、元禄三

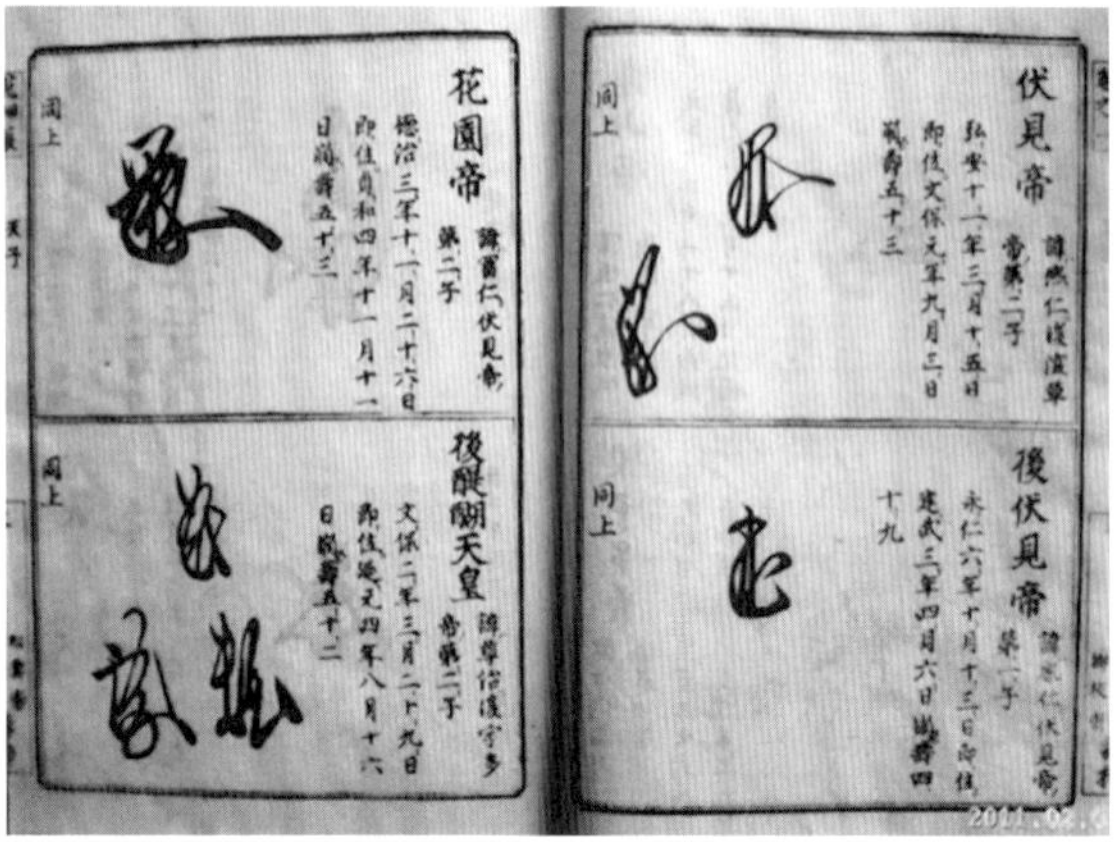

図12　『花押藪』（著者所蔵）

年七月朔日付で、丸山に「花押藪編集相済申候ニ付」、褒美として「銀子五枚」が下賜されているから（『史館雑事記』、『記録』二四〇）、この時期に草稿がようやく成ったわけである。ちなみに版本の序文の末尾には、「元禄三年歳次庚午六月穀旦常州水戸府丸山可澄序」とみえるが、それは丸山が序文を執筆した時点であって出版された年時はこの日付ではない。ともあれ、草稿ができたことで、その慰労の意味があったのであろう、同四年三月、津軽に耳病によく効く温泉のあることを知った光圀は、丸山に奥州方面の史料調査もかねて治療に役立てようと考え、奥州行を命じた。彼の切米七両全部を前貸しするとともに駄賃・旅籠代などについては水戸で工面するようにさせ、丸山は十二日に江戸を出立、水戸経由で津軽に旅立った（同前）。水戸に帰着したのは六月七日で、史料収集にはあまり見るべき成果はなかったようであるが、同月九日、その調査記録を呈上している（『奥羽道記』）。

さて、出版計画は草稿ができた元禄三年七月頃から具体化したらしく、同五年二月になって再校訂が終了、出版の準備が整った。

花押藪七冊御再校相済候由にて、茨城太左衛門方へ之御状御添被遣、請取申候、今日とくと封シ六日飛脚にて京都へ為指上申候、左様御心得可被成候

二月二十二日　　　　　　　　　　　　新八

佐々介三郎様

右は、元禄五年二月二十二日付の佐々十竹宛中村篁渓書簡である。中村は再校本を厳重に梱包のうえ、出版元である京都の茨城多左衛門方へ「六日飛脚」（江戸と大坂の間を片道六日で走った飛脚の称）で送付したことがわかる。しかし、送付後も光圀はさらに正確を期すべく関心を持ちつづけ、六月九日付、井上玄桐宛中村篁渓・鵜飼錬斎書簡によれば、「花押藪」の「不審」について、何度か光圀から「仰下され」たこと、同年八月四日付、鵜飼宛中村書簡では、楠木正成の花押が贈三位の部に入っているけれども「贈位之部と仕別ニ立申かた可然」との具体的な指示があったことを伝えている。さらに同八年二月十四日付、大串雪瀾宛安積・中村・佐々書簡には、草稿の中の、本願寺清寧院小伝中の権僧正は「大僧正」の誤りなので、早速「権」を「大」に改めるようにとの光圀から仰せのあったことを伝えている。光圀がこまごまと指示を与えていた模様がわかる。ただし、現行板では依然として「権僧正号清寧院……」とある。

『花押藪』一帙七冊が刷り上り、その見本本が史館に届けられたのは同五年四月で、左はそのことを語る四月二十二日付、井上玄桐宛中村・鵜飼書簡である。

書物屋富野治衛門、京都ゟ罷帰候、花押藪出来一部指上ケ申度由ニて、史館迄致持参候間、則只今一帙七冊指下申候

その後、「続編」も丸山を中心に進められ、その間、増上寺・伝通院代々の住持の花押を写し取るように（元禄十二年二月二十一日付、大森紋阿弥宛安積書簡）、あるいは「当分集り候斗りを先編立梓行仕候様ニ」（元禄十三年三月七日付、酒泉竹軒宛安積・中村書簡）などという光圀の指示が伝えられたが、結局、草稿本七冊が出来て、これを京都へ送ったのは、光圀の死後の宝永五年（一七〇八）十二月のことであった。

しかるに、その後も翌六年七月には、後西天皇の花押を追加してほしいと多左衛門方へ申達したりしているが、一方、多左衛門方から、「源信慈」について、これは、当代の京都所司代松平紀伊守（信庸）の初の名乗りで、花押も同人のものである、との申し入れがあった。これに対し、こちらで校合の節誤って書き加えたのかもしれないが、いずれにしても生存者についてはすべて収載しない方針のところ、多左衛門が誤りに気付いてくれたことに深く感謝する、という意味の書簡が残っている（八月十六日付、安積・大井宛中村・酒泉書簡）。またその後の二十七日付で、多左衛門に「能心付候段褒美仕、其外ニも若存寄有之候ハヽ、申越候様ニと」依頼している（宛先・差出人同前）。翌九月にもまた多左衛門から、土屋数直の小伝中に「大和守」とあるのは疑わしい、「但馬守」ではないかとの申し出があり、これも訂正している（十二日付、安積・大井宛中村・酒泉書簡）。

これらをみると、茨城多左衛門は、たんに書肆としての仕事をするだけでなく、すぐれた学問上の知識ももっていて、彼の、史館の錚々たる学者の見落しさえ気付く高い学力を知りうる点ですこぶる興味深い。多左衛門はそれ以降も、「続花押藪追々考入候儀亦ハ不審之所なと一々はりかミいたし」史館へ届け、安積経由で丸山へ申し送っている（宝永六年十二月二十四日付、中村・酒泉宛安積・大井書簡）。

このような経過をたどり、見本本が出来たのは正徳元年五月のことである。

続花押藪出来ニ付壱部献上仕度由、茨城多左衛門方ゟ申越候ニ付、則駒込御殿へ差上申候、我々共へも一部つゝ贈之、其元へも遣進申候由、紙包壱ツ安兄ニ宛越申候間、御用便ニ指越可申候、相達次第ニ御請取可被成候、雲平へ多左衛門方ゟ定而委曲可申越候得共、猶又其元ゟも右之趣御語被成可被下候

これは、七日付、安積・大井宛中村・酒泉書簡である。『続花押藪』も、丸山可澄（活堂、雲平）の序文は「宝永五年歳次戊子九月穀旦」の日付となっているが、実際の出版はその三年後ということになる。

4 『扶桑拾葉集』

本文三〇巻と、上表目録一巻、作者系図一巻で計三五冊。古今の和文の序・跋・日記・紀行・賛・雑などの仮名文三一三点をほぼ年代順、作者別に収める。

光圀は早くから先人の嘉言の散逸するのを惜しみ、和文叢書の編纂を志した。延宝六年（一六七八）正月、三〇巻としてまとまったので、後西上皇の閲覧を請い、書名の選定を依頼すると、上皇から『扶桑拾葉集』の題号が下賜された。そこで改めてこれを繕写し、「扶桑拾葉集を進むるの表」を添え、同八年四月二十三日に献上を果たすことができた。

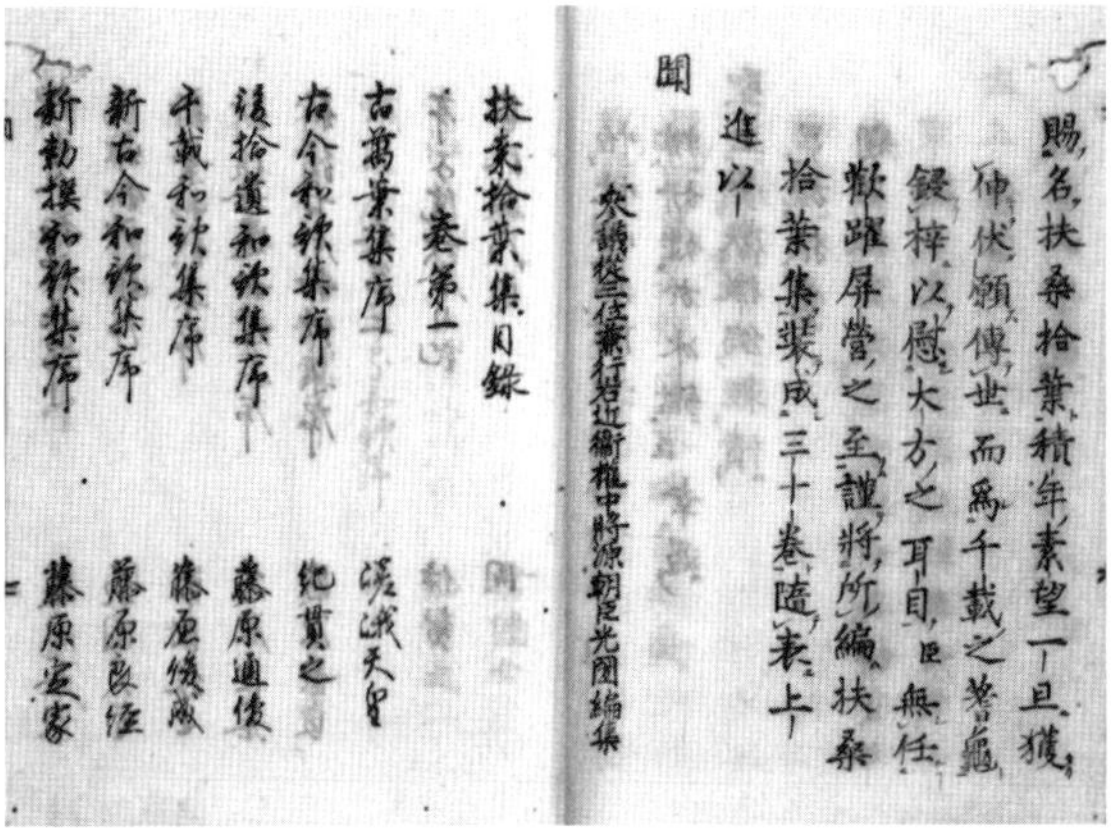
図 13 『扶桑拾葉集』（茨城県立歴史館所蔵）

このように一応献上が済んだけれども、たとえば「九月十三日夜、於前武衛泉亭詠和歌序」の作者を藤原基俊としたのは誤りで、これは『散木集』にみえるように源俊頼としなければならないことなど、「其外文字ノ誤共多ク相見へ申候間、よくよく改正可仕之由、御意御座候」（延宝八年六月二十九日付、板垣真庵〈聊爾・宗憺〉・鵜飼錬斎宛今井桐軒・中村篁渓・吉弘菊潭書簡）。すなわち、光圀自身が誤りに気付いて訂正を求めているのである。

したがって、板下の清書まではなお整備が必要だったわけで、草稿成って出版費用の見積りをとることになったのは貞享二年（一六八五）の十二月、翌三年二月には、板下を京都の書肆林白水に依頼した。しかし、白水方からは筆跡よろしからず、別の筆跡を、と言ってきた。そこで結局は茨城多左衛門が請負うことになった。

その後、元禄二年（一六八九）九月に京都の有栖川幸仁親王からの序文が届き、十月六日付の安藤為章（新介）宛吉弘菊潭・佐々十竹書簡では、これを見た光圀は「殊外成御機嫌御満悦至極」で、「多年之御大望相達候由にて不大形御悦喜」だったという。

現在、この元禄二年の序のある刊本とその伝写本が各地に存在するが、その実際の出版は同六年の後半期、すなわち十月か十一月頃ではないかと考えられる。その理由は、同六年十一月二十五日付、井上玄桐・安積澹泊宛佐々十竹・中村篁渓書簡の中に、本書をまず一〇部摺り立て、各方面へ進物として遣わしたく、ついてはその五部は「大名衆」へ遣わすので、表紙も特に念入りに作ること、残りの五部は「軽キ方へ」遣わす予定で、印刷は佐々木次郎太夫へ仰付けてあるゆえ、次郎太夫方から摺り立て、届いたならば御文庫（西山御殿の御文庫）へ納め置き、光圀の命によってそれぞれ送付するように、とみえるからである。

上の佐々木次郎太夫（のち九郎左衛門）は藩士で、『水府系纂』によれば、諱は正継といい、禄高三〇〇石、御腰物番、歩行頭をへて、元禄三年二月に小十人頭、六年七月に寄合指引となり、以後八年二月に小姓頭、十年二月に用人、十四年八月に土蔵頭、十六年九月に奥方番頭となり、正徳二年（一七一二）正月に一〇〇石加増で四〇〇石となり、同年十一月に七二歳で死去している。

したがって、『扶桑拾葉集』刊行時の佐々木次郎太夫は小十人頭から寄合指引に異動してまもなくの時期ということになる。

ともあれ、『扶桑拾葉集』は、水戸城下で、佐々木次郎太夫方において印刷されたことがわかるのであるが、おそらく元禄二年から三年頃、京都の多左衛門方で板木に彫る作業が行われたけれども、印刷はされず、そのまま数年放置されることとなり、同六年になって京都から板木を水戸城下へ移し、印刷が行われたと考えられる。『扶桑拾葉集』が板木のまま放置されていた理由は、元禄七年と推定できる（月日不明）次の仙台藩主伊達綱村宛の光圀書簡で知りうる。

下官若年之時分より存立、和文共方々より致才覚集置、十七八年已前三十巻ニ編集仕、後西院帝へ題号之事致奏請候所、扶桑拾葉集と題号被成下、敕撰同前之書ニ成申候、其翌年壱部致清書、下官上進之表を書申候而、致献上候、其以後序文無之段残念に存、有栖川親王御所へ奉願、仮字之序被遊被下候、此書之事於京都致板行、世間へも流布仕候様ニ仕度存候へ共、右之通親王之御序并上進之表文ニ敕題の事有之候へハ、下官事禁裏方へ自由ニ願事をも申上候様若世上ニ取沙汰も有之候へハ、於下官身は不苦存候へとも、若公家方へ武家方より通達之妨にも成可申哉と此段遠慮ニ存、久々打捨置申候、然共数年致苦労、是程迄成功之書空く反古堆となし申候事無本意存、於水戸細工抔心得申候家来之者ニ申付、刊板成就仕候、陸奥守殿御事御由緒も有之、御懇意之事ニ候間、一部令進覧候、此書之事刊板之上ハ、秘し申候事ハ毛頭無之候得共、右之通遠慮共有之候間、他見ハ御用捨被成可被下候、若何とそ御見せ被成度方も御坐候ハヽ、親王之序文と下官表文とを御除被成、御見せ被成候様ニと存候、同しくハ他見之義ハ御無用ニ被成可被下候（『水戸義公全集 下』所収、四八〇号）

上の書簡中に「於水戸細工抔心得申候家来之者」とあるのが佐々木次郎太夫ということになる。

元禄六年の十月か十一月に印刷成った『扶桑拾葉集』は、以後光圀の意向に従って各地へ送付されることになる。すなわち、その十二月朔日付、井上・安積宛佐々・中村書簡によれば、まず松平丹後守と松平薩摩守へ贈呈することになり、「両所共ニ善本可被遣」こととした。この二人を皮切りに表3で示すように各方面へ数多く寄贈が行われ

表3　『扶桑拾葉集』の寄贈先（『記録』三九・四六・五七・七三・七五・一〇七・一〇九・一三〇・一三五・二三四・二四四から作成）

寄贈年（西暦）月日	寄　贈　先（＊は注記）
元禄6（一六九三）年12月	松平丹後守（松平光熙）＊美濃加納藩主　中川佐渡守（中川久恒）＊豊後岡藩主 松平薩摩守（島津綱貴）＊薩摩藩主
元禄7（一六九四）年3月28日	東本願寺　本徳寺〈播磨〉
4月24日	松平陸奥守（伊達綱村）＊仙台藩主　松平伊予守（池田綱政）＊岡山藩主　日脱上人（蓮華寺）＊日蓮宗常清寺開山
閏5月8日	松平摂津守（松平義行）＊美濃高須藩主　釈迦院前大僧正〈醍醐寺〉　人見友元
閏5月9日	中山遠江守（中山信成）＊水戸藩家老　保田美濃守（保田宗郷）＊大坂町奉行
6月4日	松平讃岐守（松平頼重）　堀田宮内
元禄8（一六九五）年10月	遣迎院応空
12月	日進
元禄9（一六九六）年2月	堀川因幡守　古松軒　三宅近江　大島求馬
10月	滝十衛門　井出平八
月不明	渋井有隣
元禄11（一六九八）年7月	松平越前守（松平吉品）＊福井藩主
月不明	堀田兵部
元禄13（一七〇〇）年9月	西洞院
10月	比叡山正覚院　多武峯　丹波出雲社
11月	恵明院　＊三部
元禄15（一七〇二）年7月	永井伊賀守
元禄16（一七〇三）年2月	恵明院御簾中　護光院
月不明	小松寺　鏡徳寺　耕山寺　浄光寺

元禄15年（一七〇二）カ	伊勢神宮　八幡（石清水カ）　宇佐神宮　鶴岡八幡宮　住吉神社　玉津島神社　熱田神宮　北野天満宮　三島神社（伊豆）　浅間神社（駿河）　阿蘇神社　祇園社　三宝院（醍醐）　興聖寺　智恩院　光明寺　光明寺（鎌倉）　建長寺　円覚寺　藤沢寺　九条家　野々宮家　土御門家
	＊以下「代替わりゆえ延引然るべきか」　大炊御門　一乗院門跡　大乗院門跡　水木大僧正

表4　『扶桑拾葉集』の寄贈先〈元禄十五年カ〉（『記録』二四四から作成）

寄贈・寄贈不許可	藩士以外	藩士
寄贈	伊勢神宮　加茂社　御霊社　祇園社　長□様　大炊御門殿　野々宮殿　平松殿正親町殿　清閑寺殿　播磨様　大学頭様本多中務大輔殿　英勝寺様　堀田河内守殿　林大学殿　鈴木修理　東光院　吉祥院　清光寺　浄光寺（太田）	中山内記　肥田十蔵　筧助太夫　武藤長次衛門　赤林三郎兵衛　佐藤八衛門　榊原新左衛門　栗田七郎衛門　久木平六左衛門　望月五郎左衛門　宇都宮弥四郎　島村助九郎　津川弥三兵衛　白井権蔵　森尚謙　田中宗仙　鈴木宗与　三木幾衛門　肥田源内　小野角太夫安藤杢之進
寄贈不許可もしくは検討を要する人物	神応寺（水戸）	藤田左門　伊藤兼山　大森典膳　矢野長九郎　岡田新太郎　稲沢三郎衛門　朝倉清七　浅羽伝四郎　斎藤伊左衛門　内藤甚平　中村紋四郎　大嶺猶右衛門　梅村源七　津田兵蔵　山県彦六　馬場左五衛門　鹿野文八　岡山次郎兵衛　信田午内　相川伝八　東条伝五左衛門

表5　『扶桑拾葉集』拝領願申出につき許可した藩士（『記録』一四七・一五四・一五七・一七四・一七八・一八六、茨城県立歴史館所蔵『往復書案』二四および同館所蔵『往復書案』〈番号なし〉から作成）

拝領年(西暦)月	藩士名
宝永2年(一七〇五)12月	酒泉彦太夫
宝永3年(一七〇六)7月	森尚謙
宝永5年(一七〇八)3月	松平源太　田村小衛門　小野角太夫　安藤杢之進
宝永7年(一七一〇)閏8月	伊藤宮内
元文元年(一七三六)月不明	望月五郎左衛門　住谷長太夫
寛政9年(一七九七)5月	床井彦太夫
慶応3年(一八六七)8月	横須賀安次郎　大金浩蔵　森太郎右衛門　横須賀重兵衛　大内八蔵
	岡本彦五郎　一沢周八　綿引永次郎　所秀之介
慶応3年(一八六七)12月	白石藤兵衛　宇留野善太郎　佐野縝之介

る。ちなみに、寄贈先の格によって「上本」「中本」「下本」とがあって、たとえば「松平越前守殿へ被遣候扶桑拾葉集上本、奥山立庵方へ被遣相済申候」（元禄十一年七月十四日付、安積宛栗山潜鋒・中村篁渓書簡）とか、「拾葉集中本弥御登可被成候」（元禄七年八月朔日付、白石弥五衛門宛安積・中村書簡）といった具合である。

『扶桑拾葉集』三五冊のうちの一冊に「作者系図」がある。寄贈のはじまった直後の元禄七年一月、「扶桑拾葉集之系図四十七枚め誤有之ニ付、此度中村新八、西山様へ被申上候ニ付、彫改可申候由被　仰出」（十四日付、佐々木次郎太夫宛安積・佐々書簡）、このため寄贈先にはその旨申し出て当該部分一二枚を差換えてもらうこととした。藩主綱條ならびに簾中（季君）へ献呈しておいたものも「入かへ」することになった。光圀や彰考館員らは出版後も改訂に余念がなかった状況を知ることができる。元禄十三年十一月十五日付、安積宛酒泉竹軒書簡によれば、光圀の養女鶴姫の嫁ぎ先である大洗の願入寺の恵（慧）明院に、本書三部が特別届けられたが、それは恵明院の子息である良丸が京都へ上るので、その土産にするためであった。

表3に示したのは、寄贈先が明らかなものであるが、『記録』には、「扶桑拾葉集御用ニ候間、三十部ほと上紙にて御すりたて為御登可被成候」（元禄七年三月二十三日付、白石弥五衛門宛佐々書簡）とか、「去秋中中本廿部被遣候様ニと申遣候、廿部之内去九月中八部、此度六部被遣、已上拾四部被遣候由得其意候」（元禄八年正月二日付、白石宛安積・中村書簡）、「拾葉集御存知之通百八十壱部預り置申候」（元禄十五年三月十一日付、安積宛栗山・中村書簡）などと、かなりの部数を必要に応じて摺り立て各方面へ寄贈していた模様が記されているから、その当時も実際には表3をはるかに上まわる部数が出版されて流布したと考えられる。また、拝領を願う藩士にも審査の上許可されれば下賜されていたのであり、その状況は幕末まで継続されていくのである（表4・表5参照）。

5 『草露貫珠』

日本・中国の名家の筆跡や中国・朝鮮の書物から草書の字体を集めたもので、本文二二冊、拾遺一冊。

光圀ははじめ、家臣中村立節に命じて、中国の漢から元に至る時代の草書を法帖から抜き出し、集録させていたが、中村の死後はその門人岡谷義端（佐左衛門）にこれを継続させ、脱稿は元禄九年（一六九六）から十年にかけての時期と考えられる。わが国最初の草書辞典で、同九年に書かれた佐々十竹の序文と、岡谷の跋を付して全冊刊行されたのは宝永三年（一七〇六）である。のち享保六年（一七二一）に岡谷により拾遺が刊行されている。

次は、元禄九年四月十三日付、佐々十竹宛安積澹泊書簡である。

草露貫珠之序被備　高覧候処、一段可然候間板行仕候様にと被　仰出候由、就夫序文被遣候間、諸賢へも見セ申

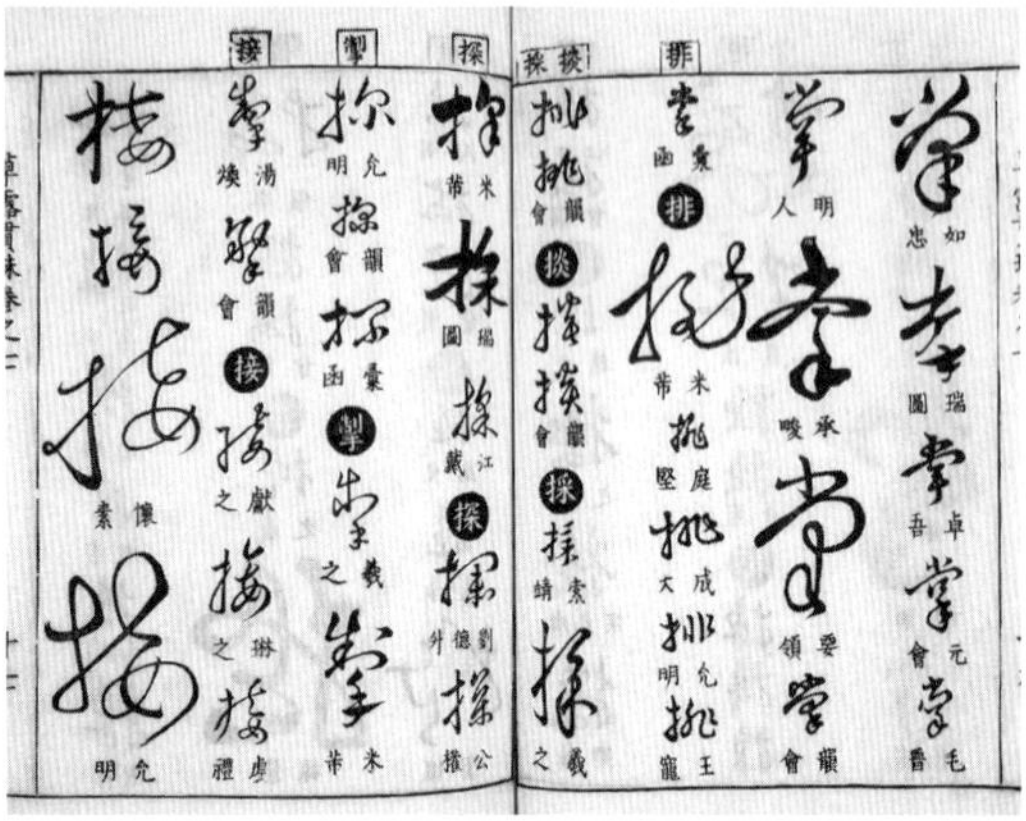

図 14　『草露貫珠』（早稲田大学図書館所蔵）

候而添削可仕候、又々其元へ差下候ニ不及候、直ニ清書為致可申由相心得申候、再三熟覧いたし候処、一字も存寄無之候、猶又諸賢へ見セ申候而吟味仕候、清書ハ瀬尾林内可然候間、少々行字ヲ雑かゝセ可申由、逐一御尤ニ存候、佐左衛門と申合宜様ニ林内ニ為書、京都へ差登可申候

この書簡によると、佐々による序文が執筆され、それは安積の意見によれば間然することのない出来映えであったこと、序文の清書は瀬尾林内（史館物書、五両三人扶持）に依頼し、これを京都の出版元（多左衛門）へ送付するように、とのことであった。それでは本体の進捗状況はどうであったか。前書簡の四ヶ月後に出された、安積・中村篁渓宛佐々書簡（八月四日付）には、

草露貫珠之事、別紙に書付被遣、則達　御覧候所、御喜色之至に御座候、出来申候分先々　御覧被遊度被　思召候間、御指上可被成候由被　仰出候

とみえる。本体も出来た分だけ光圀の閲覧に供されていたことがわかる。翌十年四月五日付、岡谷義端宛栗山潜鋒・中村書簡によると、この時期に「草露貫珠之人名目録幷凡例之下書一包」が出来たというから、板行の手筈は調いつつあったのであろう。しかるに、元禄十二年五月、出版元の多左衛門から、『草露貫珠』出版のために拝借金の願い出があった。すなわち、

内々岡谷佐左衛門被申出候草露貫珠板行ニ付、太左衛門拝借願之儀、当春中も被申出、何とそ相済候様ニと被願

候ニ付、員数如何程申来候哉と尋申候処、百廿五両と願申来候由被申（二十三日付、浅羽伝四郎宛安積書簡）

一二五両という多額の申し入れに彰考館では困惑し、「当時御物入之砌、左様ニ大分之願ニ而ハ中々取次候事不相成」から、その額を「随分致減少」すようにと申し渡すと、改めて「半分余減候而六十両」拝借したいとのことであった（同前）。

それでも多額なので、いったん様子を見ようとの「御意」、すなわち光圀の意向であったが、結局、何年何月までには急度返納するとか、または年賦として何程ずつ上納するとか、約束させたうえで六〇両貸与することになった（元禄十二年五月二十二日付、栗山潜鋒宛安積書簡）。

六年後の宝永二年正月、多左衛門の手代が江戸に来て、目下「草露貫珠段々彫立候ニ付」、ついては「凡例少もはやく上せ申度」と申し入れたが、これに対し酒泉竹軒は、なぜか急にといわれてもそれは出来ない、と断ったという（二十三日付、安積宛栗山・中村篁渓書簡）。既述のように、すでに元禄十年四月には人名目録、凡例の下書きは出来ていたはずなのに、どうして急にといわれて「凡例」を京都に送れなかったのかはわからない。

翌宝永三年三月になって、『草露貫珠』一一冊が江戸に送られてきた。「去年中指上候と合而廿二冊全部功終候」（十五日付、安積・酒泉宛中村書簡）。

安積・酒泉は、多左衛門の功績を認め、「御褒美ニても被下置可然」と考え、中村に相談すると、もっともの由。奉行・用人衆へ伺いを立てることになったが（同前）、実際に褒美が下賜されたかどうかは不明である。

6　『舜水朱氏談綺』

寛文五年（一六六五）、光圀により水戸藩に招かれた中国・明末の遺臣朱舜水（一六〇〇—八二）が、制度・礼法な

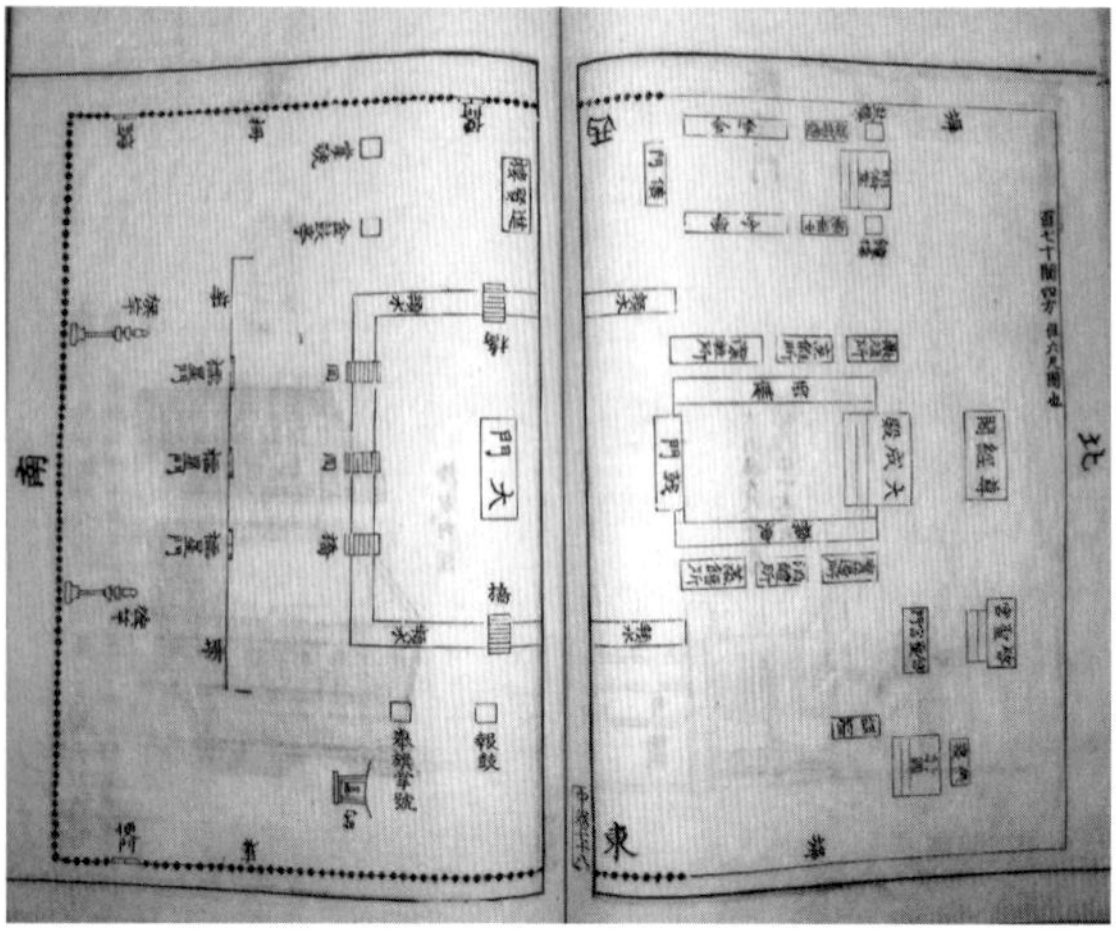

図 15　『舜水朱氏談綺』（弘道館所蔵）

どについて門弟の質問に応じて答えたところを集録した書。三巻。

本書の出版経過については、やはり『記録』の解読による、倉員正江氏の研究「水戸藩編『大日本史編纂記録（往復書案）』に見る知識人の交流と出版文化の研究」（平成十三年度〜平成十六年度科学研究費補助金 基盤研究(C)(2)研究成果報告書）に尽くされているので、以下これにより記述する。

茨城屋多左衛門の、この書を出版したいという申し出を受けた光圀は、生前これを許可し、「上巻ハ人見又左編集ノ書簡等之式、中巻は孔廟之絵図、下巻ハ草木鳥獣等之名目」（宝永元年二月晦日付、安積澹泊・酒泉竹軒宛中村篁渓書簡）の三冊として出版すべきことを命じていた。「人見又左」とは、人見又左衛門、号は懋斎。初代の彰考館の総裁を務めた人物である。

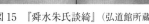

しかし、光圀在世中は具体化せず、光圀死後の宝永元年（一七〇四）頃になって、出版計画が再び浮上した。しかるに、当時幕府で建立した大成殿（湯島聖堂）の方式と、舜水のそれとが大いに相違していることを知った彰考館では困惑し、中巻の孔子廟の図は除き、釈奠の儀式のみを上巻の末に入れこみ、二巻とする案を考えたこともあったが（年次不明、二月晦日付、安積・酒泉宛中村書簡。宝永元年ころか）、結局、光圀の生前の指示があることとして、予定通り三巻で出版することとなった。

宝永五年十月に出版が完了し、書物は京都から江戸の彰考館に到着した。もっとも、その直前まで改訂が続けられ、八月から九月にはいったん出来た書物を京都へ送り、「改刻之本と御引かへ」(九月八日付、中村・酒泉宛安積書簡)るなどあわただしい作業が行われた。

なお、十月には「入銀本四拾七部」(十月九日付、中村・酒泉宛安積書簡)も町便で到着した。「入銀本」とは予約出版のこと(倉員論文)。こうして「板行無滞、此度改正之所迄出来、善本罷成、入銀取次も無相違相済」(同前)んだのである。

7 『舜水先生文集』

朱舜水の遺文を集めた書。巻頭に「門人権中納言従三位西山源光圀輯　男権中納言従三位綱條校」とある。正徳二年(一七一二)、綱條の序ならびに舜水の長崎在住時代の門人で筑後の柳川藩儒安東省庵(守約)の序を載せて上梓。二八巻。別に目録一巻があり、行実および略譜一巻を巻末に付記する。

『舜水先生文集』についても、前記『舜水朱氏談綺』と同様、倉員正江氏の詳細な研究(前記)があり、これに依拠しつつ以下叙述するが、史料上少し補足を加えたところがある。

安積澹泊が板行のため安東省庵に序文の執筆をしてくれるように依頼したのは、元禄九年(一六九六)の四、五月頃であった。これに対し安東は至極有難いことではあるが、「不才不文」の身、辞退したい気持ちながらせっかくのご依頼ゆえ、序文は僭越なので跋文として書いたものを差上げるとして、これを送ってきた(元禄九年八月二十七日付、栗山宛中村・安積書簡)。

安東の執筆に対する謝礼として何を贈呈するか、光圀の意向も考慮しながら、「鮭二尺ニ絹なと御添可被遣哉」などと検討をすすめるかたわら、その跋文を「少斗引直し申候へハ序之躰ニ罷成候間」、謝礼を贈るさい安東に、少々

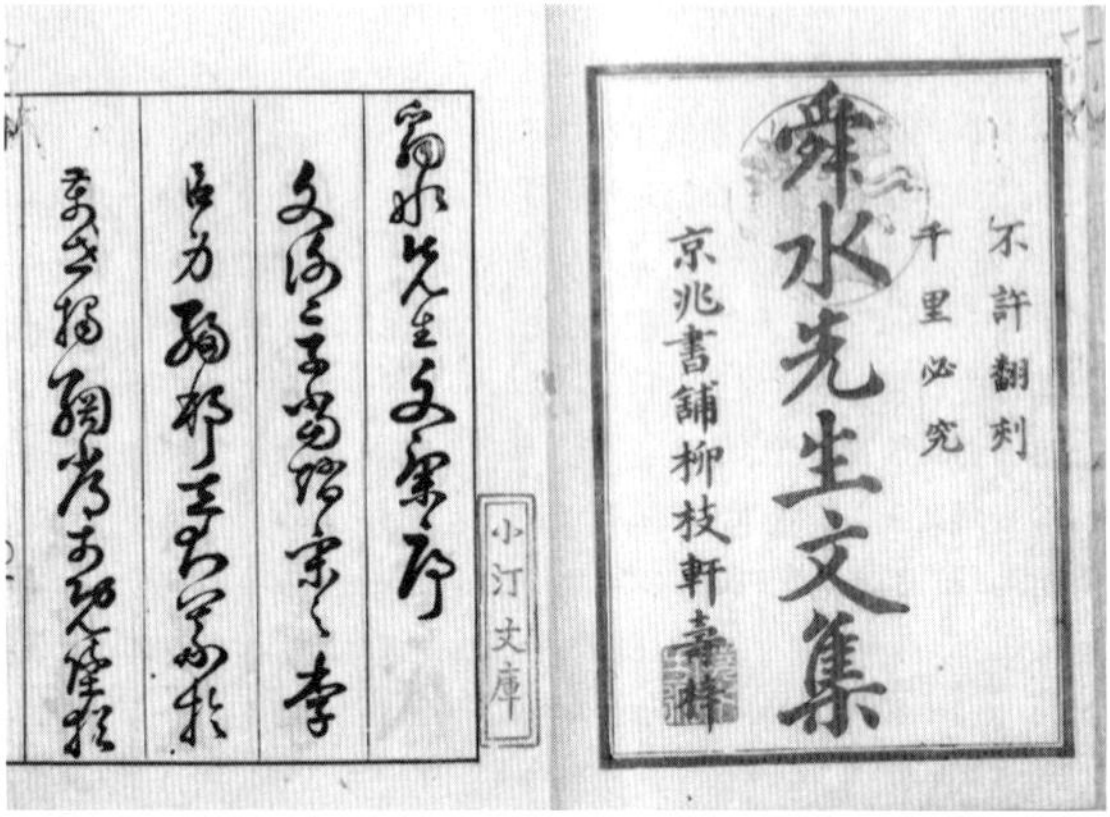

図16　『舜水先生文集』（茨城県立歴史館所蔵）

手直してぜひ序文としてもらえないか、意見を聞いてみることになった（十一月七日付、佐々・井上・酒泉宛中村・安積書簡）。

同月十二日、謝礼は光圀の意向を聞いて「鮭二尺紗綾ノ縮緬五巻」を贈ることにするとともに、その時、あくまで「題跋を序文ニ引直し候儀も」翻意を促すことになった。もとより光圀もこれに同意であった（同日付、佐々・井上宛安積・中村書簡）。

しかし、その調整は難航したのか、光圀没後三年目の元禄十六年になって安東の「序稿」が届けられた（八月十八日付、山崎玄硯宛安積書簡）。安東もついに妥協し、「序」のことを了承したわけである。

その後、「舜水文集」の清書が出来て、藩主綱條に見せることができたのは、宝永六年（一七〇九）正月、綱條が多左衛門による板行を認可したのは、同年四月である（同年四月二十六日付、三木左大夫宛安積書簡）。その節、安積は、「副本無之、京都へ遣候而は万一火事ある節無心元儀」（同前）と心配したが無事に到着。五月三日付、安積・大井宛中村・酒泉書簡には、「如仰、文集板行被仰出候段、多左衛門悦可申と存候」とみえる。

こうして出版作業が始まったが、何分大冊ゆえ刊行には時間を要した。正徳三年（一七一三）には、綱條の序文は酒泉竹軒が、安東の序文は既述の瀬尾林内が清書することになり、「文集御序幷省庵序、目六右一冊ニ仕立」、京都へ送付する（五月二十九日付、酒泉・佐治竹暉宛安積書簡）。瀬尾の清書が出来たのが六月半ばである（六月十七日付、同前）。

以後出版作業が進み、この間、正徳三年五月には、「舜水」の下に「先生」の文字を加えること、綱條の序文に印を捺すことが決まり、外題にも「先生」を入れることが諮られ（五月二十日付、安積・大井宛酒泉・佐治書簡）、翌閏五月にこれが正式に決まった。

翌四年三月頃には、最初の「見セ本」（見本本）が出来たらしく、「紀州様御屋敷」にもそれを届けて購入方を依頼している。しかし、この時点では、「方々へ為見ニ遣候へ共今程は入銀もまれニ御座候、江戸入銀惣数三十部ニて成り兼、気之毒ニ存候」（正徳四年四月四日付、安積宛酒泉・佐治書簡）とみえるから、申し込みは予想を下廻っていたのであろう。

しかし、出版が軌道に乗った正徳四年五月頃には、予約も急に増えてきた。その五月二十八日付、安積宛酒泉・佐治書簡には、

舜水文集見セ本一冊一箱被遣相達候、多左衛門方へ之一封相添差上、彦九郎（小川彦九郎。柳枝軒の江戸出店―引用者）へ相渡可申由致承知候、其元入金三十三部有之由、人名目録見申候、扨々大勢入銀御取斗故と珍重存候、三木左太夫へも見セ申候、弥板行滞なく秋中出来可申と珍重ニ存候

とみえる。この時点でさらに三三部の予約がとれたという。ただし、この年「秋中」に出版が完了との予定は、翌五年にずれ込んだとみられる。それでも、三月二十八日付、多左衛門宛酒泉・佐治両総裁書簡には、

舜水文集板行出来、両殿様江一部宛被差上度由、委細紙面之趣御近習衆申合、遂披露候処、一段御首尾宜候

とみえるから、おそくとも三月中旬には出来ていたと考えられる。

その後、同五年六月十五日付で、両総裁は、在京都の富岡幸助宛に「舜水文集帙入ニ仕立、立花飛騨守殿家来安東喜七郎、長崎唐人通辞高尾半山父子へ被下置候ニ付」とする書簡を送っている。

安東喜七郎は安東省庵の孫である。また両総裁は、同年八月十二日付で多左衛門に、富岡幸助の見分が済んだならば、安積澹泊の書簡を添えて柳川と長崎へ「献上本より少シ軽ク仕立」たものを幸便にて差越すようにと指示している。柳川には安東省庵との関係上、出版後いち早く届ける手筈を調えなければならなかったはずなのに、三ヶ月ほど遅延したのは、江戸、京都、柳川との間の連絡に円滑さを欠いたことによるようである。

なお、本書の一部の値段については、同年八月十二日付、富岡宛両総裁書簡の中に、「御家中へ被下候文集二部ハ入銀本一部ニ付金壱両、少御心ヲ添被遣候ハ、可然存候」とあるから、藩士には、「壱両」で販売されたのであろう。

8　『校刻韻府古篆彙選』

中国・明の禅僧で、光圀に招かれ、水戸城下の郊外天徳寺（のちの祇園寺）の住持となった東皐心越（一六三九―九五）が中国から持参し、光圀に献じた『古篆彙選』（篆書の集成）を、光圀の命で出版した書物。出版元は京都の書肆茨城多左衛門（小川柳枝軒）。

出版が具体化したのは、元禄九年（一六九六）の十月から十一月にかけてで、次の二つの書簡がこれを証する。

①元禄九年十月二十四日付、中村篁渓・安積澹泊宛井上玄桐・酒泉竹軒・佐々十竹書簡。

古篆彙選二冊遣申候、五百衛門（伴五百衛門。号香竹、彰考館員―引用者）方ニ而字母とも不残白字ニ仕立、畢候て京都本屋柳枝軒太左衛門方へ上せ板行可申付候、巻ハ上下ニ分候由、自五百衛門方被申上候、尤ニ　思召候、但、書肆ニ而ハ冊数多を好候へハ、多分冊を分可申候、むさと分候而ハ如何ニ候間、自此方分払をも可申遣候、上平下平を弐冊ニ、上去入三声を三冊ニ、都合五冊ニ分候而可然候、二ノ序ニハ訓点を付可申候、本書ニハ付ニ不可及候、且又、巻末ニ御跋を被遊かと被　思召候、心越師持参之書之由、短く可被遊かと被　思召候、愈被遊

候ハ、、自跡可被遣候間、先々字母とも功竣候ハ、京都へ可被遣候と　御意ニ而御座候
②元禄九年十一月十八日付、塙清左衛門（在京藩士）宛大串雪瀾・中村篁渓・安積澹泊書簡。
此韻府古篆彙選と申書、篆字之事ヲ能集申候書にて、重宝成物ニ而候間、御其元にて茨木太左衛門ニ申付為致板行候様ニと　大殿様（光圀―引用者）被仰出候、五冊為指登申候間、御請取可被成候

なお、同書簡には、板行の方式については別紙に委細書付ておくので、それを多左衛門に見せるようにと申し入れている。

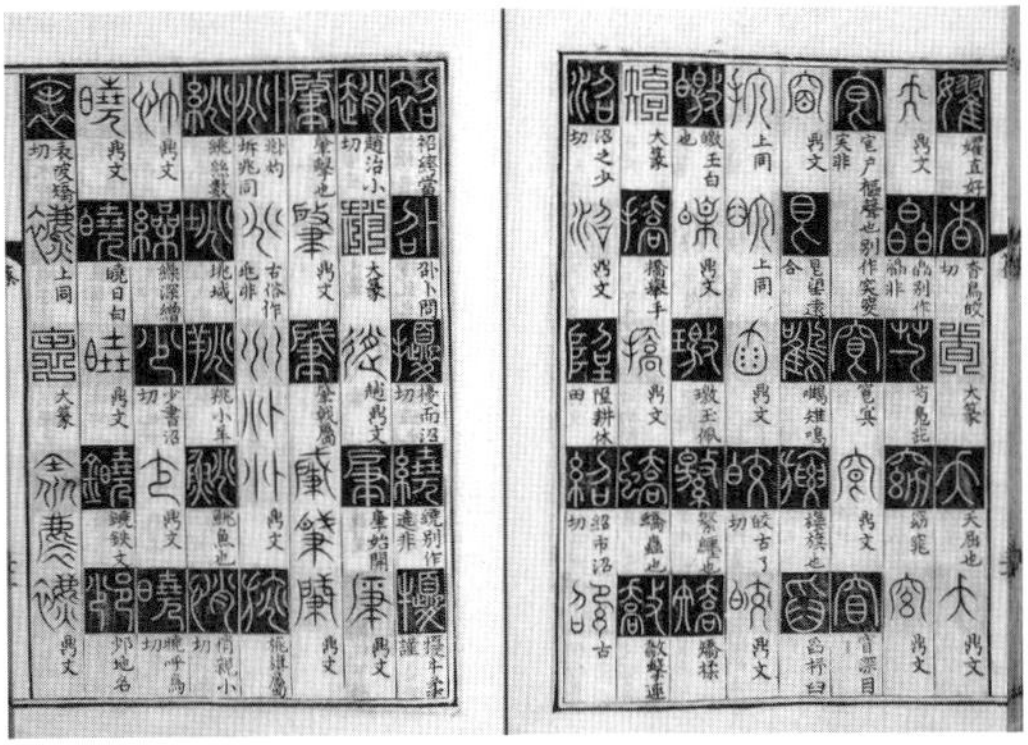
図17　『校刻韻府古篆彙選』（早稲田大学図書館所蔵）

翌十年閏二月九日付の井上玄桐宛安積・中村・栗山潜鋒書簡によって、この時期に「新刻一枚」が見本として西山御殿へ届けられ、光圀から「此通りニ彫可申旨」の指示があったことがわかる。

そこで、多左衛門は、「早々板行出来仕候様ニ可仕旨仰出」されたが、資金繰りが容易でなかったようで、藩庁から一〇両拝借して業務に当たることになった（元禄十年三月二十八日付、佐々十竹宛中村・栗山書簡）。

しかるに、その直前の三月十四日付、井上玄桐宛大串・中村・安積書簡には、「古篆彙選之儀、存之外入銀無之由、本や申候趣、塙清左衛門方より委細申来候」とあるから、存外「入銀本」の注文が乏しく、期待していた部数に達しなかったことがわかる。多左衛門が拝借金を願い出なければならなかった理由もこれと関係があるのかもしれない。

ともあれ、元禄十年十二月二日付、佐々宛前記三人の書簡には「京都書

肆茨木（ママ）太左衛門内々被　仰付古篆彙選、板行出来仕候間、貴様迄致持参」とあるから、十一月頃には完成していたはずで、西山御殿の光圀に近侍していた佐々は早速これを光圀の許に届けたであろう。

板行の当初の目論見では、前記書簡のように「五冊」であったが、今日みる本書は九冊本になっている。書肆の要求により、分冊することにしたのであろうか。

同書の序には、心越の門弟である僧呉雲の名で、

先師東皐、嘗て篆文を嗜み、東渡の日、古篆彙選をもたらして崎陽に来り、ついで水戸に来り、常に座右に置く。寂するに臨み、遺言して大護法西山源公に献ず。公曰く、是有益の書にして、且東皐の将来せしものなれば、世に伝へざる可からず、と。因て、京師の書肆柳枝軒方道に命ず、未だ年を踰へずして機成る、（以下略。原漢文）

とある。しかし、元禄九年十二月二十五日付、安積宛佐々書簡に、

古篆彙選ノ序、本ノ所出ノあらましヲ呉雲ニ代リ短く序ヲ書申候様ニと被　仰付候故、如此書申候、備　御覧候へハ是ニテよく候間、京へ遣し板行致させ候様ニと被　仰出候、於其元とくと御吟味被成、字法等あしく候ハヽ、無遠慮御改削被成可被下候

とあるから、実際は佐々十竹の執筆だったことがわかる。

この書の出版を了えた多左衛門は、お礼を申上げるべく京都からはるばる水戸領玉造村（行方市）まで足を運び、折から同地を巡見中の光圀と面会、さらに江戸では藩主綱條にもお目見得を許されて、「両殿様より白銀被下置候、尤其前方ニ御庭為致拝見、史館をも見セ申候、水戸・江戸無残所首尾ニて重々難有仕合」と感激していたという。「太左衛門儀、今朝京都へ発足仕候由ニ御座候」（元禄十年十二月十九日付、佐々・井上宛安積・中村・栗山書簡）。

なお、翌十一年十二月には、光圀の命により、やはり多左衛門方で出版させた『拾遺往生伝』二帙が完成し、彰考

館に届けられている（二十三日付、井上宛中村書簡）。

9 『洪武聚分韻』

清水正健編『増補水戸の文籍』には、本書を解説して、
凡八巻。序目一巻を加ふ。宝永二年刊行す。行実に晩年好みて詩余を作り、往々洪武韻を用ふ。毎に謂ふ、其の書王命に成りしに、詩賦の沈韻に従ふは何ぞや、と。乃命じて僧師錬が書に効ひ、洪武聚分韻を撰べりと見ゆ。命を受けしは僧蘭山なり。

という。「行実」は「義公行実」のこと。「詩余」とは、中国の韻文の一つで、中唐のころ民間に起こり、宋代に普及し、楽曲に合わせて長韻の句を交えた詩形で、俗用を多用する。塡詞あるいは詞ともいう。「師錬」は虎関師錬のことで南北朝時代の臨済宗の僧。京都の人。「洪武」は、明の太祖朱元璋の年号（一三六八―九八）でまたその諡。

本書刊行の経緯についても、倉員正江氏の研究（「水戸藩儒酒泉竹軒と韻書『洪武聚分韻』の編纂―書肆茨木多左衛門との関係に及ぶ」『近世文芸』六六号所収）に尽くされているので、倉員論文の要旨を以下に記すことにしたいが、ここでも史料の上でわずかながら補足を加えた箇所がある。

本書は、『洪武正韻』（一六巻。明の洪武年中、楽韶鳳らが、洪武帝の命を奉じて撰する）を再編集したもので、その部類分けは『聚韻略』（五巻。虎関師錬撰。漢字を平上志入に分かち、さらに虚乾・時気・支態・座食器光等の一二部門を立てて類聚し、各字に関する詩句・故事・出典を掲示して、作詩家の便に供したもの）を一部修正して用い、字注も簡略をむねとした。出版元は茨城多左衛門。

彰考館で、『洪武正韻』の出版が話題となったのは、元禄九年（一六九六）九月頃で、その十月には、酒泉竹軒を

中心に栗山潜鋒・大串雪瀾らが協力して作業に取りかかり、翌十年十二月には、平・上・去三声の分、清書四冊、草稿一八冊、計二二冊を光圀の手元に届けることができた。同十二年正月には「洪武三重韻」の書名で京都・江戸で「看板」（販売のための広告）を出したいという光圀の意向が出版元へ伝えられたが、多左衛門から定価が決まらなくては「看板」は出せないと申し出てきた。これに対し光圀は「看板」を出して世上の評判を知りたい、と伝える。この頃、清書をする者の不足が問題となり、それには藩士の子弟から臨時雇いとして四人を選んで書写させることにした。

これより先、京都から江戸へ出てきた蘭山道昶なる僧侶が光圀の信任をえて編纂にかかわることになり、蘭山に草稿の再点検を任せた。同十三年には販売の必要上「点付」（漢文に返り点をつけること）を行うこととなり、これは多左衛門方に委ねられることになった。同十三年十一月には、従来「洪武三重韻」としていた書名を、光圀の意向を受けて「洪武聚分韻」と改称、紙数三五六枚程と見積られ、同月下旬には蘭山の再校は一応終了した。

しかし、翌十二月六日、光圀が死去。蘭山には翌十四年二月、その功を賞して白銀五枚が次の藩主綱條から下賜されたものの、財政難のため出版はなかなか進展せず、蘭山による校合も最終的には十五年七月までかかり、そのため板木を一部削り直さなければならなかった。

この間、十四年十二月には、多左衛門方から板行代金不足につき、三〇両拝借願が出されている（八日付、中村宛酒泉・栗山書簡）。翌十五年二月の書簡には、

正韻板行拝借三十両可被仰付由被　仰出、御奉行、御用人へも被仰談、京都へも被仰遣候、義公様思召入御成就と珍重ニ奉存候（十一日付、安積澹泊宛中村篁渓・酒泉竹軒・栗山潜鋒書簡）

とみえるから、三〇両拝借の件は多左衛門の願の通り許可になった。ただし、すぐに三〇両が京都へ送られたわけで

はなく、三月晦日、在京の塙清左衛門から多左衛門方へ手渡され、「猶々板行之儀無油断心かけ可被申候」と申し渡された（四月二十六日付、多左衛門宛安積書簡）。

この年、稿本は京都へ送付された。蘭山が序文を執筆して京都の能書家に書かせたのはこのあとで、藩士小宅采菊が蘭山の印章を彫り、同十六年二月十一日付、中村・栗山宛酒泉・安積書簡には、

茨城太左衛門より洪武聚分韻和訓付候一冊ほりたて指下候付、太左衛門書状御添被遣候よし、則打寄致一覧候処如御諭随分奇麗ニ出来申候

とみえる。

その後、井上玄桐が和訓の最終的点検を行い、玄桐の執筆した跋文を京都へ送付したことが宝永元年（一七〇四）九月二十三日付、栗山・中村宛安積・酒泉書簡にみえる。

同二年二月（日付欠、九日カ）、安積宛中村・栗山書簡には、

洪武正韻一冊見申候、きれひニ相見申候、入銀十三匁つゝニ而、当月中書物わたし可申と申候而、見セ本一冊こし候

とみえ、刊記には「宝永二乙酉年孟春穀旦　六角通書林茨城多左衛門開版」とある。光圀に本書二三冊を届けた元禄十年から数えると八年の歳月を要したことになる。

ただし、版本の、蘭山の序文は「元禄庚辰皐月」、玄桐の跋文は「元禄辛巳秋月」となっており、年月を遡及させている。前者は元禄十三年、後者は十四年である。せめて序文だけでも光圀生前に執筆されたとする体裁にしたかったからであろう。

10　『参考源平盛衰記』――「参考本」では未刊の書――

水戸藩では、光圀の命を受け、元禄年間（一六八八―一七〇三）に、版本をもとに京師本・鎌倉本など五部の異本を参考にし、物語・随筆・歌集など引用書目として四九部を掲げた『参考保元物語』（三巻、九冊）、版本に京師本・杉原本など五部の異本を参考にし、『愚管抄』以下、引用書目として三九部を掲げた『参考平治物語』（三巻、六冊）、『平家物語』一一部を参照校訂して欠落部分を補い、誤りを正した『参考源平盛衰記』（四八巻）、今出川家本・毛利家本・北条家本など九部の異本と引用書目として一〇四部を掲げた『参考太平記』など、いわゆる参考本を作成した。

彰考館の今井魯斎・内藤著斎らの担当で、『参考源平盛衰記』以外は、元禄二年頃までには完成し、京都の書肆茨城多左衛門から、水戸藩蔵版として刊行された（『水戸市史　中巻㈠』）。

刊行は、『参考太平記』が元禄四年二月、『参考保元物語』『参考平治物語』が同六年十一月で、『参考源平盛衰記』も、これらにおくれて出版すべく準備を進めたが、結局実現されずに終った。その経過はほぼ次のようである。

『参考源平盛衰記』は、他書にくらべ校訂作業がおくれたようで、それが本格的になったのは、元禄八年頃からであるが、なかなか進捗せず、同十三年には彰考館員の内藤著斎（貞顕・甚平）、一松昔桜（又之進）が中心となって作業が行われた。同年十二月に光圀が死去したのちも作業は続けられ、同十五年八月に至って、四九冊本がようやく藩主綱條のもとに呈上された。

参考盛衰記御前より下リ、参考類一所ニ御文庫へ納置候様ニと被　仰出、首尾好入　御覧候由、御同意珍重ニ奉存候（元禄十五年八月二十六日付、栗山潜鋒宛安積澹泊・中村篁渓書簡）

ここに、いわゆる「参考本」は一括して彰考館内の文庫に納めることができたが、三日後の二十九日付書簡（宛先、

差出人同前）によれば、

参考盛衰記水戸へ差下　義公様御墓ニ供可申候由被　仰出候由、奉畏候

とある。

宝永三年（一七〇六）九月三日付、中村宛安積・酒泉書簡には、もともと参考本の板行は、「保元平治、太平記、盛衰記、一様ニ被　仰付筈ニ先年相済」ながら、『盛衰記』ばかりが遅滞してしまった状況を知らせていたが、十月九日付のやはり中村宛安積・酒泉書簡に、

内々被仰越候太左衛門盛衰記板行願之儀、三木左太夫ニ相伺候処、板行申付候様ニと　上意首尾能相済候由、御同意珍重奉存候、太左衛門方にも其段可被仰遣候由、御尤ニ御座候

とみえ、三日後には、「盛衰記紙数相改候所全部四十九巻紙数三千八百十壱枚有之候、此段多左衛門方へ可被仰遣候」（宛先、差出人同前）とある。

こうして『盛衰記』も、宝永三年十月に藩主綱條の認可がおり、多左衛門方にて板行の準備を進めることになった。しかるに、藩庁は財政窮乏を理由に、多左衛門が自身の才覚で出版するならよいが、と拝借金の拠出をしぶる中、宝永七年閏八月の書簡には、「盛衰記多左衛門方より見せ本指越候由」（閏八月二日付、中村・酒泉宛安積・大井松隣書簡）とみえるから、多左衛門方の努力で「見せ本」が出来るまでに漕ぎ着けることができた。しかしその後、拝借金なしには以後の継続はできないという多左衛門方の申し出があって、しばらく休止状態においこまれた。

その後、享保元（一七一六）四月に、改めて板行の儀が浮上し、「板行之儀、先年窺相済見せ本迄差越たる事ニ候間、此度も無相違板行被　仰付」たいと申し出たものの（四月十日付、茨城多左衛門宛酒泉・佐治竹暉書簡、茨城県立歴史館所蔵『往復書案』）、進展しなかった。やがて後年の寛政元年（一七八九）になって、『大日本史』の校訂作業を依頼し

ていた国学者塙保己一に、『盛衰記』の校訂にも当たってもらうこととし、これと平行して「参考盛衰記板行被致度候段、松本文平方迄口上候書付到来、御役人衆迄申出」（寛政元年七月〈日付欠〉、茨城多左衛門宛菊池平八郎・立原甚五郎〈翠軒〉書簡、同前）たこともあったが、結局出版は沙汰止みとなってしまった。

これにはもちろん財政上の理由が大きかったにちがいないけれども、寛政年間に至ってなお塙保己一の尽力を求めなければならなかったところをみると、校訂にも問題が残っていて、板行に踏み切れなかったという事情もあったのではなかろうか（第二部第六章参照）。

いずれにせよ、『参考源平盛衰記』の場合は、出版作業はかなり進みながらついに実現をみなかったケースである。

二　文献の筆写と蔵書の貸出

水戸藩では、主として修史のために、数多の書物を筆写して架蔵していた。この筆写本が集積されて前記のような彰考館の蔵書となった。

表6は、『記録』一―四三所収の、元禄年間にどのような書物が新写され、それが誰を仲介者として、誰に貸出されたかを記している史料である。その仲介者の多くは彰考館の学者であるが、時には光圀自身がその労をとることもあった。依頼のあった時点で、彰考館あるいは西山御殿の文庫に所蔵されていた書物ないし文書を、求めに応じて新写し、写本をつくり、それを貸出したものと考えられる。この表から、その多くは大名や公家だったことがわかるが、大坂や京都の寺院、あるいは京都の豪商茶屋本家（幕府の呉服師）の宗古の名もみえる。中田易直氏のご教示によれば、茶屋宗古は本家五代目延宗宗古で、茶屋家（中島姓）はかつて小笠原氏の麾下に従っていたが、堺で負傷しての

ち牢人となり、やがて京都で呉服商を営むようになったという。宗古が「小笠原系図」を所望したことも理解できる。

表7は、『記録』二一二所収の、元禄七年に新写された書物・文書・絵図の目録で、誰の所蔵本から筆写したものか、その来歴がわかる点が興味深い。この表にあるものが、この年の新写史料の全てなのかどうかわからないが、おそらく毎年多くの書物類を伝手をたよって借り、筆写を続けてきたはずであり、この表はその一端を示すことになるのであろう。

表8は、こうして集積された書物・文書や、水戸藩で編纂あるいは校訂した書物を、公家・大名・寺院などの求めに応じて貸出していたことを示すものである（『記録』二四二所収）。この表は享保十年代（一七二五―三四年）から元文（一七三六―四〇年）のはじめにかけての記載であるが、『水戸義公全集 下』所収の光圀の書簡を読むと、光圀は生前、書物の借覧についてだけでなく、大名・公家・寺院などから書物貸出の依頼を受けると、できるだけの便宜をはかっている文面が数多く見出せる。次はその一例で宛先は花山院前内大臣殿諸大夫衆中。年時は元禄四年。

（前略）然者、長秋記、明月記、兵範記、家蔵不足之分御拝借可被成之由、家来小野沢助之進申越、致承知候、誠以毎度御懇情之至候段、不堪感佩之至候、将亦家蔵明月記、兵範記之内、御用之由、容易之事御座候、則致書写進上申様ニと助之進ニ申付候、其外家蔵之書籍、何ニ而も御用ニ御座候ハヽ、無御遠慮可被仰下候

六月二十八日

表8の享保は、すでに光圀没後二、三〇年後の年代であるが、これ以前はもとより、これ以降もこうした書物の筆写あるいは貸出の作業は継続していたと考えられ、表8はその一端を具体的に示したものといえよう。書簡中の小野沢助之進は京都駐在の水戸藩士。

表6 「御文庫之御書物之内新写被仰付被遣候所々」

年(西暦)月日	書名 （ ）内は冊数 ＊は注記	貸出先	仲介者
元禄元(一六八八)年7月	詞林采葉抄(3)	大坂妙法寺	板垣宗憺
10月	古来風躰抄(2)	中山遠江守	板垣宗憺
11月27日	駿府記(3)	播磨守	佐々介三郎
元禄2(一六八九)年3月10日	色葉和難集(3)	大坂妙法寺	板垣宗憺
3月14日	五岳前住籍(1) 鎌倉五山住持籍(1)	水戸増井正宗寺	佐々介三郎
元禄5(一六九二)年2月12日	公卿補任補闕(1)	松平丹後守	奥山立庵
9月14日	うたたね(1)＊扶桑拾葉集の内より書抜	土御内兵部少輔	板垣宗憺
10月	風土記(1)＊常陸・尾張・山城	花山院前内府定誠	中村新八
12月	小笠原系図(1)	茶屋宗古	中村新八
元禄6(一六九三)年3月27日	園太暦(33)	一乗院門主真敬	佐々介三郎・中村新八
3月27日	一代要記(10)	花山院前内府定誠	佐々介三郎・中村新八
元禄7(一六九四)年3月20日	公卿補任補闕(1)	清水谷大納言実業	佐々介三郎
閏5月	権記(1)	東本願寺	井上玄桐
8月10日	那須伝記(1)＊諸家系図纂第一七巻の内より書抜	宇都宮下野守	森尚謙
8月17日	本朝新撰文集の内書抜(1)	釈迦院前大僧正	板垣宗憺
戌9月19日	後水尾帝御集之内詩歌八枚六行	田村左京大夫	板垣宗憺
午2月24日	藤原景和和歌和文(1)	松平丹波守	佐々介三郎
元禄8(一六九五)年3月11日	修験秘密大事(3)	御領内和光院・宝幢寺・覚性院	安積覚兵衛・井上玄桐
3月12日	新和歌集(2)	宇都宮貞軒	板垣宗憺・安積覚兵衛・井上玄桐

元禄9(一六九六)年2月	公卿補任補闕(1)	菊亭大納言	大串平五郎
3月21日	扶桑拾葉集(1)	勧修寺御門主	佐々介三郎
4月15日	西宮記(1)＊年中行事六月	堀川因幡守	大串平五郎
7月20日	久昌清規(1)	讃州(松平頼重)	中村新八
8月	元氏長慶集(1部6)＊唐本　都氏文集　大江匡房詩文纂(2)　紀長谷雄詩文纂(2)　源順詩文纂(1)　大江以言詩文纂(1)	飛鳥井三位	遣迎院
9月19日	久昌清規(1)	光圀御用	佐々介三郎・井上玄桐・安積覚兵衛
10月15日	東国紀行(1)	内藤下野守	佐々介三郎・井上玄桐・酒泉彦太夫・安積覚兵衛
元禄10(一六九七)年閏2月3日	南部系図＊一通	金地院	徳川光圀・安積覚兵衛・奥山立庵
4月16日	台記(3)＊目録付　同別記(8)　殿記(2)	八條様	徳川光圀・栗山源介・生島玄蕃・中村新八
5月12日	都玉記抜萃・家光記抜萃(1)　仁部記(1)	外山三位	板垣宗憺
5月	越前家系図(1)	松平兵部	徳川光圀・中村新八・栗山源介・佐々介三郎
11月	越後家系図(1)	松平若狭守	徳川光圀
12月	禁裏御着到和歌(1)＊永正六年　肝心抄(1)　宋世十首和歌・遠島御書・詠三首和歌・天皇四十御算・鞠の庭に出て・足引の大和ふみ(1)　明日香井和歌集(2)　嘉元三年歌合(1)　建保三年歌合・建仁三年内裏歌合(1)　俊成卿女百首和歌(1)　永禄六年十五番歌合(1)　家成卿家歌合(1)　石清水社歌合(1)＊建仁元年十二月　御光	松平丹後守	奥山立庵

元禄12（一六九九）年2月	厳院文和歌合（1）　瀧口本所歌合（1）　統秋自歌合（1）＊判逍遥院　十二番歌合（1）　二階堂歌合（1）堯孝十番歌合（1）　禁裏当座歌合（1）＊建保二年七月　百三十番歌合（1）＊宝治二年　十首十八番歌合（1）室町殿十番歌合（1）　常恒自歌合（1）＊判逍遥院　伊勢物語次第條々事（1）　建保二年八月歌合（1）＊禁裏　東野州聞書・詠歌一躰制詞歌合（1）　氏成日光山奉幣和歌・宗祇住吉和歌・中殿御会和歌・詠三十首和歌・栄葉和歌・聖廟法閑和歌・公経卿鷹和歌（1）　人丸彰供・同碑銘（1）　江雪詠草（1）　石見名所・小堀遠州道記（1）　飛鳥井雅俊集・藤原親盛集（1）　後水尾法皇御懐紙和歌（1）　笈の底（1）　天文七年百首・永正二年百首（1）　幽旨桐火桶・あるいは本歌の・菅家御歌（1）　名所諸抄（1）　山の霞（1）玄旨法印家集（1）　懐中見聞書（1）　歌書（1）春日社法楽五十首（1）　まりくつの事（1）　季通朝臣集（1）　能季百首和歌（1）　世をそむきて（1）　和歌灌頂次第秘密抄（1）　忠信卿百首和歌（1）　別紙追加曲（1）　たまもくさ（1）＊相模集後拾遺疑難（1）為家口伝（1）　釈静空集（1）　宗祇和歌集・関白師嗣百首和歌（1） 権記（1）	大炊御門	栗山源介・井上玄桐
2月21日	朝鮮三使御贈答書翰其外御文草（1）	身延上人	安積覚兵衛・井上玄桐

元禄13(一七〇〇)年5月	公卿補任補闕(1)	大炊御門	栗山源介
12月	記録(20)＊毘沙門堂記録　同(6)	大炊御門(?)	＊奥書は徳川光圀書

表7　元禄七年新写目録

書　　名　(　)内は本数　＊は注記	備　　考
□書奉行抄(1)	油小路大納言本を以て写す
小右記(2)＊寛仁元年秋冬　綸旨抄(1)　親長御教書案(1)　元長御教書案(1)　伊長御教書案(1)宣秀〔二位蔵人〕御教書案(1)　宣秀〔蔵人頭〕御教書案(1)　親長伝奏奉書案(1)　庁抬記(1)	三宅近江守本を以て写す
大嘗会記(1)＊貞享	三宅近江守伝借本借代有之
天祚礼祀職掌録(1)	卜部兼元伝借本借代有之
任大臣節会部類記・関白詔勅書(1)　贈官宣下記(1)　願文集(1)	山本文右衛門伝借本共借代有之
女房装束裁縫抄(1)	借代有之
法隆寺古今目録抄抜萃(1)	弥勒院本を以て抄之
勝頼願書・古先元拈香(1)	妙心寺点首座本を以て写之
湊之巻(1)	和田即応本を以て写之、借代有之
辺めくり草(1)	狩野永納本を以て写之
石清水遷宮次第(1)・九条殿内府拝賀行列	
関原外記＊一冊	和田即応本を以て写之

大阪城図＊一枚　伏見城図＊一枚　伏見向島御屋敷図＊一枚	伏見寄騎大島勘衛門本を以て写之
和州水脈図＊一枚	二条寺主本を以て写之
元禄七年十一月丹藤衛門・浅井雲八・竹田忠介宛大井平五郎〔松隣〕書簡	

表8　水戸藩蔵書貸出先

貸出先	証人	書目（　）内は冊数　＊は注記	貸出期間
今出川大納言（公詮）	大井介衛門　中島平次	知足院関白記〔康和五年〕（1）＊「但副本之内殿記引分ケ」、以下「水左記」まで院（中御門天皇）御用　東山左相府記（1）　後称念院関白記（1）　定嗣卿記・長方卿記・顕時卿記（1）　大納言顕朝卿記（1）　中納言経俊卿記（1）　八条相国記（1）　＊以上六部江戸新写　中大記（1）　大府記（1）　水左記（1）＊以上三部水戸新写	享保10年11月～同12年5月7日
今出川大納言	大井介衛門	礼儀類典（40）	享保10年11月～同12年5月7日
今出川大納言	大井介衛門	女院小伝（1）＊「但本目の内」　伊賀風土記残篇（1）＊以下三部水戸新写　恒貞親王伝残篇・藤原保則伝残篇（1）　遷宮次第記（1）	享保10年11月～同12年1月7日
今出川大納言	大井介衛門　中島平次	礼儀類典（44）	享保11年7月6日～同13年12月2日
今出川大納言	中島平次　大井介衛門	文華秀麗集（1）　無題詩（3）　鳩嶺集（1）　本朝小序集（1）	享保11年10月16日～同13年12月2日
近衛家熙	中島平次　大井介衛門	古事記校正（3）	享保12年4月12日～同12年6月10日

今出川大納言	中島平次 大井介衛門	礼儀類典(41)＊水戸より来る　藤亜相尚歯会詩(1)＊水戸より　藤忠通公詩集(1)＊水戸より　都氏文集補遺共(1)＊江戸副本　江吏部集(1)＊江戸副本　類題古詩(1)＊江戸副本	享保12年5月22日〜同14年12月3日
近衛家熙	大井介衛門 中島平次	旧事記(5)＊水戸新写江戸仕立	享保12年6月15日〜同12年10月14日
松平若狭守直常 (明石藩主)	神代杢大夫 打越弥八	前漢書(25)＊唐本白表紙　後漢書(18)	享保12年8月〜同20年7月19日
近衛准后	安積覚兵衛	東雅(9)	享保12年10月9日〜同13年2月8日
近衛准后	安積覚兵衛	後小松紀(2)＊新写　日本史凡例(1)＊新写　大友紀賛(1)＊新写　神功伝賛(1)＊新写	享保13年1月29日〜同13年9月4日
今出川大納言	大井介衛門 中島平次	礼儀類典(40)	享保14年1月20日〜同15年2月29日
京極宮 (若宮家仁親王)	大井介衛門 中島平次	今撰和歌集(1)　光経集(1)　玄玉和歌集(1)　為重詠歌(1)	享保14年4月14日〜同14年7月16日
松平若狭守直常	大井介衛門	三国史(16)　晋書(24)　文苑(60)	享保14年6月〜同20年10月9日
今出川大納言	打越弥八	雅言卿記(1)　宣透卿記(2)＊享保四年一月〜二月　花営三代記(3)　日吉盧山行幸記(1)　仁治元年日記・同三年日記(1)　鳥羽院高野御幸記(1)　大学□由来抄(1)　神明鏡(1)　懐風藻(1)　橘以緒日課詩(1)　山槐記(1)＊永暦二年七月〜九月　吉記(1)＊元暦二年八月〜文治四年八・九月　愚昧記＊文治五年十月〜建久二年十二月	享保14年7月13日〜同15年8月23日

日光門主（輪王寺宮）	大井介衛門	礼儀類典（51）＊第一函絵図三冊除く	享保14年7月24日〜不明
日光門主	大井介衛門	礼儀類典（47）＊第三函	享保14年10月9日〜同14年12月3日
公儀（幕府）	大井介衛門	明月記（15）	享保14年10月29日〜同15年12月19日
日光門主	大井介衛門	礼儀類典（54）＊第四函	享保14年11月〜不明
今出川大納言		礼儀類典（1）＊巻一一七　永暦二年日記（1）＊四月　花宴記（1）＊正中三年三月 明月記（1）　忠高卿記＊延暦元年六月・経俊卿記＊康元二年三月・閏三月（1）	享保15年2月3日〜同15年8月23日
日光門主	大井介衛門 打越弥八	礼儀類典（40）＊第五函	享保15年3月14日〜不明
日光門主	大井介衛門 小池源太衛門	礼儀類典（46）＊第七函	享保15年10月3日〜同16年10月24日
日光門主	大井介衛門 小池源太衛門 打越弥八	礼儀類典（52）＊第八函	享保16年10月29日〜同17年9月22日
日光門主	大井介衛門 小池源太衛門 打越弥八	礼儀類典（49）＊第九函	享保18年5月4日〜同19年4月27日
日光門主	小池源太衛門 打越弥八	礼儀類典（46）＊第一〇函	享保18年12月18日〜同20年2月14日

日光門主	小池源太衛門 打越弥八	宗子相集（8）	元文3年2月9日 ～不明

おわりに

本章では、光圀の命によって編纂が開始された書物のうち、『大日本史編纂記録』の解読によって出版事情の概略がわかる、『大日本史』など九部と、出版準備を進め、かなり進捗しながら実現しなかった『参考源平盛衰記』の計一〇部の書物のそれぞれについて、それらの経過やその途上におこった種々の問題などについて述べてきた。これらとあわせて、水戸藩の修史事業などの参考とすべく諸方から書物類を借りてこれを筆写し、蔵書を増やしていった状況、また逆に公家・大名・寺院から書物の貸出の依頼を受けると、これを新写し貸出していた模様を記すとともに、出版書のうち『扶桑拾葉集』については大名・公家らへの寄贈あるいは藩士への下賜の実態などにも言及してきた。

本文で詳しく述べたように、出版元はいずれも遠隔の地京都の茨城多（太）左衛門（小川柳枝軒）であり、出版交渉などは江戸・水戸の彰考館あるいは光圀隠居後は久慈郡新宿村（常陸太田市）の西山御殿と京都との間で行われたため、実際の折衝に当たった彰考館の学者たちの心労はひとしおなものがあったにちがいない。宝永五年（一七〇八）四月三日付、中村篁渓・酒泉竹軒宛安積澹泊・大井松隣書簡には、多左衛門宅が京都の大火（三月十一日）で類焼したことを知り、板木などはどうなったのか心配したけれども、土蔵は免れたことを知り大そう安堵した旨の文面がみえる。これなどは、その心労の一端を物語っている。

『大日本史』を中心に、前記の書物などの編纂に際しての彰考館員の尽力はいうまでもないとして、それぞれの書物についてのこまごまとした出版交渉についてまで、彼らがその折衝に当たったたばかりか、出版元である多左衛門方からの拝借金の申込みについて、用人・奉行らとの間に立ち処理しなければならなかったことなどは、この調査ではじめて知ることができた。その間の安積澹泊の活動は特に顕著で、従来、修史事業における彼の大きな功績は周知の事実として、今後は彼の出版事業に果たした重要な役割についても高く評価しなければならないと思われる。

ともあれ、安積を含む彰考館の学者の長期にわたる各種の出版事業への関与と貢献について、個々の書物の出版事情とともに多くの新知見が得られたことは、大きな収穫であった。

〈付記〉

脱稿後、倉員正江氏のご好意により、氏の論考「『参考源平盛衰記』編纂事情―付・翻刻『大日本史編纂記録』第二五二冊「盛衰記删定記事」―」（『人間科学論究―日本大学生物資源科学部人文社会系研究紀要―』第七号所収）を入手することができたが、本文中に採り入れることは叶わなかった。氏に感謝するとともにご寛恕を請いたい。

第二章　丸山可澄編『花押藪』の成立と畠山牛庵

はじめに

花押は、判、書判、押字ともいわれ、自署の代わりに用いられる符号すなわちサインであって、もともとは中国から伝えられたものである。その花押は、古代の一〇世紀半ば頃からわが国でも主として公家・僧侶の間で用いられるようになり、中世になると、武士・庶民にも広まった。しかし戦国時代から近世前期以降、印章（印判）の普及にともなって、花押の使用は減り、明治以降はごく一部の人々の間に行われるのみとなった。現在、公的には、閣議書に、内閣総理大臣はじめ各国務大臣が毛筆で花押を据えるのが慣例となっていることくらいであろうか。

本章は、近世の前期、わが国で初めて花押を一五〇〇点ほども蒐集して一書となした『花押藪』という書物について、その編纂から出版に至る経緯を明らかにするとともに、『花押藪』の成立にとくに深く関与したと思われる「畠山牛庵」という人物に注目し、その関与の実態と具体的活動についても考察しようとするものである。

一　徳川光圀の出版事業と『花押藪』

水戸藩二代藩主の徳川光圀（義公。寛永五―元禄十三、一六二八―一七〇〇）は、その死後、三代綱條（粛公。明暦二―享保三、一六五六―一七一八）によって『大日本史』と命名される一大修史事業を開始し、これを継続するかたわら、仏像・神像の修理・保存、遺跡の保存・管理、文書の修復・保存など多方面の文化財保護にも尽力していたのであるが、その中には古典の校合・出版も含まれる。

いま、その古典の校合・出版についてみると、光圀は、史書や古典の写本を蒐集、これらを校訂し、本文を確定した書には「校正」、それを出版した書には「校刻」、校訂者の意見を書き込んだ書には「参考」を、それぞれ書名に冠する方式を採った。たとえば、『校正古事記』『校正日本書紀』『校刻菅家文草』『校刻難太平記』『参考保元物語』『参考太平記』といった書物である。ちなみに光圀の命で出版されたのは、その完成が死後になったものも含めると、『校刻菅家文草』をはじめとして一三種ほどになる。

これらはもちろん、修史事業に役立てるためのものではあるが、今日からみると、それ自体として独自の学問的価値を有する書物となっている。当時出版はされなかったものの、やはり光圀の依頼・援助によって契沖（寛永十七―元禄十四、一六四〇―一七〇一）の著した『万葉代匠記』は、『万葉集』研究の金字塔としてとくに名高い(1)。

さて、本章が主題とする『花押藪』も、このような文化事業の一環として、光圀の命により編纂・出版された書物の一つで、編者は水戸藩の学者丸山可澄《よしずみ》（通称は雲平、号は活堂）である（図18）。

皆川完一氏執筆による『国史大辞典』（吉川弘文館刊）の『花押藪』の項をそのまま転載して、まずこの書物の概要

図18　『花押藪』・『続花押藪』（著者所蔵）

を次に示そう。

徳川光圀の命により、丸山可澄（一六五七―一七三一）が編纂した木版の花押図鑑。七巻七冊。元禄三年（一六九〇）刊。宝永八年（一七一一）に『続花押藪』七巻七冊が続刊された。収載人物を、天子・親王・法親王・執柄・大臣・贈大臣・大納言・贈大納言・中納言・贈中納言・参議・二位三位・四位・五位・無官位・釈家・連歌師に分類して、年代順に配列し、家号・父・官位・没年・称号等を記す。正編に七百七十三人、続編に七百十七人の花押を収める。本書より以前に、武将の花押を集めた版本の『判尽』があったといわれるが、本書は、原本または由緒正しい写本より花押を模写して収載し、その出所を示すという画期的な編纂方法をとった。序文に「花押是文書之左験也」とあるが、本書は『大日本史』編纂のための研鑽によって得られた、当時の古文書鑑定学の成果を示している。しかし、偽文書によったと思われるものも、ままあり、伝写による写しくずれもみられ、すべてが信頼できる原本によったとは思われないこと、また花押の出所を記すところに、所蔵者を示すのみで、年代や文書名を記さないことによる不便など、今日からみれば、不十分なところも目につく。正編・続編とも明治三十六年（一九〇三）に再版され、昭和五十一年（一九七六）に復刻版が刊行された。

皆川氏の的確な叙述によって、『花押藪』『続花押藪』の、長所・短所双方を含めた要点を知ることができる。文中の『判尽』は、「花押藪凡例」中の一項に、

坊間に一本を刻す。名づけて判尽と曰ふ。その載するところは、皆、中古将士の花押なり。今真跡をもってこれを質すに、その状皆異なり。蓋し、軽薄の徒、巧偽妄作して、もって俗眼を眩すのみ。今悉く取らず。（原漢文）

とみえることに基づく。しかし、「中古将士の花押」を集めたという『判尽』なる花押集は現存しないようなので、『花押藪』は、正続合わせて一四九〇点の花押を収載するという文字通り本邦初の本格的花押図鑑といえよう。(2) なお皆川氏は、正編の刊行を、その序文末の年時によって元禄三年としているが、後述するようにそれは二年おくれの元禄五年である。

皆川氏が最後に触れている、昭和五十一年の復刻版（文献出版刊）には、その巻頭に荻野三七彦氏の一五頁に及ぶ詳しい「解題」があり、これは、花押研究史において『花押藪』のもつ意義を理解するのにきわめて有益で、古文書学の権威として知られる荻野氏の「解題」だけに、これに付け加えるべき内容はほとんどないようにも思われる。とはいえ、『花押藪』がどのような経緯で編纂され、出版されたのかについての言及はなく、また「解題」の中に、「個人所蔵者の筆頭は古筆家の畠山牛庵《ごあん》であって、群を抜いて著名人の文書の一大コレクションを形成しておったようで

ある」（九頁）、「可澄の註記したそれらの古文書の所蔵者は畠山牛庵がその大半を占めて居る」（一〇頁）とする二ヶ所の注目すべき指摘があるものの、畠山牛庵その人については「古筆家」とする以外の説明はない。

後にくわしく述べるように、そもそも「畠山牛庵家」の協力がなければ『花押藪』の成立は覚束なかったとみられるほどなので、以下にはおもに『大日本史編纂記録』（原題『往復書案』）[3]の解読によって、『花押藪』の編纂と出版の経緯を明らかにするとともに、その成立に寄与した「畠山牛庵家」の功績について、『大日本史』の編纂との関係にも留意しながら、以下に述べていくこととしたい。

二　丸山可澄と『花押藪』

『水府系纂』[4]などにより編者丸山可澄の家系と経歴から記す。丸山家はもと田代姓を名乗り、戦国時代、常陸北部に君臨した大名佐竹氏に仕えていたが、佐竹氏の秋田移封（慶長七年、一六〇二）にともなって浪人となった。可澄の父乗久は、丸山重定の養子となり丸山氏を称したが、のち本姓田代氏に復した。乗久は、寛文四年（一六六四）に光圀（藩主退任後、元禄四年〈一六九一〉から死去まで西山御殿〈常陸太田市〉に居住）に仕えて物書となり、のち式台役、江戸奥方番などを務め、元禄七年に致仕。十二年から水戸徳川家の墓地である瑞龍山（同市）の墓守となり、宝永元年（一七〇四）に八一歳で死去した。

可澄は乗久の次男で、雲平と称し、外祖父の氏を冒して丸山を名乗り、延宝二年（一六七四）、切符を受けて修史局である彰考館（史館。以下、史館ないし史館員と表記する）の物書に採用され、のち文庫役。元禄九年に従来の十両から精勤を賞されて加増を受け十五両四人扶持を給された。宝永四年、五一歳のとき右筆格、享保二年（一七一七）

馬廻組へと進んで、同十六年五月十一日に死去。享年七五。

藩士としての役職は変わっても、史館文庫役としての勤務は続き、史館勤務の通算は五七年の長きに及んだ。なお、可澄ははじめ江戸居住であったが、元禄十一年、江戸の史館員たちの多くが水戸城内に新設された水戸の史館（水館）勤務となったとき、可澄も水戸へ転居した（5）。

長期の史館勤務の間に可澄は二度、史料探訪のための旅行を命ぜられている。一度目は、貞享二年（一六八五）、佐々十竹（介三郎、宗淳）とともに行った九州・中国・北陸への約半年にわたる旅、二度目は、元禄四年、単独で約二ヶ月間の奥羽への旅である。可澄は、前者では『筑紫巡遊日録』を、後者では『奥羽道記』を残している。

可澄は若い時分から同藩の今井桐軒（新平）に神道を学んだので、その方面の造詣深く、藩撰の『神道集成』編纂に与かったのみならず、個人としても『日本書紀神代嵌註《かんちゅう》鈔』『金砂山日吉神社縁起』などの著書がある。

さて、可澄（以下では丸山と表記する）が、いつの時点で、光圀から『花押藪』編纂の命を受けたのかはわからないけれども、延宝八年（一六八〇）七月八日付、佐々十竹宛の辻興（好）庵・吉弘菊潭書簡案（以下、「案」は省略）に、「花押藪・古簡雑纂三冊指上申候、御請取可被成候」（『大日本史編纂記録』）。以下の書簡はすべて『大日本史編纂記録』からの引用である）とみえるので、この段階で一応形あるものにはなったように思われる。

その六年後、『江戸史館雑事記』（以下、『雑事記』と略称（6））の貞享三年（一六八六）四月二十日の条によれば、丸山は病気のため物書の職を辞したいと申し出、この時は休職扱いとなったようで、翌四年八月十五日には、「丸山雲平耳病中御役御免之所、此度又如元相勤可申」（『雑事記』同日条）ことを命ぜられ、一時復帰した。しかし、元禄元年には耳病悪化で再び辞職を願い出ると、この度は書物出納多忙の時には加勢するという条件で、当分の間職務は免除された（四月十五日）。丸山は、貞享三年（三〇歳）頃からすでに耳病に悩まされていたのである。

このような状況の中にあっても、『花押藪』の編纂は、佐々十竹ら史館員の協力を得ながら継続されており、貞享四年五月三日付の佐々の史館中宛の書簡には次のような文面がある。

雲平方ゟ花押藪五冊被指下、則備　高覧申候、御喜色之御事ニ御座候、とても の事ニ今少花押ヲ多く御あつめ板行可被仰付との　御意ニ御座候、先暫拙子方ニ預り置申候間、此由雲平へ被仰伝候て可被下候(7)

佐々を通して「五冊」の『花押藪』を「高覧」に備えると、光圀は喜び、いま少し花押を多く収集して出版するようにと指示したというから、この時に『花押藪』出版のことが決定したわけである。

元禄三年三月八日付の中村篁渓宛佐々十竹・吉弘菊潭書簡には、花園天皇宸翰一軸と飛鳥井雅庸の巻物一軸を、こちらの秋山村右衛門（小納戸、唐物奉行。在水戸）からそちらの加治畦右衛門（小納戸、唐物奉行。在江戸）まで届けてくれるはずだから到着次第受け取って、宸翰の花押は写し取り『花押藪』に載せることとし、雅庸の巻物は写し取って史館へ収めるように、との文面があり、これらは光圀の指示であることを伝えている。鋭意花押の蒐集に努めていた模様の一端を知ることができるとともに、光圀が逐一指示を出していたこともわかる。

その後の翌四月二十四日付、井上玄桐宛佐々・吉弘書簡をみると、花押の蒐集をつづけて「大かた出来仕候へとも、追々ニ花押出候故延引之儀候、然共左様ニ追々出候而ハはてもなき事」なので、この辺で一区切つけて書物に仕立てるべく、草稿の出来次第、光圀に御覧いただく（「出来次第指上可備　台覧」）こととして、ついては事前にその旨をお伝え願いたい、と報じている。したがってこの時点から書物仕立てへの具体的作業が始まったとみてよいのであろう。

なおここで、草稿段階の『花押藪』が、修史のための文書の真贋の鑑定に役立っていたことを示す書簡を一つ紹介しよう。それは、元禄三年二月二十七日付の中村宛の佐々・吉弘書簡である。この書簡によれば、吉田神社（常陸三の宮）所蔵の尊鎮法親王（青蓮院宮）の掛物について、その表装を剝がしてみたところ文書が現われ、そこに据えられている花押が表のそれと少しちがっているので、不審に思い、『花押藪』と引き合わせてみたところ、「尊鎮ノ花押元来両様有之、表ニ有之候と裏ニ有之候と弐つ共ニ花押藪ニ（も脱カ）少相違無御座候へハ、弥尊鎮ノ筆ニ無疑事」と確認できたというのである（図19参照）。

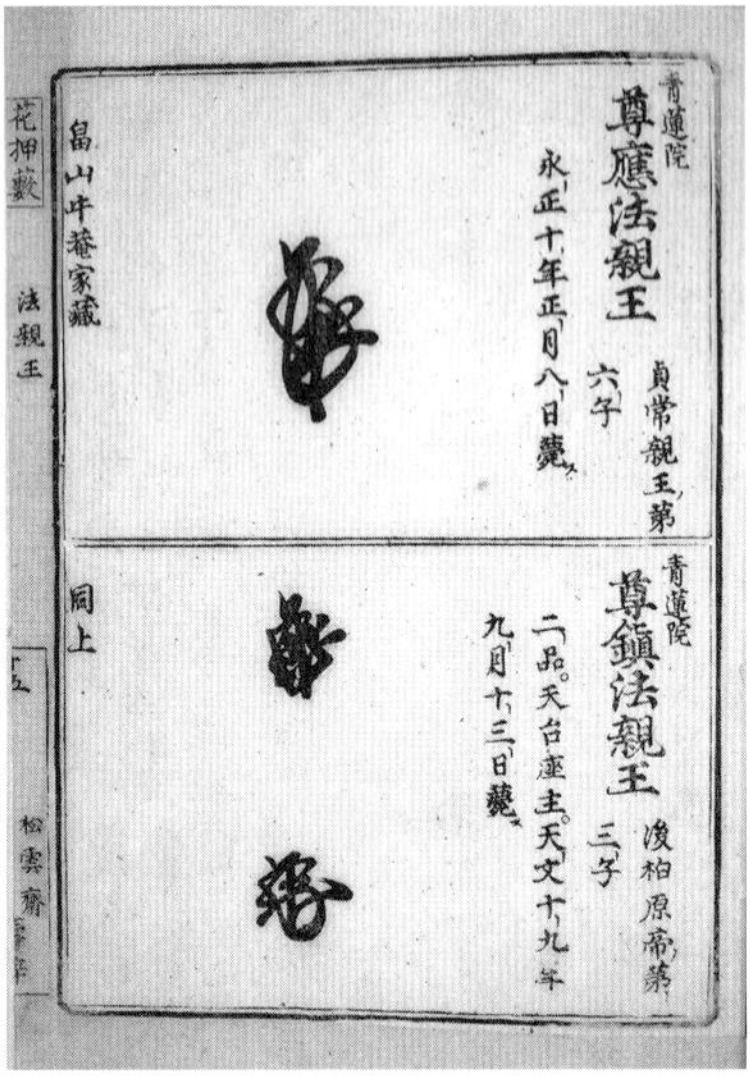

図 19　『花押藪』より尊鎮法親王の花押

　さて、この辺で一区切つけようという佐々らの意向を光圀も諒としたのであろう、『雑事記』の同三年七月朔日の条には、

　丸山雲平儀、花押藪編集相済申候ニ付、七月朔日ニ為御褒美銀子五枚被下置候

とみえる。この時、現在みる『花押藪』の草稿が仕上ったので、序文末尾の「元禄三年歳次庚午六月穀旦」という年時はそれを示していると思われる。

　先述の丸山の奥羽旅行は、実は、一区切ついたこの『花押藪』編纂に対する慰労の意味を込めた光圀の温情ある措置であったことが、次の翌元禄四年三月の『雑事記』の記事によって知られる。

　丸山雲平耳不通ニ付、津軽ニ耳聾の治候温湯有之由、黄門様被及　聞召、幸彼筋御用之儀も有候間湯治為仕候様ニと　御意之由、佐々介三郎方より中村新八（篁渓—引用者）方迄申来、其段藤井紋大夫（老中、大番頭、のち大老—引用者）幷御奉行御用人へも申出、拝借金之願も則新八申立、春かしの外ニ当御切米之内七両不残御かし被成候、但、駄賃旅籠銭之儀ハ御用之品もとくと不相知事ニ候間、是ハ水戸ニて介三郎と相談候而水戸ニて可申

出由、御用人より新八方迄申来ルニ付、其旨雲平へ申渡候、雲平事、当月十二日江戸発足、水戸迄罷越、御用承
り候而、水戸より津軽へ参候筈也

光圀は、勤勉ながら役職には恵まれていない丸山に対し、ただ耳の治療に赴かせるだけでなく、未調査の奥羽地方の史料探訪という使命を与えるならば、丸山の面目もたつだろうと考えたのにちがいない。旅費などについても、格別の便宜のはかられたことは、右の書面からもよくうかがえる。

四月二日に水戸を発った丸山が太田村（常陸太田市）へ帰着したのは六月七日である。二日後の九日には旅程などを詳しく記した『奥羽道記』が光圀のもとに呈上された。(8) ただし、修史に有益な史料はほとんど得られなかったようであるが、光圀としては、編纂の苦労をねぎらって耳の治療ができれば幸い、と考えていたはずで、史料探訪の成果は二の次といったところであったろう。

江戸の史館に戻った丸山は、文庫役としての本務のかたわら、『花押藪』の補訂を続けたので、元禄五年二月になってようやく再校正が済み、京都の出版元である茨城太（多）左衛門（小川柳枝軒）のもとに、その七冊本を送付することになった。茨城太左衛門は、前述の校刻本などを一手に引き受けて出版してきた業者である。次は、その状況を伝える元禄五年二月二十二日付、佐々宛中村の書簡である。

花押藪七冊御再校相済候由にて、茨城太左衛門方へ之御状御添被遣請取申候、今日とくと封シ六日飛脚にて京都
へ為指上申候、左様御心得可被成候

中村篁渓は、再校本を厳重に梱包のうえ、版元の茨城太左衛門方へ「六日飛脚」にて送付したわけである。右の「御状」は、光圀の書簡ではあるまいか。

その二ヶ月後の四月二十三日付、井上玄桐宛の中村篁渓・鵜飼錬斎書簡は次のように伝えている。

書物屋富野治衛門、京都ゟ罷帰候、花押藪出来一部指上ヶ申度由ニて、史館迄致持参候間、則只今一帙七冊指下申候、御披露被成可被遣候、治衛門書状も差越申候

すなわち、元禄五年四月には待望の『花押藪』一帙七冊が刷り上り、いわば見本本として一部が史館へ届けられたのである。まもなく隠居所である西山御殿でこの見本本を一見した光圀は、この造本は「花麗過」、これでは大名衆への売り物ともいうべき装丁だから、並製本（「常躰之本」）を一部改めて届けるようにとの指示を出した。幸いこの見本本は額田村の市十郎[9]という者が買い取ってくれることになり、その値段を治衛門に問い合わせるという（「前方之本ハ額田ノ市十郎求申候間、価申遣し候様ニと次衛門（ママ）ニ申聞候」元禄五年四月晦日・五月三日付、井上宛中村・鵜飼書簡。原文引用書簡は五月三日付）。

この指示によりまもなく「常躰之本」一帙七冊が井上玄桐を介して光圀に届けられたのであるが、光圀は装丁のみならず、内容上にも「不審」があるとして逐次近侍の佐々を通してこれらを申し渡し、この旨は丸山にも伝えられた（それぞれ五月十一日、六月三日・七日付、井上宛中村・鵜飼書簡）。このうち五月十一日の書簡では、「花押藪之事ニ付、御不審之条々畏承伏仕候」とみえるから、「御不審」は何ヶ条かにわたって伝えられたのであろう。

この時の光圀指示の箇所について具体的にはわからないけれども、六月二十日付の中村宛鵜飼・井上書簡をみると、光圀はさらに別の指示を出していた。すなわち、楠木正成は四巻の「五位」の部に入っているが、二巻の「二位三位」部の源忠吉卿の次へ「附贈三位と補」って入れるべき、と指示した。ついで八月四日付の鵜飼宛中村書簡によると、大内政弘を「四品（ママ）」に入れてあるのは「不吟味」で、正成と一緒に別部を立て、跡へは他人のものを入れるべきこと、浅井長政の伝については「大納言」とあるが、「中納言」ではないか、との意見が出された。

しかし、光圀の指示が活かされたのは浅井長政についてだけで、正成と政弘については変更はなかった。現行本を

みると、「贈中納言」を特設してそこに長政をただ一人入れているのであるが、その改刻版がいつ出来たのかは不明である。

その三年後、元禄八年のことであるが、光圀から、『花押藪』「釈家」の部の本願寺光英（淳寧院）小伝には、「権僧正」とあるが、「大僧正」であるから、「権」を「大」に「板行改候様ニ」と指示の出たことが同年二月十四日、大串雪瀾宛安積澹泊・中村・佐々書簡でわかる。しかし、現行本はこの場合も「権僧正」のままである。

なお、『雑事記』元禄七年十二月二十五日の条には、

丸山雲平於史館万々精入相勤候ニ付、乍病身為御褒美銀弐枚被下置候

とみえ、丸山の病身を押しての精勤が認められ、元禄三年に続く褒賞を受けたことがわかる。

三　『続花押藪』の出版

「花押藪凡例」には、「凡そ古今の花押はこれに止まらず、而も数年尋ね求むるも悉くこれを獲ること能はず。後来の獲る所はまさに続集を撰して以てこれを補ふべし」（原漢文）とある。この「凡例」からは、正編序文の年時である元禄三年（一六九〇）六月の時点で、すでに「続集」の計画が具体化していたように読み取れるのであるが、それは疑わしい。

史料上では、元禄五年六月三日付、井上玄桐宛中村篁渓・鵜飼錬斎書簡で、「花押続集ニ載申候」ものが、雲平方に「五六百」もあり、加えて去年小姓衆から指上られた近世の諸大名の花押もだいぶ集まり、「ケ様之物ヲ続編ニ被仰付候義ニ御座候哉」とみえるのが、確認できる最も早い事例のように思われる。つづいてその直後の二十日付、中

村宛鵜飼・井上書簡には、

花押続集ニ入申候五花堀田一左殿（押脱カ）（市左衛門正之。書院番頭、大番頭―引用者）ゟ到来候間進申候、是ニ付候小伝ハ牧野殿（『桃源遺事』編者の一人、牧野和高か―引用者）も覚不申候由ニ候、西山御文庫尋候て進可申候

とあり、編纂を進めつつあった模様を察することができる。文面からみて、この時点では出版についての光圀の認可も得ていたものと思われる。

ところで、「続集」もひき続き京都の茨城太（多）左衛門に依頼することになっていたのであるが、太左衛門の経営は容易でなかったようで、元禄十年五月、太左衛門は水戸藩から二〇両を三年賦で借りることを申し出、奉行・用人はこれを許可し、その代わり「御書物早々取かかり板行仕候段有之、半七（中村半七。在京藩士―引用者）ゟ申参候」という。（元禄十年五月二十九日付、佐々・井上・安積宛中村・栗山潜鋒書簡）元禄十年当時、「続集」の草稿はまだ太左衛門に渡していなかったので、前記の「御書物早々取かかり」云々の「御書物」は、『校刻拾遺往生伝』や『草露貫珠』の刊行促進の意味であろうと考えられる。

元禄十四年十二月には、再び太左衛門から板行代金不足につき、三〇両拝借したいとの願いが出され（八日付、中村宛酒泉竹軒・栗山書簡）、この件も翌十五年二月、願い通り許可された（何年賦かは「拝借金手形之儀願之通之年賦ニ相済」〈五月二十六日付、酒泉宛栗山・安積・中村書簡〉とあるだけで不明）。ただし、すぐに三〇両が京都に送られたわけではなく、三月晦日になって在京の藩士から太左衛門方へ渡され、「猶々、版行之儀無油断心かけ可被申候」と申し渡された（四月二十六日付、太左衛門宛安積書簡。この版行は『洪武聚分韻』についてのもの）。水戸藩自体も、「御金払底ニ而中々急ニハ相渡不申」状況の中で、何とか工面して捻出した資金であった（同前書簡）。

さて、丸山を編纂主任として進められていた「続集」であるが、一方で、たとえば、堂上方は安藤主殿（為実。藩

士。京都の人。『礼儀類典』の編纂に関与）、武家は秋元但馬守（喬知。若年寄。元禄十二年から老中）、旗本は和田古（小）八郎（藩士。史館物書）の兄藤介、増上寺伝通院代々は大森紋阿弥に、というように、それぞれへ依頼しながら蒐集が行われた時期もある（元禄十二年二月二十一日付栗山宛安積書簡、同二月二十三日付中村宛安積書簡など）。

しかし、それでもなかなか出版を見通せるまでには至らなかったのであろう。そこへ、晩年の光圀から当時蒐集できた分だけでも編立てして出版できるようにせよ、との指示が出された。元禄十三年三月七日付、酒泉宛安積・中村書簡はその指示を次のように記している。

続花押藪当分集り候斗を先編立梓行仕候様ニと被　仰出候由、奉畏候、即其段雲平へ申聞候

それにもかかわらず、光圀は、この年の十二月六日に死去し、鶴首していたであろう『続花押藪』の刊行を目にすることはできなかった。ようやくその「草稿本」ができたのは、八年後の宝永五年（一七〇八）十月で、同月十二日付の安積・大井宛中村・酒泉書簡には、

続花押藪雲平吟味出来、草稿本七冊雲平書付一通被為指上内見仕候所、無残所雲平骨折候段存被入候、能々被仰上可被下候

とみえる。とはいえ「続編」の草稿本が実際に京都へ送られたのは、さらに若干の手直しを加えたあとの十二月中旬である（宝永五年十二月十九日付、安積・大井宛中村・酒泉書簡）。

その間、同五年四月三日付の中村・酒泉宛安積・大井書簡には、太左衛門宅が京都の大火（三月十一日）で類焼したことを知り、板木などがどうなったのか大変心配したけれども、土蔵は辛じて免れたことを知り安堵した旨の文面がみえる。

「続編」の草稿を送付した後にもかかわらず、宝永六年七月には、後西天皇の花押を追加してほしいと太左衛門に

申し入れたりしており（同年七月二十日付、安積・大井宛中村・酒泉書簡）、逆に太左衛門方からは「源信慈」について、これは当代の京都所司代松平信庸（紀伊守）の名乗りで、花押も同人のものである、との意見が寄せられた。これに対し、こちらで校合の節、誤って加えたものかもしれないが、いずれにせよ、生存者はすべて収載しない方針のところ、太左衛門が誤りに気付いてくれたことに感謝するという書簡もある（八月十六日付、安積・大井宛中村・酒泉書簡）。またその後の二十七日付で、「能心付候段褒美仕、其外ニも若存寄有之候ハヽ、申越候様ニと」依頼している（宛先差出人同前）。その後翌九月にも、また太左衛門から、土浦藩主土屋数直の小伝中に「大和守」とあるのは疑わしい、「但馬守」ではないか、との申し入れがあり、これも訂正している（十二日付、多左衛門宛中村・酒泉書簡）。

これらの事例をみると、茨城太左衛門は、たんに書肆としての仕事をするだけでなく、史館の錚々たる学者の見落しさえ気付くほどの高い見識の持主であることが知られてすこぶる興味深い。太左衛門はこれ以降も、「続花押藪追々考入候儀亦ハ不審之所なと一々はりかミいたし」て届け、安積経由で丸山へこれらを申し送っている（宝永六年十二月二十四日付、中村・酒泉宛安積・大井書簡）。

なお、前述の後西天皇の花押を追加する件に関し、次のような内情もあった（宝永六年七月三日付、中村・酒泉宛大井・安積書簡）。

後光明・後西・霊元三天皇の花押を求めて、去年、近衛家の家臣進藤和泉守（俊式）に依頼しておいたところ、進藤はわざわざ近衛関白家（基熙）の文庫へ入り、後西・霊元の花押を自筆にて写し取り、届けてくれた（後光明の花押は見つからなかった）。その際、進藤は、近衛関白の言として、大方『続花押藪』に載せるつもりと思うが、「近衛家蔵」と書かれては甚だ迷惑ゆえ、必ず才覚あるべし、との仰せである、とも伝えてきた。そこで、大井・安積は、「依之後西院斗のせ候而、出所無之様ニ可被成」と太左衛門に伝え、後西の花押だけを写し取って送付することにしたという。同書簡は、「一ツさへのせ候へハ事足り申事ニ御さ候」とも報じている。実際現行本をみると、その通り後西天皇のみで、所蔵先も書かれていない。

右は、花押蒐集の苦労の一端を垣間見ることのできる書簡であるが、このような苦労を重ねてようやく見本本ができたのは正徳元年（宝永八年四月二十五日改元）で、次はそのことを伝える、五月七日付、安積・大井宛中村・酒泉書簡である。

続花押藪出来ニ付壱部献上仕度由、茨城多左衛門方ゟ申越候ニ付、則駒込御殿へ指上申候、我々共へも一部つゝ贈之、其元へも進申候由、紙包壱ツ安兄ニ宛越申候間、御用便ニ指越可申候、相達次第ニ御請書可被成候、雲平へ多左衛門ゟ定而委曲可申越候得共、猶又其元ゟ右之趣御語被成可被下候

丸山の序文の末尾には、「宝永五年歳次戊子九月穀日」とあるが、実際の出版は、『国史大辞典』の前述の記載にもある通り、宝永八（正徳元）年である。

なおここで、花押の提供者について述べておく。まず、光圀との連絡あるいは書肆茨城太左衛門との交渉など直接編纂にかかわった史館員のうち、安積澹泊（覚）家（以下、「家」は省略）が正編に三点、佐々十竹（宗淳）が正編に二点・続編に六点、栗山潜鋒（成信）が続編に一点、大串雪瀾（元善）が同じく続編に一点、そして丸山自身も続編に四点を、それぞれ提供している。水戸藩士ではそのほか、畠山牛庵は別格として、富田知宣、浅羽成儀（以上二名については後述）、辻了的（端亭、史館員）、伊藤友次、内藤貞顕、神田定恒、興津重秀、打越政徳、長谷川近一（検校）らの協力があった。全体を見渡せば、当然ながら奈良・京都の寺院・神社が比較的多数を占め（とくに正編）、薩摩の大乗院、肥後の阿蘇山寺、出雲の杵築大社などもあって、全国各地に及んでいる。

四　『花押藪』と畠山家三代

荻野三七彦氏が、昭和五十一年の復刻版「解題」において、『花押藪』の成立に畠山牛庵が大きな役割を果たしたことを指摘していたことは、既に述べた。「古筆家の畠山牛庵」についての記述は、先に引用した二ヶ所に止まるので、牛庵その人についてはのちに詳しく検討することとして、まず荻野氏の「大半」ないし「群を抜いて」いる、という状況を具体的数字でみてみることとしたい。

左表は『花押藪』『続花押藪』の項目にしたがって、各項目の総数とその中での「畠山牛庵家蔵」の点数とを示したものである。

『続編』の方は、全体として当代ないしそれに近い人物（生存者は除く）の花押がかなりの比重を占めており、しかも表示した通り、巻四・巻五の「五位」の人物二三九点については家蔵の記載が全くないので（「四位」も家蔵の記載があるのは、一三三点のうち二二点）、以下には『正編』のみを対象として考えてみることにしたい(10)。

「畠山牛庵家蔵」の花押は、『正編』記載七七三点のうち三一九点で、四一・二％を占め、「大半」とはいえないものの、次は富田知宣家(11)の五三点、三番目は浅羽成儀家(12)の三〇点で、これと比べても断然多いことがわかる。とくに「天子」から「贈大臣」までの巻一の総数一一五点のうち九一点は「畠山家」であって、実に八〇％近くに達する。「大納言」から「二位三位」までの巻二にしても五三％は「畠山家」の花押である。巻七の「釈家」では五三％、「連歌師」に至ってはすべてが「畠山家」である。

このようにみると、『正編』においては、「畠山家」の協力なしには、前述のようにその成立は確かに覚束なかった

〈正　編〉

	項　目	総数	畠山牛庵家所蔵点数
巻一	王子	20	18
	親王	12	7
	法親王	21	18
	執柄	20	17
	大臣	34	27
	贈大臣	8	4
巻二	大納言	41	25
	贈大納言	2	1
	中納言	29	17
	贈中納言	1	0
	参議	13	3
	二位三位	15	8
巻三	四位	120	42
巻四	五位	148	47
巻五	五位	134	20
巻六	無官位	57	8
巻七	釈家	89	48
	連歌師	9	9
合計		773	319 （41.2％）

〈続　編〉

	項　目	総数	畠山牛庵家所蔵点数
巻一	王子	3	2
	親王	1	0
	法親王	13	3
	執柄	6	2
	大臣	5	3
	贈大臣	1	0
	大納言	10	2
	中納言	7	0
	贈中納言	0	0
	参議	3	2
	二位三位	4	1
巻二	四位	133	0
巻三	五位	148	4
巻四	五位	121	家蔵の記載なし
巻五	五位	118	
巻六	士庶	86	14
巻七	釈家	57	2
	連歌師	1	1
合計		717	36 （5.0％）

といえよう。では、「畠山牛庵」とはいかなる人物なのか、『水府系纂』の記事によって述べてみよう。

　遠祖畠山基国は、室町幕府を支えた三管領の一員で、河内国に住し、昭高の時、家臣遊佐氏の謀叛にあい、昭高は横死、所領を奪われたが、家臣が昭高の子で幼少の長政を救い、長政は和泉の堺に移り住んだ。長政は成長ののち医を業とし、光安と名を改めた。光安の子光政は医業を継ぎかつ寛永元年（一六二四）京都に出て法橋の称を得、また烏丸大納言《（ママ）》光広に従って古筆の目利きを学び、「古筆ヲ究ム」。

　この光政は寛永年中、医をもって水戸藩初代の徳川頼房（威公。慶長八―寛文元、一六〇三―六一）に仕え、三〇〇石を給され、明暦二年（一六五六）八月二十一日、六八歳で死去。

光政の子義高は、初め伝庵のち牛庵と称し、やはり医を業とするかたわら古筆の目利きを継承し、父の死後は家督を継いでやはり三〇〇石を給され、寛文十一年（一六七一）十二月法橋に叙せられ、元禄六年（一六九三）四月二十七日、六八歳で死去。(13)

牛庵義高は、男子がいなかったので、彦坂重長（徒士頭、足軽頭。二〇〇石）の三男重好を養子とした。重好は、「養父ノ二業ヲ継テ」、はじめ梁庵のち牛庵を襲名、養父死後は本禄のうち一五〇石を給され、享保十二年（一七二七）五月一日、「暇ヲ賜フ」、という。

『水府系纂』によると、畠山家は、光政のあと、義高、重好の二代が「牛庵」と号し、三代とも古筆の目利きすなわち古筆の鑑定に能力を発揮したわけである（三代とも在江戸）。

次には、二代義高、三代重好の古筆鑑定の模様を『大日本史編纂記録』から拾い出し七件掲出してみたい。

（一）まず、元禄二年九月六日付の大串雪瀾宛佐々十竹書簡を示そう。これは『大日本史編纂記録』所収の畠山牛庵についての初出史料である。

今出川様御本之由にて候朗詠集下巻壱冊御越被成堀川因幡衆ゟ之状御越則牛庵ニ為見申候処、後醍醐之筆ニてハ無御座由被申候、則右之朗詠為指上申候、牛庵手紙も相添進申候間、因幡衆迄可被遣候

今出川（菊亭）家本という『和漢朗詠集』の下巻一冊が堀川因幡衆からもたらされ、これを牛庵（義高）に見せたところ、後醍醐天皇の筆にあらずと鑑定されたので、牛庵の手紙を添えて因幡衆まで返却するという。堀川因幡衆から、これが後醍醐天皇の筆跡かどうかの鑑定依頼があったのであろう。

同書簡には、右のあとに、「妙顕寺文書之内ニて花押ハ写取御越被成候、右之花押之事御満足ニ被　思召候段」

云々という文面があって、妙顕寺文書中の花押を蒐集できたことを光圀が喜んでいることを伝えており、実際『花押藪』には「京師妙顕寺蔵」として、妙実の花押がその小伝とともに掲載されている。ちなみに、妙実（号は大覚）は妙顕寺の二世で、関白近衛経忠（乾元元―正平七・文和元、一三〇二―五二）の子息である。

（二）左は、元禄四年十一月十四日付、板垣宗憺宛中村篁渓書簡である。

別紙申入候、古筆四巻指下申候、是ハ一松又之進（史館員、諱は拙忠。号は昔桜。近江の人―引用者）知人之浪人所持仕候、又之進を頼、畠山牛庵へ見セ申度由、牛庵一覧仕候処、殊之外見事成物ニて時代古ク相見へ申候、吟味仕候へハ極り可申物之由ニて候

これは、史館員一松の仲介により、ある浪人所持の「古筆」を牛庵が「殊之外見事成物」と鑑定した結果を通知した書簡である。

（三）元禄五年六月七日付、井上玄桐宛中村篁渓・鵜飼錬斎書簡によれば、佐々十竹が出府のとき持参してきた「自息軒最後之表白集壱冊」は、「古筆ニ御座候間」、牛庵へ見せるよう光圀からの指示があり、鑑定してもらったところ、「大半慈鎮和尚（慈円。『愚管抄』の著者―引用者）之筆ニ而御座候由」、牛庵の「別紙之書付」を添えて届けてきたという。この「別紙之書付」は「折紙」のことであろう。

（四）元禄六年三月二十九日付森儼塾（尚謙）宛の鵜飼・中村書簡には、昨日届いた道元筆という「法華経壱巻」について牛庵に見せたところ「早速札出来候間」、その法華経に添えて返却する、とある。この「札」は、「極札《きわめふだ》」といい、書画、古道具、刀剣などを鑑定し、「折紙」とともに、それが確かなものであることを示す証明書で、短冊形の小札に書き記すのが通例であった。「早速札出来仕候」とあるので、牛庵は真筆と鑑定したのであろう。ところが、二代牛庵義高は、前述のように、この後一ヶ月もたたない四月二十七日、死去した。中村は森宛に、当二十七日

付の書簡で、「畠山牛庵長病之上、昨夜急ニ取詰死去被致候、無雙識鑒之人」だっただけに、まことに残念なこと、と報じている。

確かに二代義高の古筆鑑定の力量は、全国的にもよく知られていたようである。(14)修史事業を継続中の史館員にとっても、義高は古文書鑑定に不可欠の存在として尊重されていたのであろう。

（五）三代重好も、義父のあとを継いで古筆鑑定に尽力した。二代死去後の七月まだ梁庵と称していた重好は、早速鑑定の依頼に応えている。

　先日密蔵院所蔵之手鑑畠山梁庵へ為見申候所、書付いたし参候間、此度差下申候、御うけ取御上可被成候

これは元禄六年七月十六日付、井上宛中村・佐々書簡である。

（六）元禄七年二月朔日付、中村宛佐々書簡には、

　一書致啓上候、先日被遣候墨跡、畠山牛庵ニ見せ申候処、一休之ニせ物にて有之候由申候、東海寺和尚へも遣見せ申候処、是又にせ物之由被申越候、右之趣可被仰上候、墨跡則令返納候、御請取可被成候

とある。この時点では、重好はすでに牛庵を襲名していたことがわかる。

（七）元禄九年七月二日付大串雪瀾宛安積澹泊・中村篁渓書簡では、「頼朝卿筆と申候壱枚」の鑑定を頼まれた牛庵重好が、「贋物」である旨を答えている。

畠山家では、光政以来、古筆鑑定の必要から史上の人物についての花押の蒐集に鋭意努めてきた成果がはからずしも『花押藪』編纂に大いに活用されることになったのであろう。加えて、牛庵と名乗った二代義高、三代重好ともにその特技をもって、安積・佐々ら史館員を助け、修史上にも一役買うことになったわけである。

おわりに

丸山は、『続花押藪』序の中で、

前編すでに行成・佐理の二跡を収む。いまだ道風を得ず。常に三跡の一を欠くことを憾む。（中略）三跡を全うせんと欲して、すなはち道風を得る。けだし精誠の感ずる所、葉公龍を致すの比《たとへ》か。（原漢文）

と述べ、『続編』に三跡の筆頭小野道風の花押を入れることができたことを大層喜んでいる。しかし、荻野氏の指摘する通り、道風の花押は模写しか残っておらず、それは「道」の草体に「風」を続けた形で、丸山の掲出した花押を道風のものとみなすことはできない。また荻野氏によれば、『正編』巻第一に久明親王のものとして「永仁二年十一月二十日」と注する花押は、足利尊氏の父貞氏の花押であるという（二）。

前述のように、皆川氏も「当時の古文書鑑定学の成果を示している」とはいえ、「すべてが信頼できる原本によったとは思われないこと」など、「今日からみれば、不十分なところも目につく」と記していた。

現在の研究水準からみれば、不十分な点のあることは確かに両氏の指摘する通りである。

しかし、一七世紀後半の時期に、いち早く古文書の真贋についての判定には、花押の研究が重要であることに着目し（「花押是文書之左験也」）、これを多数蒐集して一書となし、修史に役立てるだけでなく、これを出版して永く後世に伝えようとした先見性に富む光圀の見識は、前述の出版事業と合わせて高く評価されてよい。のみならず、史館員を含む藩士の助勢を得たとはいえ、耳病に耐えながら三〇年余に及んで正続『花押藪』の編纂に心血を注ぎ、光圀の命に応えた丸山の努力を、陰ながら編纂を支えた畠山牛庵家の存在とともに、忘れてはならないと思う。

註

(1) 第一部第二章参照。

(2) 『花押藪』『続花押藪』の刊行後、新井白石はその著『同文通考』（宝暦十年〈一七六〇〉、新井白蛾序。『新井白石全集』第四所収）の一項に「押字」を設け、『東観余論』『雲谷雑記』など唐・宋の文献を引いて押字の起源を述べ、その後、伊勢貞丈は『同文通考』に影響を受けて『押字考』（安永三年〈一七七四〉）を著した。『押字考』は押字の由来を記したあと、花押の形態を「草名躰」「二合躰」「一字躰」「別用躰」「明朝躰」の五種に分類・整理した点に特色があるが、その例として出された二七例のうち、二三例は『花押藪』（一三例）『続花押藪』（一〇例）からの引用である。他に松崎祐之編『古押譜』（茨城多左衛門版。正徳六年〈一七一六〉刊）からの引用が四例ある。

平成三十年（二〇一八）、瀬野精一郎監修・吉川弘文館編集部編『花押・印章図典』が出版された。同書は、近世以前の一一一二人の花押（計二〇四五点）・印章（計三九三点）を収録し、収載人物の生没年・官職なども併記し、いわば『花押藪』の現代版の体裁となっている。

(3) 京都大学文学研究科所蔵。茨城県立歴史館に写真版があり、閲覧可能。

(4) 水戸徳川家蔵。茨城県立歴史館に写真版があり、閲覧可能。

(5) 『江戸史館雑事記』、元禄十一年「水戸へ発足之衆覚」（四月三日）（『茨城県史料 近世思想編 大日本史編纂記録』所収）。

(6) 前掲註(5)参照。

(7) かつて「水戸藩の出版書・蔵書とその普及についての調査研究」（小圷のり子氏と共同執筆のうち拙稿分。『近世日本の学問・教育と水戸藩Ⅱ』二〇一一年、水戸市所収）の中で、私は『花押藪』正編の刊行をこの書簡を引用して「元禄九年」とした。しかしこの書簡の年時や解釈を誤ったために「元禄九年」としたのであって、この書簡の年時は貞享四年である。『花押藪』正編の刊行は、後述のように元禄五年が正しいので、ここで訂正しておきたい。本書第二部第一章に再録の際は訂正済。

(8) 但野正弘「活堂丸山可澄」（名越時正監修『水戸史学先賢伝』（一九八四年、水戸史学会、錦正社）七八頁。

(9) 市十郎は、額田村庄屋の鈴木市十郎のこと。『西山遺事俚老雑話』（常磐神社・水戸史学会編『徳川光圀関係史料水戸義公伝記逸話集』一九七八年、吉川弘文館所収）には、「額田村鈴木氏市十郎妻万妃之事」と題する一項があり、それには、「額田村之市十郎ハ福有にて、摂陽より綿を直積なとして大売家となりしとそ。義公様西山へ入御之後ハ、弥以府下御往還之御度ひこと、入御被為在し由。御治世の時にや、御隠居の御時にや、まん妃といへる婦人を市十郎か妻に被下、是ハ諸士へ嫁し候より、市十郎か妻となりなは、生涯を楽クに終へなん迚、被下置し由（以下略）」とみえる（二六八頁）。

(10)『続花押藪』に所蔵者の記載が少ないのは、先の近衛家の事例が示すように、年代の近い人物が多いだけに、文書の所蔵者がそれを伏せることを条件に提供する場合が多かったためかもしれない。

(11) 小姓、小十人組などをへて大番頭。五〇〇石（『水府系纂』）。

(12) 進物番から書院番をへて小納戸。史館にあって『近代諸士伝略』を編修（同右）。

(13)『水府系纂』では死去を「二十七日」とするが、後掲の元禄六年四月二十七日付森儼塾宛中村篁渓書簡に「昨夜」とあるので「二十六日」の可能性もあろう。『寛文規式帳』（『茨城県史料 近世政治編Ⅰ』所収）には、「御医師」列記の筆頭に「三百石 畠山牛庵法橋」（六一頁）とみえる。

(14) 村上琴亭・高城弘一監修『古筆鑑定必携』（二〇〇四年、淡交社）には、光政、義高（牛庵）、重好（牛庵）三代の「極札」が写真入りで掲載されている。同書では、初代光政も牛庵と名乗っていたとしているが、上記のごとく『水府系纂』にその記載はない。また「牛庵」を「ぎゅうあん」と読ませているが、荻野氏のように「ごあん」が正しいのではあるまいか。

第三章　『大日本史』の続編計画と『倭史後編』

水戸藩二代藩主の徳川光圀（一六二八―一七〇〇）が編纂を開始し、本邦初の紀伝体を採った『大日本史』（光圀生前には「本朝の史記」「国史」「倭史」などと呼ばれていた。書名の決定は正徳五年〈一七一五〉四月）は、南北朝合一時の北朝の天皇である「後小松天皇紀」（以下「後小松紀」と表記）をもって終期とする。

光圀は、延宝年間（一六七三―八一）から天和元年（一六八一）にかけての、佐々十竹らによる史料採訪の進展によって南朝正統の信念を固めると、一旦は終期を「後小松紀」とする指示を下した。しかし、天和三年十一月の時点では、修史局である彰考館の史臣に「後小松以後についても書き継ぐ心構えを持つように」と命じている。それは、光圀の意向を家臣が書き留めた「御意覚書」同年十一月五日条に「後小松迄ニテ絶筆と兼而被仰出候得共、思召御座候間、後小松以後ノ事ニ而も紀伝ニ入可申所ヲハ、右之通表題朱点可仕候事」と記されていることによって知られる。しかし、右の下命では「後小松以後」とはどこまでなのかその範囲が不明である。

案の定、直ちに翌六日、史臣から「以後」についての「御意」を知りたい旨の意見が出された。このとき、光圀がどのように答えたのかは史料がなくわからないけれども、次の二点からみるとそれは「近代迄」であった、と考えられる。

①寛文十二年（一六七二）、当時四五歳の光圀が自身の意向を史臣田中止丘に書かせた「開彰考館記」に「下官史

記編集の事、（中略）上は神武より下は近世に訖るまで、紀を作り、伝を立て、班馬の遺風に倣い、以て倭史を撰ばしむること茲に年あり」（原漢文）とあること。

②光圀が晩年に近い六八歳の元禄八年（一六九五）十月、京都の遺迎院応空宛書簡に「上古より近代迄の事を本紀列伝に仕、史記の体に編集申度」とみえること。

しかも光圀は、寛文四年三七歳のとき、折から『本朝通鑑』を編纂中の林鵞峯と会談した折、叙述の客観性を保持するためには「筆を百余年以前に留めて可なり」（原漢文）と言い、『本朝通鑑』が後陽成天皇の慶長年間（一五九六―一六一五）までを叙述することにしているのはいかがなものか、と疑義を呈したことがある。とすると、光圀の考える「近代迄」とは、およそ室町幕府の末期あたりまでを想定していたとみてよさそうである。

ところが現実には結局、「後小松紀」までで終えざるを得なかったわけで、そこに『大日本史』の続編計画が提起される理由があった。その計画が持ち上がったのは、光圀没後一〇年目の宝永七年（一七一〇）九月頃からで、その計画が三代綱條により正式に下命されたのは、いわゆる正徳本『大日本史』が完成した直後の正徳五年十二月であった。綱條は下命直後の享保元年（一七一六）一月、志・続編をともに完成させて「義公様御大願全備成就有之度」と、史臣に申し渡した。

ところが、史臣は直ちに「後小松紀」の取り扱いに苦慮しなければならなくなった。光圀が南朝を正統に立てながら、南朝最後の「後亀山天皇紀」をもって終えずに一代だけ北朝の「後小松紀」を立てておいたからである。史臣は協議を重ねた末、続編は、「後小松紀」を巻首（「北朝五主」はその紀首に附載。この方式は光圀の生前、元禄二年頃に決定済）に据え、室町幕府の「足利十三代」（十三代将軍は足利義輝）までの時代を叙述する計画で出発した。しかし、この計画は何ら具体的進展を見ないまま、享保四年以降は休止状態となり、元文年間（一七三六―四一）のはじめ一時彰考館総裁小池桃洞によって続編が再提議されたことはあったが、これも沙汰止みとなった。

後年、史臣藤田幽谷（のち総裁）は、寛政九年（一七九七）に成った著作『修史始末』で、続編計画は正徳本が完成したのを機に、総裁酒泉竹軒・佐治竹暉が彰考館延命のためにめぐらした策謀で、志は光圀の遺志であるから当然としても、続編のごときは両者の「好尚」に出たものにすぎず、その態度は「卑陋甚し」と烈しく批難した。この幽谷の見解は、以後正当なりと評価され、続編計画は両者の策謀との見方が長く行われてきたのである。

しかし、既述のように、光圀自身「近代迄」の叙述を目指していたのであるから、幽谷の見解は公正とは見なし難く、綱條が志とともに続編の編纂を下命したのは、光圀の意中をよく承知していたからにちがいない。続編計画の挫折は、当時の藩財政の困窮や史臣の学力問題などの要因によるものとすべく、その計画自体を両総裁の策謀と断ずることはできない。

そもそも南朝正統の立場を採った光圀が、「後小松紀」を一応の終期と定めておいたのは、その後の歴史を書き継ぐ糸口を与えておきたかったのであろうし、それによって当代まで続く北朝系天皇の正統性を明示できるとする考えを持っていたからではあるまいか。生前、光圀が「北朝五主」を「後小松紀」の紀首に帯書きする方式を認めていたのも、光圀にそうした考えのあったことを裏書きしているように思われる。

享保元年二月、前総裁安積澹泊は、酒泉・佐治両総裁の許へ書簡と共に栗山潜鋒の著作『倭史後編』三巻〈巻一―後小松天皇、巻二―称光天皇、巻三―後花園天皇〈寛正二年（一四六一）六月まで〉。書名は潜鋒自身の命名。執筆の動機は、綱條世子吉孚の慫慂によるという〉を送付した。

澹泊が『倭史後編』を送付した一一年前の宝永二年、当時総裁であった潜鋒は、その時分草稿の出来ていた前記三巻を澹泊に示して批正を請い、澹泊は「熟読玩味」、その完成を促して返却したのであったが、潜鋒はその数ヶ月後に発病、同三年四月、三六歳にして没した。

『倭史後編』は、紀伝体の形式で記され、本文には「参拠」として逐一出典を明記し、「支注」を設け、また計五ヵ所「論賛」に相当する論評を加えたところがある。『大日本史』の体裁に倣った史書といえる。

生前、潜鋒が、同僚の三宅観瀾と討議しつつ苦心しながら執筆していたことを知っていた澹泊は、後嗣も定まらない状況で草稿の散逸するのを惜しみ、故人の親戚筋からこれを入手し、数年篋底に蔵しておいたのであったが、続編の下命を好機として「これ誠に栗子の宿志伸ぶるを得るの秋なり」（原漢文）と考え、両総裁にこれを送付したのである。澹泊は両総裁宛書簡の中で、「その志まさに帝紀は後奈良・正親町朝に至り、将軍は義輝・義昭に至り、以て室町の盛衰を究めんと欲す。而して衍ては後陽成朝に至り、以て信長・秀吉の興廃を叙せんと欲するかは、亦いまだ知るべからざるなり」（同）と述べている。澹泊の言のごとく、潜鋒が、織豊時代まで叙述を及ぼすつもりだったかどうかはともかく、「室町の盛衰」を明らかにすることを意図していたことは右の文面から確実である。

とすると、光圀の、「近代迄」書き継ぎたいと切望していた意中を知る潜鋒は、これを独力で敢行しようとしていたのではあるまいか。病により三本紀の草稿しか成し得ず、その志願は達成できなかったけれども、潜鋒自身が名付けた『倭史後編』という書名自体がその気概を何よりも雄弁に物語っているように思われるのである。

第四章　水戸藩教育史の原点

——儼塾講釈と馬場講釈——

はじめに

水戸藩における士民教育の起源は、二代藩主徳川光圀（一六二八—一七〇〇）の政策の一つとしての学問奨励にあるとみてよい。すなわち、光圀が開始した修史事業の編纂局（彰考館）に参集した儒学者による、家中の士に対しての教育（史館講釈）、その儒学者が藩内馬場村（常陸太田市馬場町）の徳川家別邸（馬場御殿）へ出向いて行った民衆のための教育（馬場講釈）、彰考館員森尚謙が光圀の命を受けて水戸城下大町で行った教育（儼塾講釈）、三代綱條（一六五六—一七一八）の時代、城下八幡小路（のちの田見小路）に造った舜水祠堂（光圀が敬愛してやまなかった明からの亡命学者朱舜水を祀った祠堂）での教育（舜水祠堂講釈）は、光圀の学問奨励あるいはその精神を継承して設けられた事例として、これまでも世に知られる存在であった。

なかでも吉田一徳氏は、昭和四十年発行の大著『大日本史紀伝志表撰者考』（風間書房刊）の中で、「義公光圀と史館学徒の社会教育的活動」と題する一節（第一章第三〇節）を立て、前記の四講釈のそれぞれについて記し、森尚謙についてはまた別に「森尚謙と儼塾に於ける教育」の一節（第一章第一四節）を設け、その経歴・業績・著作などについても、とくに光圀との関係に注意しながら論述している。

したがって、私もこれまで、この四講釈に関してはほぼ吉田氏の著書で尽くされており、それ以上の実態解明は史料的制約から不可能であろうと考えてきた。

しかるにこのたび、改めて『大日本史編纂記録』（原題『往復書案』）[1]を閲覧する機会をもち、そのとき吉田氏の指摘から洩れていて、しかも各講釈の実態を知る上で重要と考えられる史実を数多く見出すことができた。このため、本章では、光圀の、士民への学問奨励について述べたあと、儼塾講釈と馬場講釈の二つを取り上げ、吉田氏による記述の追加と補正を行うこととした。

史館講釈と舜水祠堂講釈については、時に消長はあったにせよ、継続されていき、やがて九代斉昭（一八〇〇―六〇）が開設した水戸・江戸両弘道館の教育へと、直接とはいえないながらつながっていくという面があり、なお調査を含め課題が残っているのに対し、儼塾と馬場二講釈の方は、前者は塾主である森尚謙一代で終り、後者ものちに述べるように光圀の死後あまり時を経ずして廃止されたので、両講釈はこれまでの調査で一区切つけることができた。そこで、以下には水戸藩教育史の源流としてではなく、原点とみなして、それぞれの歩みを述べてみることとしたい。

一　士民教育に対する光圀の念願

光圀が、長崎に滞在していた朱舜水を水戸藩に招聘したのは、藩主就任四年目の寛文五年（一六六五）七月、三八歳のときで、舜水は当時六六歳であった。このころの日本では、中国の学問・文化を尊重する気風が強く、各地の大名が来航した中国人を優遇して迎える実例は多かったので、光圀もその一人といえるが、光圀の舜水招聘の当初の目的は「庠序の師」すなわち「学校の師」とするところにあり、実際光圀は、水戸城下に孔子を祀る聖堂を建てる計画を、同五年三月、すでに林鵞峯に語っていた。(2)

舜水との初対面からほぼ二ヶ月後、就藩中の光圀は、はやくも舜水を水戸へ呼びよせ、つづいてやはりつぎの就藩中の一時期、すなわち同七年から八年にかけての半年間、舜水の水戸滞在が確認できる。いずれも聖堂建設への助言・指導を受けるためではなかったろうか。(3)そして、光圀自身の次の言葉からは、そこを士民教育の拠点ともしたいとする目論見があったように考えられる。

国に学校を設る事、三代の遺法にして王道の本とする所なり、書を講じ道を教へ俗を化し智を開かしむる教これより大なるハなし、今諸侯城下に庀《ソナヘ》設んとするに行《ヲコナハ》れ難きことあり、その家中の諸士各役義番等の勤多し、日を定て会集することあたはず、職務を止て書生のことくに勤よとハ云へからず、たゞ閑官散職の士、隙ある人わつかに集るへきか、国君学好ミて自身講筵に臨ミ学を勧めハ、人こぞりて軍役のやうに学校に馳聚といふとも、一旦の勉強ハ長久に伝がたし、出家は世の勤なき身にてみな一様なるものゆへに叢林に集ることやすし、士は職務ありて一同しがたし、況や有《ル》レ志は少なく、無《キ》レ心は多きをや、これ世の大患なり、唐には民の学才あるものを及第の上にて官位に昇せ、登庸《アゲモチヒ》るにより大に学文盛なり、日本にては及第取《ル》レ士《ヲ》の法行はるべからず、たゞ孔廟を造りて先聖を祭り尊ふことはなりやすし、志あらん諸侯講堂を一両処に造り、儒学をこゝに置き、学好む士あつまれと広く言触て、能勤る人を取立るより外はなし、かの辟廱の制度、科場の作法は甚行はれがたきことなり(4)

兵農分離という独特の社会体制を踏まえ、中国の学校制度や科挙による人材登用の、わが国では行われ難いことを述べつつ、ただ孔子廟を造って儒者を配置し、そこに集う好学の士からの抜擢は可能と光圀は考えていたのであり、孔子廟の建設には格別の思い入れがあったとみられる。

光圀は寛文十年、舜水に本格的な「庠序」のための「学宮図説」を書かせるとともに、この図をもとに三〇分の一の模型まで作らせ、また三年後の延宝元年（一六七三）、四六歳の光圀は就藩に際してまたもや大成殿建設の計画を立て、今回は本腰を入れるつもりで、駒込の藩邸内に仮殿を造り、選抜した家中の士に、舜水に就いて釈奠を学ばせ、このときも小型の模型を拵えさせたという(5)。

しかし、おそらく財政不如意のためであろう、水戸城下に聖堂を建てる計画は結局画餅に帰し、その後も実現をみずに終った。

しかしもとより、士民教育への光圀の熱意が減退したわけではなく、一例をあげれば寛文七年二月四日付の通達には、

一　　　　筒井玄好
　　　　　小川市衛門

右者御家中若キ衆読物仕度衆者両人指南可仕旨被　仰付候

但　学問所立可被下候事(6)

とみえる。『水府系纂』(7)三八巻の「小川市衛門重興」の項には、「寛永年中威公ニ奉仕ス、切符ヲ賜テ小川運送奉行是ヨリ先小役人トナリ百石ヲ賜フ明暦三年大帳、寛文年中下寄合トナリ諸士ノ為ニ儒書ノ講釈ヲ勤ム、十一年辛亥十二月十日死ス」とあって、小川の儒学講釈の事実を伝えている。ただこの記載だけでは講釈の場所が水戸か江戸かはっきりしないが、貞享元年（一六八四）八月二十三日付、水戸在住の「玄与子桐生百介」宛の藩庁通達(8)によれば、桐生玄与は、筒井玄好

の水戸城下の屋敷を譲り受けて住んでいたことがわかるから、寛文七年当時、筒井は水戸に居住しており、[9]したがって前記の通達は水戸城下の「御家中若キ衆」を対象としたものであることが判明する。

この「桐生百介」宛通達には、「玄与義第一講釈等能相勤、諸士ニ学問ヲ進メ、其上医術ヲモ能仕候ニ付」として、桐生玄与が医者であり、講釈も担当して功績のあったことを記し、また「玄与跡屋敷ニ備前守与力山脇重顕被指置講釈為致、御家中之侍衆学問を致候もの之ためニも可被指置と被思食候間（ママ）」云々、という文言も含まれている。

右に引用した二通の達書をみると、寛文年間の水戸城下ではすでに何人かの儒書講釈のできる藩士や医者がいて、家中の有志に教授していたことが知られる。寛文七年二月四日付の前記通達には但書として「学問所立可被下候事」とあったが、藩庁によって「学問所」が建てられたかどうかはわからない。建てられたとしても両人の屋敷内に建つ小規模な施設だったのではあるまいか。筒井から桐生へ、さらに山脇へと屋敷が引き継がれていることは、かれらの屋敷には講釈場として使える施設があったことも考えられる。

一方、この寛文・貞享期、江戸在住の諸士の学問研修については、寛文十二年の春、小石川本邸内に修史事業を推進するため彰考館が建てられたのを機に、ここにその場が設けられたといわれ、藤田幽谷著『修史始末』の同年の項には「毎月六次、別に講筵を設け、士大夫をして来聴せしむ」[10]（原漢文）とみえる。しかし「講筵」の実態については一切不明で、それが明確になるのは一三年後の貞享二年四月朔日付の通達によってである。[11]

この通達によれば、講釈に当たったのは、いずれも彰考館員で、森尚謙、鵜飼権平（後述。号称斎、以下同）、一松又之進（昔桜）、日置新六（花木深処）、大串平五郎（雪瀾）の五人、講釈日は毎月三・七・十三・十七・二十三・二十七日の六度、ただし正月は七日開始で十二月は二十三日まで、講釈時刻は申上刻開始とするが、日の短かい時節は七ツ前より始めるなど臨機に行うこと、講釈日には歩行目付一人と足軽押の者のうちから一両人が詰めて万端世話に当たり、坊主一人、人夫一人も詰めて雑用を勤めさせること、家中の子弟で未出仕の者でも希望すれば聴講できること、又者であっても袴着用の者ならば聴講を許し、その場合講席などは歩行目付の指引きによること、が定められ、以上の件は、老中藤井紋大夫の書付をもって彰考館総裁人見又左衛門（懋斎）へ通知された。そして二日後の三日からいよいよ森尚謙を講師として『大学』の序から講釈が始まることになる。この四月朔日通達内容の具体性からみて、史館講釈の発端は寛文十二年に求められるとしても、それが本格化するのは貞享二年からと考えてよいのではあるまいか。

学問は四民ともにする事なれと、なかんつく士たるもの、むねとつとむへきことそ、代々《ヨヽ》の名将忠臣といはれし人にも、無学によりて過《アヤマチ》ある事、漢家本朝そのためしおほし

とは「西山随筆」の一節であるが、(12)こうした光圀の信念に基づき、士民とりわけ士の学問研修の場の整備がはかられるようになったのであろう。すなわち、江戸では修史局たる彰考館において組織的な諸士への研修が行われるようになったのであるが、水戸城下ではなかなか本格的な「学問所」ができなかった。そこで、かねての懸案であった「庠序」には及ばないながら、「学問所」としての機能を託されたのが前記の儼塾だったのではないか、と思量される。

二　相田信也と森尚謙

儼塾における講釈といえば、光圀の命により当初から森尚謙が塾主に選任されたかのようにこれまでは考えられてきたが、実はそうではなく、森より先に相田信也なる人物が予定されていたのである。では相田信也とはいかなる人物であろうか。

森の著『儼塾集』(13)巻之三には、「水戸の執政に上りて処士相田信也を薦める書」（原漢文、以下同）が収められており、相田を水戸藩に推挙したのはほかならぬ森自身であることが知られる。

その書によれば、相田の祖父内匠は加藤清正に仕えて五千石を領し、朝鮮出兵にも功をあげた武将であったが、父権頭は志を得ずして没したため、相田は貧窮を味わい、各地を遍歴したあと京都に至り、苦学して儒学を松永昌易・伊藤仁斎に、和歌を広沢長好に学んだという。森は相田の交友関係について「交わる所山脇重顕(14)・尚謙等数人、許すに心友を以てす」と述べ、人となりを「権門に接せず、富豪に結ばず、卓犖たる大丈夫と謂ふべし」と讃え、仕官を許すとすれば「面を革めて書生となるは、恐らくは父祖の意に背かん、冀くば武官の列に在りて、経書を議論して、もって清明の化に浴せんと」希望し、相田は佐々介三郎（宗淳、号十竹）と「婣娅の好《ヨシミ》」にある者ゆえ、佐々方へ相田の人物について問い合わせ、推挙の誤りでないことを確かめてほしい、と記してこの一文を結んでいる。

森は摂津高槻の人で、京都において松永昌易に学んだ経歴を有し、相田と同門であり、貞享元年八月、佐々の推薦を受けて水戸藩に出仕（十人扶持）しているので(15)、学力がありながら轗軻不遇のこの「心友」を何とか水戸藩に招きたいと考えたのであろう。

さて、森の推薦を受けた藩庁は、彰考館員を仲介として相田の出仕を実現すべく動き出した。

水戸藩では折から修史事業と併行して幾種類もの書物を編纂中で、その一つに『万葉集』の注釈書（『釈万葉集』）があり、藩庁は相田を万葉担当に充てることとし、この旨を本人に伝達した。ところが相田は「万葉不煆煉《ママ》」と申し立ててきたので、森は万葉手伝いができないのなら、この件は取り止めもやむなし、と考えた。これを聞いた光圀は「不煆煉」とはまずは「謙退」の辞であろうから、先方に出仕の意志があるなら、それを確かめ、彰考館において評議し、藩主綱條の了解を得たうえで雇うことにしてはどうか、と近侍の井上玄桐を介して伝えてきた。そこで板垣宗憺（聊爾）・佐々介三郎・中村新八（顧言、号篁渓）が相談し、「信也事、宗憺ノ手伝ニ罷成御用立可申ニ議定」し、綱條の許可を得ることにした。光圀としては、すでに隠居の身（元禄三年〈一六九〇〉家督を綱條に譲り、翌四年西山御殿に移る）なので、十分の者を雇うことはできないからと、綱條の意向次第で決めるように申し渡したのである。

以上の成り行きは、元禄五年三月二十六日付、板垣・森・佐々・中村宛井上玄桐書簡による。(16)この書簡の年月から推して、先の森の相田を推薦する書は、同年一月か二月頃に書かれたものであろうか。

次の書簡は、同五年五月十一日付、井上宛鵜飼金平（真昌、号錬斎）・中村書簡である。(17)

内々達　高聞候相田信也事、此間殿様へ申上候処、今日紋大夫殿尚謙へ被仰渡候、支度料に於京都銀三十枚被下、罷下候ハヽ、浪人御やとひニて弐拾人扶持被下、尤御目見も可被仰付候、髪ハ束不申、当分今迄之通がつさうニて勤可申候儀ニ被仰付様可有御座候間、早々罷下候様ニ申遣候様ニと之御事御座候、仍之尚謙ゟ信也へ申遣、於委曲は介三郎へも申遣候、此旨御披露ニ可被成候、以上

この書簡によれば、時の老中藤井紋大夫から森へ、相田の支度料として「銀三十枚」が用意された上に、出仕すれば「弐拾人扶持」を与えられることになった旨が伝えられ、相田には早々に江戸へ下るよう要請があったのである。「浪人御やとひ」としてはかなりの優遇というべきであろう。

この要請を受けた相田は、江戸へ下向するのであるが、その時期についてはわからない。ともあれ、相田はかねての手筈どおり彰考館に入って、「不煅煉」と申し立てていた『万葉集』注釈の仕事に当たっていたらしい。その相田に、内々水戸へ赴いて城下で講釈の任務につくよう打診があったのは、四年後の元禄九年の十月頃と考えられる。(18)左に引用するのは、同年十一月七日付、佐々宛安積覚兵衛（澹泊）・中村書簡の書出しの箇所である。

以書付申上候、頃日　御内意御伺被成候通、相田信也事、弥水戸講官ニ御頼可被遊と被　思召、近々被仰渡候筈之所、一分存寄如何様之心底ニ而有之哉も難斗と而、先々信也へ内意申聞存寄をも承候様ニ御老中被　仰聞候ニ付、両人出合内意申聞候

この書簡は長文なので、以下注目すべき箇所のみを原文を引用しながら記すと、およそ次のようである。この期に及んで辞退はしないだろうが、もしそうなっては穏やかならず、腹蔵なく意見があれば申し出るように話すと、相田は意外にも「教授講釈相勤候儀ハ何とも甘心不仕」、「とかく少ニ而も芸能を以御登用ニ被遊候事ニ而は何程之好爵美禄ニ而も」本意ではないので、この度の件は「達而辞退可仕由」申し立てた。安積・中村両人は「数遍論弁開諭教訓仕候へ共、曽而納得不被致候」。やむなく事の次第を老中に伝え、「殿様」（綱條）、「大殿様」（光圀）にも申し上げたところ、「被仰付候而も無詮事」ゆえ、相田の任用は止めることとし、本人にその旨申し渡すことにした。そこでやむなく、「外ニ講官ニ被仰付可然者も有之哉」、なおまた「大殿様」にご意向を伺ってほしいとの「殿様」のご意見なので、その旨お心得願いたい。

相田の辞退の理由として、「芸能を以御登用ニ被遊候事ニ而は何程之好爵美禄ニ而も」不本意と述べたと伝えているのは、先に森が相田の意中を察し、仕官の際は「武官の列に在りて、経書を議論し」たいと述べていたのを想起すると、相田にとって、「水戸講官」は「芸能」をもってする「登用」だったということなのだろうか。

それはともかく、相田の予想外の辞退によって、「水戸講官」の人選はいったん白紙に戻ったかにみえたが、早くもその五日後の、十一月十二日付、中村・安積宛佐々の返書によれば、光圀からその任に森尚謙と宮井道仙（道先とも書く）両人を充てる案が提示された。その書簡の全文を示すと次のようである。(19)

御書付致拝見候、相田信也一件之書中之趣委細大殿様へ申上候所、人々之志は不可奪事ニ候へは信也を講官ニ被

仰付候事ハ御無用ニ被遊、依旧万葉之御用被仰付可然被　思召候、講官之事は、水戸ニは医者も少候間、森尚謙を水戸勝手ニ被仰付、宮井道仙を儒医ニ被仰付、尚謙道仙両人ニ而一月ニ六ケ度之日を定、一人ニ而三日つゝ講釈仕候様ニ被仰付候而可然被　思召候、尚謙事ハ折々ハ西山へも致参上御伽をも仕候様ニと被仰付候は忝可奉存候間、此段をも御伽被仰付可然被　思召候、尚謙ハ元来儒医ニ而為召候者ニ候へハ、講官之事少も辞退ハ仕間敷候、道仙ハ医者一通りニ被召出候へ共、儒医ニ被仰付候事ハ規模ニ而御座候、近古堀正意・人見卜幽なと皆儒医ニ而候、其外不可勝計候、左候へハ道仙為ニハ栄ニ而候間、是も少もいなミ申ましく候、さ候ハヽ、講官被仰付候事は先々御延引可被遊候、当月末肥田十蔵勤番へ罷上候間、十蔵へ委細被仰含候而可被遣候、其之人ニ而被仰付可然被　思召候と之　御意ニ御座候、此段可被仰上候、以上

突然「水戸講官」の指名を受けた森尚謙と宮井道仙はこれを承諾し、当時江戸の彰考館に勤務していた森は水戸へ下ることになる。十二月八日付、佐々・井上宛中村・安積書簡[20]によると、年が明けてから江戸を発つこととし、それまでは従来通り、彰考館員の資格を継続されることになった。

尚謙事、水戸講官ニ被仰付候儀被仰上候所、御喜色ニ被　思召候由、年内余日無之、来春引越申候ニ付、其内ハ史館へやとひ申候儀尤ニ被　思召候由、珍重ニ奉存候

なお、辞退した相田信也は、前記書簡の通り「依旧万葉之御用被仰付」たとみられるが、翌元禄十年十月四日付、伴五百衛門・神代園衛門（鶴洞）・大井宛栗山源介（潜鋒）・中村・安積書簡[21]中には、相田は、「鵲岡」の題で和歌を詠んで差出すようにと綱條から指示されながら「久〳〵病気にて罷在候故出来不申候」とのことで、伴らが「猶又　御意之段申遣候間、出来次第差上げ」る旨の文面がみえる。もっともその二日後の十月六日付、同人宛同人書簡[22]で「鵲岡之歌」が出来、届けるので差上げてほしい、とある。しかし、同年十二月二十三日付、佐々・井上宛栗山・中村・

安積書簡[23]には、次のような文面があり、まもなく京都へ帰ったことを伝えている。

相田信也事、久々相煩、其上京都ニ叔父有之、介抱之人無之由ニて永々御暇被奉願候処、願之通御暇被下置之旨、今朝被　仰出候

先に引用した森の、相田を水戸藩に推薦する一文には「弟妹早く死す、唯叔父善左衛門伏見の郷に住す、信也これに事えて孝謹、常に衣食を頒つ」という文言を見出せる。身寄りのない叔父の面倒をみるために相田は五年ほどで江戸を去ったのである。

三　森尚謙と宮井道仙――塾教育の開始――

元禄九年十一月十二日付の前記書簡の趣旨を受けて、森は十二月朔日、水戸への引越しが命じられた。次はそれを報ずる佐々・井上宛安積・中村書簡[24]である。

以書付申達候、今朝森尚謙御殿へ被為召、備前守被申渡候は、於御国元諸士中為勤学今度水戸へ被遣候間、勝手次第引越、宮井道先申合、毎月六ケ日之講日を相定、三日つゝ致講談、且又学問望之面々へ指南可仕候、依之史館御免被遊候、勿論病家療治之儀は只今迄之通ニいたし、西山へも時々参上、御伽いたし候様ニと被　仰出候、結構なる上意寔以尚謙身ニ取別而難有仕合ニ奉存候事ニ御座候

森は、かつて元禄四年十一月と同六年三月にも水戸の地を踏むことがあったが[25]、同十年二月には「水戸講官」の任務につくべく水戸へ到着し、同月九日、折から村松村（東海村）に滞在中の光圀を訪ね、対面を果したあと[26]、田中内村（日立市）の大内勘衛門家経由で、西山の山荘（西山御殿）まで同道を許されている[27]。

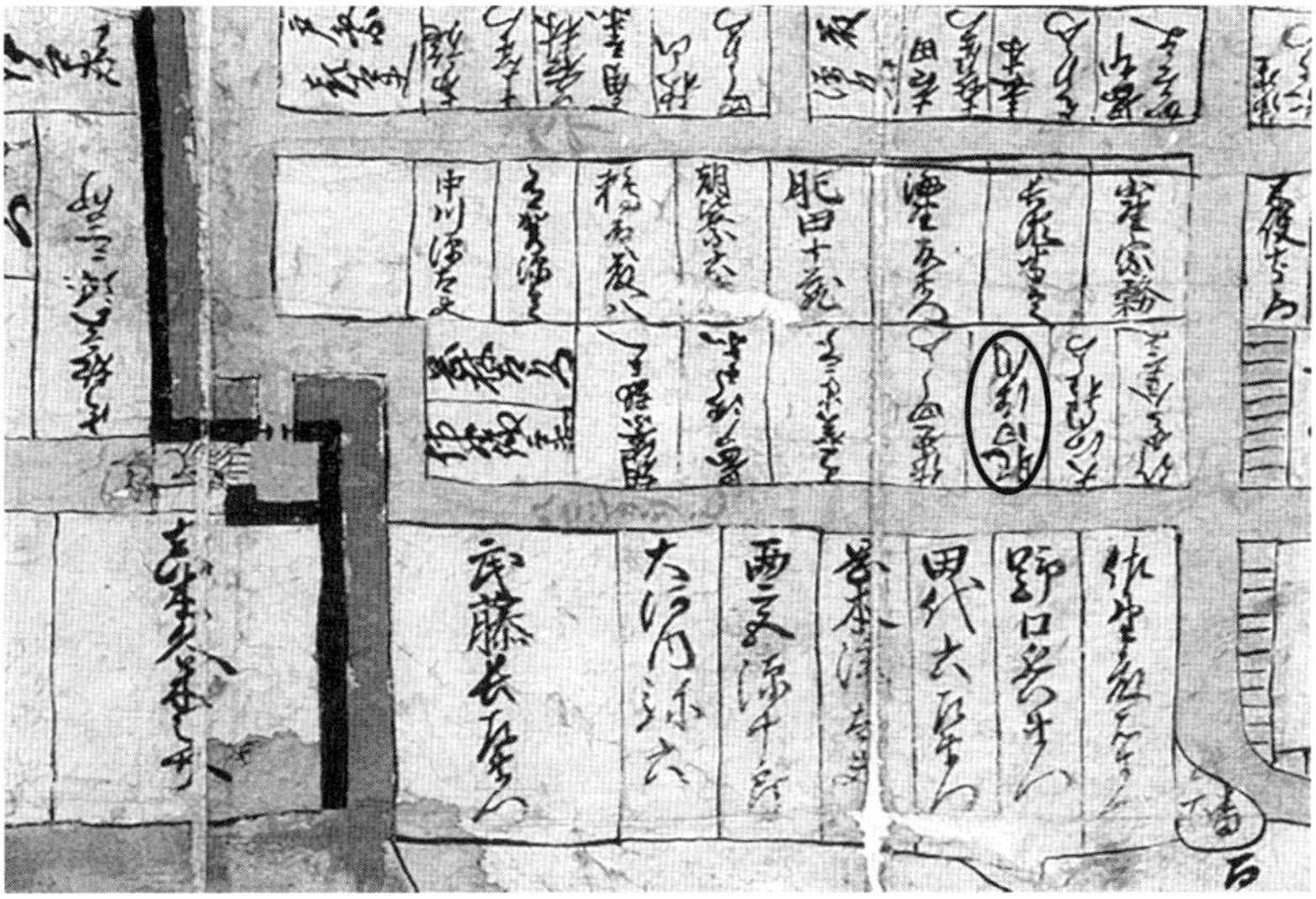

図20　「水戸絵図（水戸城下図）」より肥田源内屋敷部分（茨城県立図書館所蔵〈茨城県立歴史館保管〉）。年代的には天和・貞享年間（1681〜88）頃の水戸城下図と推定される。

森は、城西大町の肥田源内（行正、十大夫）の跡屋敷を与えられ[28]、そこで閏二月から講釈を開始した。予定通り一ヶ月三度の割で、初回の出席者は四五、六人である。

> 御講談は一ケ月ニ三度にて御座候間、前一日ハ御心静ニ下見被成候由、御尤ニ存候、聴衆も四十五、六人御出、講堂も押付落成可致様子ニ御座候由、珍重ニ存候

右は閏二月二十八日付、森宛栗山・中村・安積書簡[29]である。この時にはまだ講堂は出来ていなかったため自宅での講釈となった。この書簡では教材として何を講じたのかはわからないが、四月二十九日付、森宛栗山・中村書簡[30]では、

> 講堂畳迄出来、毎度御講習無懈怠大学ハ御講了、任所望中庸御講被成候由、聴衆も多御座候段珍重奉存候、御序ニ　御高聞可申候

とあるので、最初は『大学』を講じ、つぎに聴衆の所望により『中庸』に移ったことがわかる。また同書簡中には、「番頭衆講談所望之段達　尊聴、御喜色之段申進候

処、各々も別而大慶候段御尤ニ存候」という文面がみえ、聴衆には番頭衆も加わっていて光圀を喜ばせたというが、それはともかく「各々も別而大慶」という「各々」とは森と宮井両人を指しているのではあるまいか。すなわち、森とともに一ヶ月六度のうち三回を分担することになっていた宮井もやはり城下の自宅（場所は不詳）で講釈を行っていたと考えられるからである。

ところが、吉田氏は『宮井家記録』『文苑雑纂』などの記述をもとに「道先がやめて、尚謙がその後をうけたと解すべきである。講釈は月六回ではなく、三回が正しい。[31]」とする。吉田氏の論拠は次の三点すなわち、（一）「『宮井家記録』では元禄七年から九年まで教授したと確認される」こと、（二）『文苑雑纂』によれば、「同年（元禄十年―引用者）九月八日西山荘で山中紅葉と題して詩会を開き、公（光圀―同前）は道先に餞の詩を送っている」こと、および（三）宝永元年四月五日に森が書いた「儼塾講式」に「毎月二日・十二日・二十二日を定めて講日となす、もし風雨雪なれば則ち三日を期す、いまだ晴れざれば五日を期す、中下旬は此制に準ず[32]」（原漢文）とあること、である。

このうち、（一）の家蔵らしい『宮井家記録』を私は見ることができないのでここではひとまずペンディングとし、（二）の、光圀の餞の詩については確かに「宮井道仙江府へ之く、故に此に及ぶ」（原漢文）とする付記があり[33]、同十年十二月朔日付、井上宛栗山・中村・安積書簡でも[34]、当時宮井は江戸に滞在していたと認められる。しかし、同十二年五月八日付、中村宛安積書簡では[35]、当時、水戸の彰考館員関宇之助を宮井が治療しており、同年十一月十日付、「御奉行衆より申来候控[36]」には、

御廟其外所々ニての祝文之儀、各御仲ヶ間四人ニ而代ル〳〵相勤可申由、若各指合候節ハ安藤杢之進・森尚謙・宮井道先右之衆中相勤可申旨被　仰出候由、従江戸申来候

とある。同十四年八月、宮井は水戸の彰考館員三宅観瀾（九十郎）の治療にも当たっている[37]。

これらの史料からみると、宮井はおそくとも元禄十二年四月末頃までには水戸に戻っていたと確認できる。(三)の、宝永元年の「講式」中に森が講日を月に三回と記していることについては、今いくつか挙げた理由から、残る三回はなお宮井が担当していたと考える方が穏当である。

次の、元禄十年八月二十一日付、森・宮井宛名栗山・中村・安積書簡(38)は、森と宮井がその時点までは、すなわち講釈開始後約半年間は、三回ずつ分け合って講釈を行っていたことを明示している。

洪武正韻編輯之儀、御両位へも分配可申由、先頃於西山覚兵衛申談候、其節倉卒不及多議被成御□□候へ共、例月講談三ケ日之外古文三躰詩被成講釈、公務倍加之外御両位共ニ病用繁多御閑暇無之候□編集難儀ニ被　思召候、品多御勤候而ハ唯今□□御勤ニも自然と疎略ニ罷成候而ハ如何ニ御座候間、達而御辞退被成度由、委細□□其事御尤ニ御座候

当時彰考館では、光圀の命を受けて『洪武正韻』(一六巻。明の洪武年中、楽韶鳳らが洪武帝の命を奉じて撰)を再編集して出版する計画が進行中で、この書簡には、その作業を森と宮井にも一部分担してもらいたいと安積澹泊が申し入れたのに対し、両人は定例の月三回の講釈のほかに『古文三躰詩』の講釈も加わって公務倍加の状態にあり、しかも治療にも多くの時間を割かねばならず、これまでの勤務にも支障をきたすので、作業分担の件は辞退したい、と申し出たのである。その後の文面は、両人の辞退希望は高聴に達しおくよう願い出たいというもので、これ以降当該書物の出版に関する書簡に両人の名が現れないので、おそらくその要望は叶えられたのであろう(39)。

いずれにせよ、吉田氏が述べるように「道先がやめて、尚謙がその後をうけた」のでないことは、『宮井家記録』を除外しても論証できたと考える。

さて、森の講釈に戻ると、先に元禄十年四月二十九日付の書簡を引き、自邸の敷地内に設けられた講堂に畳が敷か

れて塾が完成したことを記しておいたが、次の（一）はその一ヶ月前の三月の十四日付、森宛栗山・中村・安積書簡[40]、（二）は同月二十三日付、森宛栗山・中村・安積書簡[41]である。

（一）講堂御普請も出来申候ニ付、記文御著述被成候由ニ而、御草稿被遣、何も打寄致拝見候処、典雅之文字別而珍重ニ存候、何之存寄も無御座候間、則返進申候、塾名主静と御極可被成欤之由、先日源介（栗山—引用者）方ゟ存寄之段申進候書状も相達御披見被成候へ共、御伺被成候儀は事躰如何可有之哉と先御扣被成候、重而御序御座候ハヽ、御伺候様ニも可被成由、御紙面得其意申候

（二）以書付申達候、講堂落成、聴衆も有之候段達殿様　高聞候処、御喜色之御事ニ御座候

森は、三月の塾舎完成にともなって文面に「記文」といわれている、おそらく塾教育の基本理念を記した草稿を書き、しかも塾名を「主静」とすることとし、かつての同僚である栗山らにこれらを報じたのである。「主静」とは、雑念を去り心を平静に保つことをいい、宋代の儒学者周濂渓らが首唱した修養法を称する。（一）の書簡のその後の文面によれば、森の報知に対して栗山らは、「記文をも御撰、名をも御付被成候上ニ而被　仰上候てハ、御伺とハ相見申間敷候」と、「記文」・塾名とも決定する前に光圀の意向を伺うべきことを伝えるとともに、この件は佐々や井上とも相談してみるほうがよろしかろう、と忠告している。

四　森の人格と儼塾の教育

栗山らの忠告を聞き入れたかどうかはわからないが、それからまもなくの四月、森は、偶々朱舜水の手書「儼若思」の三大字を求め得、このことを光圀に申し上げたところ、これを塾名とし、常には略して「儼塾」と称せよ、と

命ぜられた。左はこの知らせを受けた中村・栗山が森へ返信した書簡（五月二日付）[42]である。

其許御講釈場、儼若思之三大字、舜水筆御求得被成候ニ付、大君へ被仰上候所、則塾之名ニ□御命被下候由、常ニハ略而儼塾ト唱申候様ニとの　御意之趣珍重至極奉存候、弥儒風ヲ御振起可被成候、殿様へも陪時之序可申上候

「儼若思」（儼として思うがごとくせよ）は、『礼記』巻第一、曲礼上第一にある字句で、「儼」は儼かで、いかめしいさまをいい、容貌は重々しく思索にふけっているごとくせよ、という意味。

こうして塾名は、森が当初考えていた「主静」ではなく「儼塾」と決定したのである。中村・栗山両人はつづいて六日付の書簡[43]を森に送り、「講習無暇学文はやり申候由、珍重御事ニ御座候、弥可被成御精勤候」と述べているから、儼塾教育はまず順調に滑り出したといえよう。

塾名とはならなかったとしても、「主静」が森の教育の主柱となったことは、儼塾教育を回想しつつ、のちに記したと考えられる「儼塾記」[44]に、「是に於て衆を導くに静を主とすることを以てす、周子の語に本づく、壁に掲ぐるに朱子学規を以てし、己が為の学を広めんと欲する也」（原漢文、以下同）と述べていることにより明らかである。「朱子学規」とは、「白鹿洞書院学規」のことで、朱子は唐初に設けられた白鹿洞書院が宋代には全く荒廃していたのを歎き、これを再興するとともに、淳熙六年（一一七九）、ここに「学規」を立て、諸生のために講筵を開いたのである。この「学規」は朱子学の要点が端的に表明されているので、のちにはわが国の藩校にも用いられることがあった。要するに、森は、宋学の祖といわれる周濂渓から朱子へとつながる宋代儒学の精神を体し、「為己の学」（自分自身を向上させるための学問）を基軸とした道徳主義教育に努めたのであり、儼塾教育の目標とするところは、「儼塾記」の先の引用につづく次のような文章によっても確かめられる。いささか長文になるけれども、儼塾のたたずまいも知るこ

とができる箇所を含めて引用しておく。

高燥水乏しきを以て、乃ち命じて井を鑿たしむ、再旬にして功畢る、（中略）宅中に射場有り、是れ弓隊の長肥田行正の嘗て造る所、僕射ること能わずと雖も、敢てこれを廃せず、我公武を備ふるの実を存し、士人精練の志を励さんと欲して也、而して堂の前後は樹竹叢茂、花卉敷榮、敢てその枝柯を剪らず、それ詞藻は末伎たりと雖も、而も文士をして興を感じ詠嘆して、性情を叙暢せしめんと欲して也、都て冀くば講習討論の功に因りて、古の所謂善を明らかにし、身を修るの方、家を斉へ邦を治るの本を知り、克く孝に克く弟に、克く忠に克く信に、而して延ては凡そ百の有司の儀節、弓馬剣槍の術芸に覃《オヨフ》まで、皆帰趣道に合い、共に善治を裨益せんことを

朱子においては、「身正しければ、則ち家斉い国治まりて天下平なり」というように、個人の道徳的修養さえ完成すれば、その徳化は四方に行きわたり、国は治まって天下に平和が達成されるというのが基本的主張であって[45]、森も、そのための「為己の学」を『大学』や『中庸』を通して諸士に教えようとしたのである。また右の文章から、もとの肥田源内（行正）の屋敷地であった儼塾には、弓術訓練のための射場があったこと、屋敷内の竹・樹木・花卉を聴衆の情操を豊かにするためにあえて剪らず残しておいたこと、などを知ることができる。

教育者としての森は、なかなか厳格だったらしく、『耆旧得聞』には、

一年如何シタリシヤ、生徒皆引去レリ、此事イカ、アルヘシヤト上言セシニ、義公（光圀の謚号―引用者）講堂ノ柱ヲ相手ニシテ講習セヨト仰アリシニ、生徒又旧ノ如ク集リケルトナリ、其弟子ヲ待ツ事極メテ厳ニシテ、一文ヲ著スニモ是文誰某ハ見ルヘシ、誰某ハ未タ其域ニ至ラス、示スヘカラスナト云ヘシトナリ（長洲・翠軒二先生話）

とするエピソードが記されている。しかし厳格一方だったともいえないようで、同書はまた、

尚謙屢上書シテ時事ヲ論セリ、然レトモ皆其稿ヲ災シ故ニ人知ルモノナシ、僅ニ一紙残破シテ其家ニアリシニハ、人ヲ用ヒラル、事全材ハナキモノナル故、一芸一能アルモノヲ其芸能ニ従テ用ヒタマヘ、其備ハラン事ヲ責ラルマシト論セシナリ（荷見慎話ス、慎ハ尚謙ノ後森杏庵ノ第二子ナリ）(46)

と、門生の長所を伸ばす教育に意を用いていたとも伝えている。

他方で、森が時事に強い関心を抱いていたことは、五四歳のときに書いた「自序伝」(47)に「恒の心は治世安民の間に在り、好んで諫言を聞き、益友に会んことを求む、動もすれば時宜を論ず、蓋しこれ我が癖なり」（原漢文、以下同）とあることによって知られる。やはり『耆旧得聞』に、宝永年間（一七〇七〜一〇）の藩政改革の際、その推進者であった松波勘十郎を弾劾すべく藩主綱條に拝謁しようとして松戸駅まで行ったところ、佐々木九郎左衛門なる者の江戸から帰るのに遇い、佐々木が松波の奸事を言上、その言が行われるはず、と聞いて諫争を思いとどまり帰水した、とする話がある。

このようにみると、森は教育者として厳格だったばかりでなく、自身も剛直な性格だったように思われる。しかし、「自序伝」に、「蒲柳の質、豈後栄を計らんや」とみえるので、体質的には生来虚弱の方らしく、また、「尚謙病劇き時、先妣、伊勢の両宮及び多賀の神に祷て身之に代んことを求」(48)めた、という記述もある。次に示すのは、塾開設三年九ヶ月後の元禄十三年十一月十八日付、安積宛栗山・中村書簡である。

森尚謙講釈病用にて欠座之由、加藤宗伯名代相勤候筈ニ被　仰出候由、御奉行衆ゟ此方へも被仰渡候、是ハ内々尚謙願被申上如此相済候由、宗伯講釈被相勤候得ハ、史館欠ニ成申候故、此方ニハ好不申儀御座候へ共、尚謙方ゟ之申立ケ様相済申候

体調を崩し、森が講釈に出られなかったこの時期、水戸の彰考館員の加藤宗伯（宗博とも書く。森の娘婿）が代講に

立ったのであるが、加藤が抜けることになると館員の勤務負担がふえるので彰考館としては困ると考えながらも、結局森の願い通りに代講が認められたという。森としては講釈を休むわけにはいかないという責任感があって、代講を申請し、藩庁もこれを諒としたわけである。

その後の儼塾における講釈の模様をうかがえる書簡はないけれども、ただ一つ森が宝永三年十一月三日、中御殿（もと三木之次の屋敷のあったところで光圀生誕の地。当時徳川家の別邸になっていた）において、『大学』の講釈を行ったことを伝える、同年十一月六日付、中村宛安積・酒泉書簡(49)が残されている。

去三日於中御殿御座間、尚謙へ大学講釈被　仰付、御目六を以白銀被下置、一段之首尾ニ而御座候、其節拙者共両人とも被為召相詰、講談以後御料理頂戴いたし難有仕合奉存候、尚謙へ御慰労之儀、御家中講談聴衆之響ニも可相成一入珍重奉存候

この度の森への慰労について、安積・酒泉両人が「御家中講談聴衆之響ニも可相成」と述べていることから、日頃、孜々として講釈に励んできた森の姿を想察することもできるのではあるまいか。

なお、その三年後の同六年十一月十九日付、森・宮井宛の藩庁通達(50)は次のような文面である。

御医師中子共、家業ヲ継不申候得は家督御沙汰ニ及申間敷由、先年被　仰出候、然とも家業相続不仕面々及難義候条、弥致指南精出し候様ニ可仕候、若左も無之候へ共、親も助次第夫々ニ被召仕様も有之　思召ニ有之間、右為心得内意申聞置候様ニと被　仰出者也

森・宮井は病人の治療だけでなく、医者子弟の教育にも力を尽くしていたのである。

ともあれ、森がいつまで講席に立てたのかは分明ではない。しかし「自序伝」に「尚謙平居塾に在りて経を講じ、史を談じて自ら楽しむ」とあるように、身体が許すかぎりは講釈をつづけたにちがいない。致仕したのは享保二年

（一七一七）七月三日、死去したのは同六年三月十三日である。享年六九。[51]

五　馬場講釈始末

儼塾における森の講釈が家中の士を対象としていたのに対し、馬場講釈のそれは一般の民衆である。光圀の隠居所（西山御殿）近くの馬場御殿[52]に講釈場を設けた理由は、光圀が新宿村に御殿を構えたのと同様、かつて佐竹氏本貫の地であったこの地方の農民への政治的配慮もあったのであろう。農民に儒学の精神を植えつけることによって、当代の社会秩序の中へ組み込んでいこうとする意図が働いていたと察せられるのである。

ところで、馬場講釈のことは、光圀死去の翌年すなわち元禄十四年に安積澹泊ら四人の学者により編纂され、その正伝と称される『義公行実』に、「（元禄—引用者）十年丁丑、十月、命じて書を久慈郡馬場村に講じ、小民をして嚮ふ所を知らしむ」（原漢文）とみえ[53]、やはり同年、家臣三木之幹ら三人の編んだ『桃源遺事』にも

> 同（元禄—同前）十丁丑（年脱カ）十月より久慈郡馬場村にて儒臣に経書の講釈を被仰付候。民共のをしへの為にと覚し召候

と記されている[54]。両書の性格[55]からして、またその編纂時からわずか数年前の出来事ゆえ、これまで馬場講釈が元禄十年十月の開始であることは誰も疑わなかったのではあるまいか。例えば江戸時代後期の高野昌碩著『芻蕘録』、石川慎斎編『水戸紀年』などがこの年月を採っており、吉田氏も前掲書四八三頁に『義公行実』を引用している。

しかるに、その開始年月は意外にもともに誤伝というべく、正確には元禄十一年十二月である。以下、『大日本史編纂記録』所収の書簡・通達をおおむね年月順に検討していきたい。

馬場講釈に関する最初の記録は「(元禄十一年)十月十五日」の日付をもつ次の通達(56)である。

　馬場御殿輪講人数
鵜飼権平　青野源左衛門
酒泉彦左衛門　名越平蔵
鵜飼文平　松浦新之亟
多湖源三郎　大井彦助
日置新六
以下新加
　加藤宗伯　清水与三郎
　神代園衛門　安西又右衛門
　大原平八
右十四人(57)一月三度つヽ順々講釈可相勤候、先孟子ヲ講し(58)、間々ニ古文三躰詩なとをも講可申候、講釈相勤候已後ハ西山御殿へも致参上、御伽候様ニと被　仰出候
一、石井弥五兵衛儀ハ年老候間、輪講御免被遊候、新八・覚兵衛・源助三人ハ相残罷在、何もへ指図をも致候ためニて候間、御除被遊候由御意也

この通達によって、馬場講釈の講師は従来鵜飼権平ら九人が予定されていたのに、光圀の意向を受け、十月十五日の時点でさらに五人増やし、計一四人となったこと、教材は『孟子』(あるいは『大学』)から始めること、講釈人は講釈を勤めたあと西山御殿に参上、光圀の話相手をすべきこと、などが決まった。

ついで、十一月に入ると、光圀が自筆の「別紙」と書付をもって、「十二月五日」が吉日なのでこの日を講釈初日としたいこと、教材は『孟子』をと考えていたが最初は『大学』からとし、つぎに『孟子』へ移るべきこと、来月五日開場でよいならば太田村近辺の諸処に「札」を立て人々に周知させたいこと、の三点につき自身の意向を改めて伝え、井上玄桐を通し、安積澹泊・中村篁渓（顧言）の返答を求めた（十一月十一日付、安積・中村宛井上書簡(59)）。

右の、吉日であることを記した「別紙(60)」とは、左のような内容で、光圀がいかに開講日にこだわりかつ講釈に大きな期待を抱いていたかを察することができる。

> 十二月五日乙巳小寒
> 午刻　大明日　月徳合日　母倉日　天福日　五穀成就日
> 万徳日　天地和合日　玉堂日　地和日　保日

安積・中村両人に異存のあろうはずはなく、この時点で十二月五日の開講が決定する。

さて、十一月十三日付、井上宛中村・安積書簡(61)によれば、「札」を諸処に立てる件で、井上からその案文が届き、拝見し問題はないものの、さらに老中伊藤七内・筧助大夫両人にも存寄りがあれば伺いたいとしたところ、両人とももっともの由。つづいて同十五日付同人宛同人書簡(62)では、

> 講釈之儀ニ付、札ニ被為立候事、御老中衆へ申達候趣申上候処、達　高聞、御喜色ニて相済候由、来十七日、太田市にて人集り候間、札立候様ニと被　仰出、且又御殿の普請も出来用意共被　仰付候旨珍重奉存候

とみえ、光圀がここでもこまごまと指示を与えていたさまが読みとれる。

二十一日には、安積が中村に長文の書簡(63)を呈し、今朝郡奉行鷲尾角之允が私宅へ来て、十二月五日の開始にあたっ

ての心配事について種々相談されたという内容を具体的に記している。その大要を述べれば、茶・煙草などの準備をどうするか、講釈人は日帰りなのか逗留するのか、聴衆は何らかの方法で制限するのかどうか、志ある者は誰でも聴講させる方針と見受けるが、制限しないとすると大勢来聴者があった場合混雑して不行儀なども心配されるので手代一人を付けるべきか、講釈人の居所については御殿中の長屋を用意するのか、そこには所帯道具や炭・薪なども一応整えてあるが、御殿内では火の元など心配なら近所の民家を常宿にしてもよいのではないか、などである。これに対し安積は、「掃除等茶烟草以下取扱申候ニ人足も無之而ハ罷成間敷候、講釈人左様之雑事ニ心を用申候而ハ不罷成儀ニ御座候、何事ニも構不申相勤候様ニ宜御目論可有之候、此趣ハ内々御老中へも申達有之候」とし、「其元ニて相済候儀ともハ直ニ可被仰含候、此方にて御奉行衆へ申出候儀も御座候は是又可被仰越候」、と答えた。

二十九日付、井上宛中村書簡(64)では、「五日ハ愈鵜飼権平被相務候筈ニ御座候」と書き出し、鵜飼の着る「深衣幅巾」と「緇布冠」(65)とは井上から鵜飼へ渡す手筈であること、安積は一昨日から光圀が滞在中の湊御殿（賓賓閣）へ赴いたことを伝え、光圀は当日までに御殿に戻るのかどうか、戻らない場合でもかねての申し合せの通り鵜飼と相談のうえ勤めてよいと思う、と報じている。翌晦日付、やはり井上宛中村書簡(66)では、聴衆の装束は「厳重ニてハさハり申候儀多御座候」こと、四日には鵜飼が井上方へ罷越す予定であること、しかし「講官衆居所、御ふち等之儀」について奉行衆へも申し出、相談しているところだがまだ決っていないようであること、などを申し送っている。関係者は直前まで何かと気を揉んでいた状況がうかがえる。

いよいよ光圀の指示通り、十二月五日から講釈が開始されることになる。左は、二日前の三日付、栗山宛中村書簡(67)である。

馬場御殿講釈弥明後五日始り候筈ニて、権平明日ゟ馬場へ被罷越候、深衣幅巾にて開巻、儒教勃興御意珍重奉存

候

初日の講釈担当を命ぜられた権平は、鵜飼真泰の通称で、京都の出身。号は称斎。兄真昌（通称は金平、号は錬斎）とともに水戸藩に仕え、兄弟で修史事業に鞅掌し、大きな功績を残した人物である。

それでは、初日の講釈はどのような模様だったのか、そして聴衆は何人ほど参集したのか、これらについては六日、やはり中村が栗山に宛てた書簡(68)に具体的に記されているので長文をいとわず引用してみたい。

昨五日馬場御殿講釈始り申候、鵜飼権平相務申候、兼々ゟ被　仰付置御玄関ニ講座ヲ高ク構、前ニ高机有之、机ニ赤キ浅黄と両色にて唐流ニ卓幃ヲ敷、香爐ニ線香ヲ立申候、権平深衣幅巾ヲ着、厳重之躰にて其座へ登り講申候由、聴衆大勢御座候、名相知候程之者ハ弐百余程も有之由、其外夥敷人数ニて御玄関之庭ニ満、御門際迄も群集仕候由、内々　御意にて聖語ゟ初候事可然被　思召候間、子程子曰ヲも止、大学之道ト申候ゟ発端仕候様にとの儀にて三綱領□　□註迄講申候、殊外□候而開舎□　□ヶ様之儀終ニ無之儀皆々大ニ悦、致聴聞候由ニ御座候、

聖教之広ク及申候段恭賀之至ニ奉存候

右之趣御序ニ可被　高聞候、覚兵衛儀ハ未湊ニ相詰罷有候間、拙子方ゟ如此御座候、以上

鵜飼が中国式の礼装で、厳粛に『大学』首章の語、「大学の道は、明徳を明らかにするに在り、民に親しむに在り、至善に止るに在り」（原漢文、以下同）という、いわゆる三綱領を講釈し、その註の箇所すなわち「明徳を明らかにするは其の至徳を顕明にするを謂ふなり、止は猶お自処のごときなり、事の宜を得るを謂ふなり」まで説き及んだわけである。この冒頭の一節の次には、格物・致知・誠意・正心・修身・斉家・治国・平天下という、一般に八条目と呼びならわされている文章がつづく。

この三綱領と八条目は、朱子が『大学』の教えの根幹として重視したところで、前者が学問の究極の目的を示した

ものとすれば、後者はそれへ至る修業過程を段階的に述べているといえる[69]。初回の講釈では註の箇所までで八条目には説き及ばなかったわけであるが、「名相知候程之者ハ弐百人程」、そのほか「夥敷人数」が参集したとのことであるから、初回としては上々の首尾であった[70]。

中村は、先に引用した栗山宛の書簡を認めた同六日、西山御殿近くの井上と在湊の安積にもそれぞれ書簡を送り[71]、初回の成功を喜ぶとともに早速江戸へもこれを伝えている。当時湊に逗留していた光圀は、安積から講釈の模様を聞いたはずであるが、「馬場御殿講釈之書付被入　御覧　御喜色之御事ニ御座候」（十二月十七日付、栗山宛中村書簡[72]）との文面からすると、別に「書付」によってもその成功を知ったのである。

第二回、十五日の講釈担当者は青野源左衛門（叔元。号は栗居）で、この日の聴衆は一八九人である[73]。

年が明けた元禄十二年正月十五日以降は馬場御殿ではなく馬場金剛院の古客殿に場所を移して行われることになった[74]。講師は酒泉彦左衛門（のち彦大夫。弘。号は竹軒）。会場移転の理由は不明であるが、御殿の混雑を避けるためであろうか。その酒泉が光圀の供として南領の旅館に滞在中、弟の新介なる者が正月二十七日水戸で自殺を企てた。この時一命は取り止めたものの（ただし三月十九日死亡）、この不始末の責任をとるつもりで、酒泉は「遠慮」を申し出たが、それには及ばず、これまでどおりで支障なしとの命が出て、その後も史館勤務と講釈を続けることができた[75]。

つぎの正月二十五日には名越平蔵（正通）が担当し、聴衆は二四〇人余（正月二十六日付、井上宛中村・安積書簡[76]）。二月五日は鵜飼文平（千之、真昌の養嗣子）の担当で、この時は一九〇人程が参集した（二月八日付、井上宛中村・安積書簡[77]）。

その後、二月十五日には松浦新之充（守約、号は霞池）、二十五日には多湖源三郎（直、号は岐陽）、三月五日には日置新六（新、号は花木深処）、四月五日は神代園衛門（壽、号は鶴洞）がそれぞれ勤め、四月十五日は太田村稲荷祭礼につき二十五日に日延べ、十五日担当が振替えとなった(78)。

これまでは、初回の鵜飼権平以来『大学』を教材として講じていたのであるが、五月で『大学』が済んだことを光圀に伝えると、次は予定通り『孟子』を使用するよう命ぜられた。次はそれを伝える五月二十一日付、栗山宛安積書簡(79)である。

馬場講釈今一座にて大学相済申候ニ付、其段申上、次之書相伺申候所、孟子可然被　思召之由被　仰出候、大学序文之儀も相伺申候所、講候事無用ニ為致候様ニと　御意御座候、於此元講番衆へ右之趣申談候へとも御あいさつ為御心得申進置、権兄へも此段可被仰伝候

『孟子』を教材とした講釈の初回は六月五日で、担当は名越平蔵。その後『史館雑事記』によれば、七月五日に多湖源三郎、八月五日は三宅九十郎（号観瀾）がはじめて担当、八月十五日には神代園衛門が務めている。

しかし、この時期になると開設当初の熱気はかなり冷え込んできていたようで、十月十四日付、酒泉宛中村・栗山・安積書簡(80)には次のような文面がみえる。

馬場之講釈之儀被仰遣候、当月五日、宗伯（加藤宗伯─引用者）講番被相勤候、聴衆三十二、三人有之候、明日ハ権平被相勤候、不相替聴衆有之珍重存候

右の、『史館雑事記』と書簡によれば、十日ごとの講日は一応守られているように察せられ、前記『史館雑事記』の七、八月には記載洩れがあるのであろう。それにしても聴衆が「三十二、三人」とは急激な減少である。その後も講釈が継続していたことは、元禄十三年五月十五日付、酒泉宛安積書簡(81)に、担当者は誰かと尋ねていることや、同年十一月十二日付井上宛栗山・酒泉書簡(82)に、十五日は青野が担当なので、前日には参上のはず、と報じていることによって確かめられる。

この二十四日後の十二月六日、光圀は御殿において七三年の生涯を閉じたので、そのためか、二ヶ月ほど講釈は実施されなかったらしく、翌十四年二月五日になって開かれた(83)。光圀の死後も講釈の行われていたことは次に引用する書簡から推察できるが、具体的な記録はなく、開催日や講釈人などについてはわからない。

ところが、元禄十五年二月二十四日付、安積宛栗田・中村書簡(84)によると、講釈は突如取り止めることになったのである。

馬場講釈之儀向後先々相止可申、重而時節を以又々被　仰出候、委細婉曲之趣奉畏、則輪講之衆へ申談候、尤御奉行衆へも参り候而御別紙之書付見セ申候、平蔵儀明日之講釈ニ罷越候支度いたし候ヲ早速とめ申候而明廿五日之講釈ゟ相止申候、御奉行衆御代官衆へも早速御奉行衆ゟ御通達有之候由ニ御座候

名越平蔵が明日の担当者として馬場村へ赴くため支度中だったところを止めたのであるから、まことに突然の事態で、安積が中止の理由を「委細婉曲」に伝えてきたというが、その内容を知ることはできない。文面には「重而時節を以又々被仰出候」とみえるものの、以後講釈が再開されることはなかった。

そういえば、前年の十一月二十四日付、中村宛栗山・酒泉書簡(85)には、「馬場講釈之儀其外御手書ニ被　仰下候件々、猶更安兄致相談、追而御返答可申候」とみえていた。「御手書」とは綱條のものであろうから、前年十一月、すでに内々講釈の今後のあり方について綱條から何らかの意向が示されていたのかもしれない。

おわりに

森尚謙は男子に恵まれなかったので、外孫尚意（加藤宗伯の長男）を養子としたが、宝永六年（一七〇九）、養父に先立って死去し、このため小田倉氏の子尚生を改めて養子に迎えた。尚生は藩命により四代宗堯の次男頼順（五代宗翰弟）に付属していたが、病を得て小普請に入り、享保十五年（一七三〇）には没している(86)。

このような事情から、儼塾は尚謙一代で絶え、馬場講釈は開始早々こそ順調だったものの、一年に満たずして聴衆は激減、三年二ヶ月余という短期間で中止のやむなきに至った。

顧みれば、両講釈とも光圀の強いリーダーシップで始まり、とりわけ馬場講釈の場合、教材の選定から運営に至るまでこまごまと指示が与えられていた。

いまこの馬場講釈についていえば、講釈人がいかに平易な解説を心懸けようとも、一般の民衆にとってその教材はかなり難解だったはずで、当初のいわば物珍らしさに来聴した人々の中にはまもなく向学意欲の減退していく者が多かったのではないか、と推察される。

この時期、水戸城内二の丸の彰考館で始まった史館講釈でさえ、同じく『大学』が教材であったが、「聴衆十五、六人(88)」という。家中の士を対象とした講釈でもこの人数あるいはせいぜいこれをいく分上廻る程度でしかなかったとすれば、民衆にとって『大学』『孟子』は高度すぎたであろう。

しかも、講釈人が本務のかたわら北へ五里半の馬場村までわざわざ出向かなければならなかったことは、彼らにとってかなりの負担ではなかったろうか。光圀の在世中は、講釈人も相応の緊張感・使命感を抱いていたにちがいないけれども、光圀の死去とともにそれが薄らいだだけでなく、聴衆の減少も彼らの意欲をそぐ結果をもたらしたのではあるまいか。

ともあれ、両講釈の廃絶・中止は、水戸藩教育史の源流となりえず、原点にとどまったということができる。しかしながら、いうまでもなく、修史事業推進のために多数の優秀な学者を招聘していたからこそ両講釈も可能だったのであり、光圀が、寛文から元禄（一六六一―一七〇四）という時代において、既述のように、士分のみならず一般の民衆まで、教育を受け学問を修める必要性を論じ、かつこれを実践したことは、水戸藩教育史の嚆矢としてその意義はやはり大きい。

馬場村に講釈場を設けたことについては、おそらく政治的配慮もあったろうとは先に指摘したところであるが、光圀自身が終生、学問・教育の重要性は士民ともに変わるところなしと考えていたことも事実であって、それを示す事例を最後にいま一つだけ挙げておく。それは死去の前年すなわち元禄十二年、光圀の意向を伝える安積の書籍（八月十二日付、中村・栗山・酒泉宛(89)）である。

従大殿様御城下ニ而詩歌仕度存候者、不論貴賎為致指上候様ニと被　仰出、歌ハ安藤新介取集差上候筈、詩は史館ニ而催候様ニと被　仰出、当月ハ新雁ノ題御出し候、功者衆ハ差置、初心之子弟町人等迄段々語伝へ、月次ニ史館へ集り被成吟味、被差上候筈之由、御紙面之趣得其意申候、詩歌之輩段々出来可申と珍重奉存候

士民の詩歌習練上達のためには、前年開設した城内の彰考館への出入りをともに許すというのである。効果のほどはわからないながら、詩題まで自ら選ぶほどの熱の入れようは、光圀の意気込みを十分伝えてくれている。なお文中の安藤新介（為章、号年山）は、兄為実（号抱琴）とともに京都から招かれ、貞享三年（一六八六）水戸へ下って『礼儀類典』（朝儀・公事に関する部類記）の、元禄十五年からは江戸へ移り『釈万葉集』の、それぞれ編纂を担当し、自

身でも『紫女七論』『年山紀聞』などの著書をもつ高名な国学者である。

註

（1）京都大学文学研究科所蔵。茨城県立歴史館閲覧室に於て写真版にて公開。
（2）拙著『徳川光圀』（人物叢書二四六、二〇〇六年、吉川弘文館）一一八～一一九頁。
（3）同右、一一八頁。
（4）「西山随筆」（徳川圀順編『水戸義公全集　中』一九七〇年所収）二一四～五頁。
（5）前掲拙著、一二一頁。
（6）『文献志料』三、水府明徳会彰考館所蔵
（7）同右所蔵
（8）『文献志料』十三。桐生玄与が水戸居住であることは、通達中に「水戸へ申遣、玄与之家之様子承り候得者」などとみえることによって知られる。
（9）「寛文規式帳」（「水府御規式分限」〈寛文九年巳正月〉、『茨城県史料　近世政治編Ⅰ』一九七〇年所収）の「御医師」の項に「百石物成筒井玄好」、「下寄合」の項に「百石　小川市衛門」とあることも両者が水戸居住であることを裏付けている。「寛文規式帳」の記載から筒井が医者であることもわかる。
（10）菊池謙二郎編『幽谷全集』六七頁。
（11）『史館雑事記』（『大日本史編纂記録』二四〇所収。以下『記録』と略称）、『茨城県史料　近世思想編　大日本史編纂記録』一九八九年所収。後者では三八二～三頁。
（12）『水戸義公全集　中』二〇六頁。
（13）宝永四年（一七〇七）刊、版元は京都の書肆小川柳枝軒。茨城大学附属図書館所蔵。青山拙斎著『文苑遺談』（『日本儒林叢書』史伝書簡部所収）中に、この『儼塾集』を主な典拠とする「相田信也」の項があり、その略伝を知ることができる（四六―四七頁）。
（14）前記の、桐生玄与の屋敷を与えられ、中山備前守（信成）の与力で、水戸城下で学問指南をしていたという「山脇重顕」と同姓

同名である。もし同一人であるとするなら、山脇は貞享元年の時点で水戸に来ていたことになるが、いまは同一人と断定はできない。ちなみに森は、京都で兵法を「山脇重顕」に学んだことがある（『自序伝』、『儼塾集』巻之十所収）。

(15) 森の経歴・学問・思想については、『水府系纂』四八巻、「森尚謙」の項、吉田前掲書、宮田正彦「〔水戸史学先賢伝〕儼塾森尚謙」（『水戸史学』第五号、一九七六年所収）を参照されたい。

(16) 『記録』二二〇。正確には「書簡案」ないし「書簡写」とすべきであるが、以下、「案」「写」はすべて省略して記す。

(17) 『記録』一八

(18) 『記録』二二〇

(19) 『記録』同右

(20) 『記録』五八

(21) 『記録』六七

(22) 『記録』同右

(23) 『記録』六九

(24) 『記録』五八

(25) 『記録』一五・二二。元禄四年十一月十四日付、板垣宗憺宛中村書簡。元禄六年三月十二日付、板垣宛鵜飼・中村書簡。

(26) 『記録』五九。二月十三日付、井上宛栗山・安積・中村書簡。

(27) 『記録』同右。二月十六日付、佐々宛栗山・中村・安積書簡。

(28) 高倉胤明著『水府地理温故録』「大町」の項（『茨城県史料　近世地誌編』一九六八年所収。八一頁）。儼塾のあった場所は現在の茨城県立水戸第二高等学校敷地内の西北部に位置する。一八一頁の図20参照。

(29) 『記録』六一

(30) 『記録』六三

(31) 吉田前掲書、四八一頁。同趣旨の記述は三三三頁にもある。

(32) 『儼塾記』巻之三、所収。

(33) ここでは「常山文集」のものを採った。『水戸義公全集　上』所収。二五九頁。

(34)『記録』六九
(35)『記録』八三
(36)『史館雑事記』前掲書、四一七頁。同趣旨の内容は、元禄十二年十一月十四日付、酒泉彦左衛門のち彦大夫（号竹軒）宛中村・栗山・安積書簡にもある（『記録』九四、所収）。
(37)『記録』一一九。元禄十四年八月二十日付、中村宛酒泉・安積書簡。
(38)『記録』六六
(39)『洪武正韻』が『洪武聚分韻』と改題され、実際に出版されるのは光圀死後の宝永二年（一七〇五）である。第二部第一章参照。
(40)『記録』六一
(41)『記録』六二
(42)『記録』六三
(43)『記録』同右
(44)前掲『儼塾集』巻之四、所収。註(41)の書簡に出てくる「記文」と紛らわしいが、「記文」は前掲書簡によって元禄十年三月十四日には出来ていた。これに対し、塾名が「儼塾」と決まるのは四月である。『儼塾記』の末尾近くに、「塾成るの日、偶々舜水先生の手づから書せる儼若思の三字を得たり」云々とあるので、『儼塾記』は塾名決定後に書かれたもので、両者は別物と考えられる。
(45)『孟子集注』巻四　離婁章句上二三四・五〇三頁（『朱子学大系』第八巻、一九七四年、明徳出版社所収）および尾藤正英著『日本封建思想史研究』（一九六一年、青木書店）七〇頁。
(46)小宮山昌秀（楓軒）著。『改定史籍集覧』第十一冊、纂録類四十六、一九〇一年所収、二五頁。
(47)『儼塾集』巻之十、所収
(48)『記録』一〇九
(49)『記録』一五五
(50)『文献志料』十六
(51)『水府系纂』四八巻、「森尚謙」の項。

(52) その所在を文献上に確認できる史料はないが、旧太田村から旧馬場村へ入った地点から一〇〇メートルほど進み、そこから東へ折れて三〇〇メートルくらい行った台地の先端あたり、と伝えられている（寺門守男氏教示）。
(53) 常磐神社・水戸史学会編『徳川光圀関係史料水戸義公伝記逸話集』（一九七八年、吉川弘文館）一六〜一七頁。
(54) 同右所収。一一七頁。
(55) 『桃源遺事』の末尾には、「右者　西山公御一代之事共、逐一其証拠を正し記畢ぬ。此書之外種〻様〻之説を世に申ふらす者共雖有之、必不可信用」と記す。同右、一九四頁。
(56) 『記録』二〇三。若干字句に相違はあるが、『史館雑事記』にも収録されている。前掲書、四一二頁。
(57) 『史館雑事記』には「十三人」と記載。
(58) 『史館雑事記』には、この箇所は「先大学ノ経文より講之、段々相済間々ニ」とある。『桃源遺事』には、先の引用文（註(54)）につづいて、「若き御時ハ孟子をハいかゝ覚召候や御好不被成候か、御老年にならせられ候ては御用被成、馬場の講釈にも孟子を専一に仰付られ候」、と記す。「専一」という表現は必ずしも適切ではないように思われるけれども、光圀が少なくとも老年になって『孟子』を尊重したことは後述の書簡に徴しても事実であって、光圀の思想を考察する上での一つの重要なファクターとなろうが、ここではこれ以上立ち入らない。
(59) 『記録』二〇三
(60) 『記録』同右。なお、「別紙」中の十二月五日が「乙巳」に当たるのは元禄十一年である。
(61) 『記録』七六
(62) 『記録』同右
(63) 『記録』同右
(64) 『記録』同右
(65) 「深衣」は中国古代の身分ある者の制服で、上着と裳裾が連接した衣。「幅巾」は、ひとはばの布で作った頭巾。「緇布冠」は儒学者のかぶる冠。
(66) 『記録』七六
(67) 『記録』七一

(68)『記録』同右

(69)尾藤前掲書、四九頁。

(70)「講釈場茶之儀、苦渋之段御難儀察入候、史館へ出し候茶も苦渋ニ御座候、権平へ相尋候へハ同物之由被申候」(十二月八日付、井上宛中村書簡。『記録』七六)。せっかく用意された茶は「苦渋」で鵜飼は「難儀」したという。

(71)『記録』七六

(72)『記録』七一

(73)『記録』七六。十二月十七日付、安積(在湊)宛中村書簡。

(74)『史館雑事記』、元禄十二年一月十五日条。以後、書簡でも、移転直後の註(76)所引の二月二日付のものを除き、「馬場講釈」と記すようになる。吉原赳『太田盛衰記』(一九三五年、一九八一年復刻)に、「馬場講釈所跡は八幡宮境内の右側にある」(二五二頁)とし、「講場のあつた遺跡は今標木を樹て、こゝを探る人々の便宜を図つてゐる」(二五六頁)と記されているが、現在、「標木」はなく、その所在箇所は不明。今、現場に立つと「境内の右側」には社務所があり、社務所に向かって左側は空地になっている。社務所とその周辺が講釈場跡なのであろう。

(75)『記録』七八・八一。一月二十九日付、二月二日付、井上宛中村・安積書簡。二月五日付、加藤宗伯宛中村・安積書簡。三月二十日付、中村宛栗山・安積書簡。

(76)『記録』七八。別の二月二日付、栗山宛中村・安積書簡には、

馬場御殿講釈之儀、此間御尋被遊候由、御察之通当十五日ゟ始り申候而酒泉彦左衛門被相勤、廿五日名越平蔵被相勤、聴衆も二百人余有之候由ニ御座候

とある(『記録』七九)。これによれば、酒泉、名越ともに聴衆は「二百人余」とも解される。

(77)『記録』七八

(78)『史館雑事記』、四月五日条。講釈者は不明。

(79)『記録』八七

(80)『記録』九三

(81)『記録』一〇二

(82)『記録』一一一
(83)『史館雑事記』、二月五日条。
(84)『記録』一二五
(85)『記録』一二二
(86)『水府系纂』四八巻、「森尚謙」の項。
(87)元禄十一年五月、江戸の彰考館員のうち、総裁はじめ主要メンバー二九人を水戸城内二の丸に移し、水戸の彰考館を開設した。修史事業の一段の進捗をはかるためである。
(88)『記録』九三。元禄十二年閏九月二十九日付、酒泉宛栗山・中村・安積書簡。その全文を左に引用する。

史館講釈去ル十三日発端、聴衆十五、六人有之候由、珍重ニ存候、畢竟前方聴衆一人も無御座候間、聴衆之有無承存候而申進候、大学読候様ニと　御意之趣ハ成程去月廿七日之御用状ニ被仰下御返答仕候

これによれば、それ以前の開講予定日には聴衆は一人もいなかったという。
(89)『記録』一二一

第五章　藤田幽谷著『修史始末』をめぐる覚書

――その史料的性格を中心に――

一

『修史始末』は、江戸時代後期の水戸藩の代表的な学者・思想家の一人、藤田幽谷（諱は一正）[1]の主著と称すべき著作である。この著作は、当時継続中でみずからも編纂局（彰考館・史館）の一員として加わっていた修史（『大日本史』の編纂）事業について、二代藩主徳川光圀がその念願をいだきそめて以来現在すなわち寛政九年（一七九七）に至るまでの編纂過程を年表風に漢文で略述し、その間必要に応じ、「一正按」として注釈や意見を加えたもので、時に幽谷二四歳であった。

この『修史始末』は、明治以降今日に至るまで、『大日本史』の編纂過程を知るためには最初に通読すべき史料であるばかりか、水戸藩学問史上にもきわめて重要な位置を占める史料として、その記述の内容はいわば全幅の信頼に価するものとされてきたといっても過言ではない。

しかるに私は、かつて、『修史始末』の、『大日本史』の「論賛」に関する記述の中にいくつかの正確さを欠く文言のあることを見出して注意を喚起したことがあったけれども（「『大日本史』「論賛」の成立過程」、『茨城県史研究』五三号。のち拙著『水戸藩学問・教育史の研究』に収録）、その時点ではそうしたごく細部の指摘だけにとどまって、この著作の、全体的な史料的性格にまで言及できなかった。

そこでここでは、『修史始末』について、その執筆の意図、成立の事情、この著作にみえる過去から当代に至る彰考館員相互の人間関係、「一正按」の記述とそれに関連する以前の同人の主張との比較などに着目しながら、この著作をどのような性格をもつ史料として捉えるべきかを、改めて考えてみたいと思う。この著作の史料的な性格を正当に把握することなしには、史料として十全に活用することもできない道理だからである。

さらには、この『修史始末』こそ、後世に引き起こされた激烈な幕末・維新期の水戸藩党争、いわゆる天狗・諸生の争乱のそもそもの発端、少なくともその一つとなったといわれる著作だけに、その史料的性格をきちんと認識しておくことは、党争の原点を理解する上でも必要な作業となるであろう。

それでは、ややまわり道の感なしとしないものの、まず、公刊されている『茨城県史料　近世思想編　大日本史編纂記録』にある「解説」の記事を糸口として、以上の課題の検討をはじめることにしたい。

二

『茨城県史料　近世思想編　大日本史編纂記録』（以下『茨城県史料』）は、その巻頭に小松徳年氏執筆の「解説」をおき、つぎに史料として、『往復書案』の一部、『往復書案抄』の全文、『史館雑事記』、『史館日次記書抜』、『続編議及び樸斎正議』を収録し、巻末には「京都大学文学研究科及び茨城県立歴史館所蔵『往復書案』目録」を付載する。

「解説」は、「一『大日本史』編纂の経過」、「二『大日本史』編纂過程における宝永・正徳・享保期の意義」、「三

『往復書案』について」という三項目から成る。

その「解説」の「三『往復書案』について」には、およそ次のような記述がある。『往復書案』[2]は従来、彰考館（史館）員の藤田幽谷が編纂し始めたもので、幽谷は当時編纂した『往復書案』をもとに『修史始末』[3]を書いたという説が行われてきたが、それは誤りである。幽谷の師である立原翠軒[4]が彰考館総裁在任中に、館員を督励しつつ収集・整理して成ったとするのが正しい。したがって、幽谷はすでに編集されていた『往復書案』の中から、修史事業の経過を知るためにその抄録本を作ったので、それが本書収録の『往復書案抄』に当たる、と考えられる（二五〜二七頁）。すなわち幽谷は、その抄録本を基本としながら、『水府系纂』をはじめ『年山紀聞』『文苑雑纂』『史館旧話』などの諸文献をも参照しつつ『修史始末』を書いた、ということになる。

『修史始末』の寛政八年の条には、

冬、校正局生相議し、総裁に請ふて史官の案牘数函を繙閲し、其の修史に関係あるものを抄して録し、八巻と為す。（原漢文）

とあり、『往復書案抄』はまさしく「八冊」（ただし三は現在欠本）なので、これが『修史始末』執筆のための準備作業として作られた「八巻」本に相当すると判断し、先の記述となったのである。

三

『往復書案』は、翠軒以後も増補集積されていき、今日みるだけでも二八〇冊ほどの大史料集となった。とはいえ、いったん『往復書案』あるいは『往復書案抄』としてまとめられた書簡類でさえその後散逸して今日みることのできないものも多数にのぼることは、すぐ後に引用する「解説」の記述や巻末の「目録」の状況から確実である。その巻末の「目録」番号二〇五から二〇九までの五冊（京都大学文学研究科所蔵）の表紙にはそれぞれ「修史」と記されている。この五冊は、『茨城県史料』の三七頁から一〇五頁に全文が翻刻されているのであるが、実は、この五冊本ももとあった『往復書案』からの抄録である。

この「五冊」について「解説」は次のように説明している。

京都大学文学部所蔵の五冊には、いずれも「修史」と注記されており、数多い「往復書案」からの抄録である。しかし今のところその一々の書翰に合致する、すなわち基になった書翰を伝存本のうちにみることはできない。またこれら五冊本が、いつ、誰によって、何のために作成されたかも不明である。翠軒が何らかの必要から抄録させたものであろうか。あるいは、幽谷が『修史始末』を書くための史料として修史の経過を知るのに重要と考えられる書翰を「往復書案」から抄出させたものであろうか。いずれにしろ後出の「往復書案抄」と補完し合うものである。内容は、天和三年（一六八三）の紀伝改訂作業の開始に始まり、元文五年（一七四〇）の天文志編纂促進の方途を述べて終わる。いわば紀伝編纂時代の全期間にわたるもので、紀伝編纂の状況を知ることができる貴重な史料である。

さて、この「修史」五冊本を、『修史始末』の文章を念頭におきながら改めて閲読してみると、両者の関係性を強く印象づけられるいくつかの特徴を見出すことができる。

第一は、何々の件は徳川光圀（義公・西山公）の本意や念願だったと、光圀の考えに発するとする文言を書簡や記録の中から意図的に抜き出すことに努めた形跡が多く認められることである。たとえば、「義公様思召」「義公様御志御成就」（二〇五）、「義公様霊感ニも相叶」「義公様御大願御成就」「義公様御素志」（二〇六）「義公様御極被遊候十志」

（二〇七）「義公様御志」「義公様之御志」（二〇八）「義公様御世御別扱之御書物」「西山様御大願」「義公様御代御優労まのあたり」（二〇九）など数多い。なぜそのような必要性があったと考えられるのかは後述するところから明らかになるであろう。

第二は、二〇五の後半部にみえる頭注についてである。その頭注は、「此書宝永五年の事欤」「宝永丁亥督課ノ命アリ此書ニ去年トアレハ宝永五年ナルコト明ナリ」「神代議部分」「部分」「新議目録」「丁亥宝永四年／戊子五年」の六ヶ所ある。

『往復書案』のうち茨城県立歴史館所蔵の目録番号二九（享和三年六月至十二月）には一七通の幽谷自筆の書簡案が収められている。その筆跡とこの頭注のそれとを比較してみると、「欤」「分」「議」「目録」は、書簡に出てくる同一文字の筆跡と似ており、独特の幽谷の字形をよく表している。頭注が幽谷の筆跡であることはまず間違いないと思われる。

第三は、二〇八に、打越樸斎の提議を、二〇九には「樸斎筆記」を、採録していることである。幽谷は、総裁打越樸斎の、先輩の総裁酒泉竹軒・佐治竹暉の提起した『大日本史』続編計画はこれを中止すべしとしたかつての意見を、『修史始末』の中できわめて高く評価し、その意見は光圀の意向に添うものと称賛している。[5]「噫、樸斎の正言、之を排すること微かりせば、則ち続編の日本史を䏊する、豈に言ふに勝ふべけんや。」（原漢文。享保元年正月の条）、と。その採録が『修史始末』本文との関連において注目されるのである。

そして第四は、『修史始末』本文中の、『大日本史』「論賛」[6]執筆の経過を述べた箇所（享保元年の条）の最後に、

列伝の論賛、其の属稿の年月、詳かに考ふべからずと雖も、要するに其の成る、享保五年以前に在り。（原漢文）

と記されていることにかかわる疑問である。

たしかにこの五冊本を読むかぎりでは、「論賛」に触れた箇所は全体で九ヶ所、主に安積澹泊と「論賛」執筆との関係において見出せるものの、澹泊による「列伝の論賛」執筆の年月、経過を知ることはできない。一方、『往復書案抄』八冊本、とくにその七・八をみると、澹泊による、列伝のみならず本紀の「論賛」執筆の過程まで、当時の史館員らによる議論の応酬をも含め、くわしく知ることができるのである。(7)

先の、小松氏による「解説」のように、『往復書案抄』を、『修史始末』のための抄録と考えた場合、幽谷が「列伝の論賛」の執筆経過について「詳かに考ふべからず」としているのは、いかにも不審である。せっかく「校正局生相議し」て抄出した七・八の二冊分の内容をほとんど度外視して、その執筆経過は「詳かに考ふべからず」と記すとは、まず考えられないからである。(8)

以上に抽出した四つの徴証に誤りがないとするならば、「解説」にもその可能性が言及されていたように、二〇五から二〇九の五冊本こそが「校正局生相議し」て抄録した、抄録本なのではあるまいか。

とはいえ、『修史始末』によれば、前記の通り抄録本は「八巻」でなければならず、今みる「修史」は「五冊」なので、その点は不都合である。一巻が一冊と想定して、もとは「八巻」＝「八冊」あったものが今は綴じ方によって「五冊」になっているのか、もしくはあとの「三巻（三冊）」はいつの時点かに散逸して現在は伝わらないのか、いずれにせよここでは、『往復書案抄』八冊本よりも、「修史」五冊本の方が『修史始末』との関係においてより深いのではないか、と指摘するに止めておきたい。

四

『修史始末』には、序文も跋文も付いていないが、幽谷の門人岡崎正忠の『修史復古紀略』（義公生誕三百年記念会編『大日本史』後付、所収）によれば、初め『修史略』と題し、師の、総裁立原翠軒へ呈上された著作であるという。そしてこの著作は、翠軒主宰の史館の現状改革、すなわち史館が光圀の本意と異なる方向へ進みつつあるとして、これを是正しようとする目的で書かれた、具体的には、翠軒の廃志論を暗に批判しつつ、当時放置されたままというべき続編計画を中止させるとともに、修志すなわち志の編修の重要性を訴えようとしたもの、といわれてきた(9)。

実際幽谷は、この著作の中で、光圀時代に立てたという十の志の篇目にはすでにわからなくなっているところがあり、再検討の要がある、そこで自分はかつて同僚と十の志の具体的な篇目を擬定したことがあるのだが、下僚の議論ゆえ取り上げてもらえなかった、したがってここには記さない、とやや不満げに述べている箇所がある（正徳三年十月の条）。

『修史始末』を書く八年ほど前、すなわち翠軒が廃志の意向を表明した直後から幽谷はこれに反対であったから、この著作によってさらにみずからの主張を補強しようとしたことになる。翠軒は、『修史始末』が手許に届けられたとき、これを机上に置いたまま閲覧しようとしなかった、と伝えられている（『修史復古紀略』七頁）。翠軒としては、その内容は予測のつくものであったから、不快な感情を抱くだけだったのであろう(10)。

ところで、幽谷は、続編の計画は断然阻止すべきで、志の編修こそ光圀の本意に叶う方針・態度だとこの著作で力説しているのであるが、たしかに光圀に志を編修する考えのあったことは幽谷自身いくつもの根拠を示し記述している通りである。しかし、光圀の胸中にはあわせて続編計画の意図もあったろうことは、すぐ後に示す「開彰考館記」（「文苑雑纂」第二〇所収。徳川ミュージアム所蔵）の文章、晩年近くの光圀の遺迎院応空和尚宛の書簡（『水戸義公全集』下、九五頁所収）、あるいは、光圀の在世中にもし紀伝が成就し志までも出来ていたならばその上は必ずや続編をと考えたに違いないという安積澹泊（酒泉竹軒宛）の書簡（『茨城県史料』四八頁上段）などに徴し、十分推察できる。光圀は南朝正統の立場をとりながらも、南北朝合一時の北朝後小松天皇の本紀一代を立てておくようはっきり指示していたのであるから、この点からも自身、続編の意向をもっていたと考えられよう。

いうまでもなく『修史始末』は、光圀の死去してからほぼ一〇〇年も後の著作である。光圀がみずからの歴史観を明示しているのは、四五歳のとき史館員の田中止丘に命じて書かせた「開彰考館記」の、「諸儒臣に命じて広く載籍を稽へしめ、上は神武より下は近世に訖るまで、紀を作り、伝を立て、班馬の遺風に傚ひ、以て倭史を撰ばしむること茲に年あり。その治乱を記し、善悪を陳べ、用て勧懲の大典に備へんと欲するの志以て見るべし」（原漢文）と、六四歳のとき自身が書いた「梅里先生碑陰文」の「皇統を正閏し、人臣を是非し、輯めて一家の言を成す」（原漢文）というわずか二つしかない。いずれも儒教の名分論（正名思想）と応報観に基づく歴史観である。

とすれば、幽谷が『修史始末』の中でしばしば引き合いに出している「義公之意」あるいは「義公之志」なるものも、小松氏が「解説」ですでに指摘しているように、「幽谷の問題意識を通した『本意』にすぎないのではないか」（『茨城県史料』一八頁下段）、と考えてみることはしごく当然の態度ではあるまいか。

このような観点に立って『修史始末』執筆に至るまでの幽谷の主張を顧みて直ちに気づくことは、続編計画に対する彼の態度の大きな変化である。その計画を提起した酒泉・佐治両総裁へのはげしい批難はこの著作の中で一〇ヶ所ほどにも及び、たとえば佐治に対して、総裁になっては利禄に汲々とし、その地位を失うことを極端に恐れ、巧言飾辞、続編を修めることを求めたのは光圀経世の志を曲げてこれを一部の諛史たらしめんとした、とまで酷評する（元禄十五年の条）。

ところが、幽谷はかつて一五歳のとき、総裁翠軒に呈上した一文（「呈伯時先生」）には、続編編纂こそ自己の大きな使命であると述べて次のように言う。

日本史大義のある所、昭々乎として日月の如し。これに続くものは蛇足に似たるなり。然りと雖も、応永よりこのかた三百有余歳、国の治乱、人の賢否、其の事紛然たり。苟も続編の作なければ、則ち恐らくは隕滅して伝はらざらん。且つ夫れ本館の名を命ずる、諸を彰往考来の義に取る、正史ありと雖も続編なくんば則ち安んぞ其の能く来るを考ふること在らんや。（原漢文。『幽谷全集』二三二頁）

一五歳の少年にしてこの学力・文章かと一読驚嘆させられる（すでに一三歳のとき長久保赤水へ贈った「赤水先生七十寿序」も作っている）が、実際にどのような言葉で幽谷が続編の意義を主張していたのかを示そうと原文の一部を掲出してみた。続編は、この時点での幽谷にとって、「彰往考来」の見地からも「西山公」光圀の本意に叶う計画だったのである。

もっとも幽谷自身、『修史始末』を執筆する時点においても、続編計画を光圀の意向に添うものと認めていた九年前の論調をさすがに無視できなかったようで、その天和三年の条には「一正按」として次のように述べている。

今明徳以後紀伝の命を覩れば則ち、公も亦後（続カ）編を修むるの志あるに似たり。史館の名を命ずる、義、往を彰にし来を考ふるに在れば、則ち其れ此の命あるも亦宜ならずや。然れども、明徳以前の紀伝、編修検討、日に給するに遑あらず。故に公の在りし日、未だ続編に及ばざるのみ。（原漢文）(11)

右の文では、内容上は先の「呈伯時先生」と同義といえるが、すぐこれに続けて幽谷は、酒泉・佐治両総裁の心術不正なることをきびしく糾弾して言う。

正徳・享保の際、酒泉・佐治二総裁、建議して続編を修めんことを請ふ。当時紀伝刊修、未だ精からず、志表の編纂未だ就らず、而して先づ此に及ぶ。固より大早計たり。且つ其の所謂続編なるもの、首尾衡決、取捨鑒無く、徒に此を假りて以て館脈を挽留し、歳月を遷延するの具と為す。豈に鄙ならずや。縦へ其れ成る有るも、亦狗を以て貂を続くの譏を免れず。其の未だ成らずして死するは幸なり。（原漢文）

「紀伝刊修、未だ精からず、志表の編纂未だ就ら」ざる現状にもかかわらず、続編の提起は「大早計」で、しかもその計画によっていたずらに史館の延命をはかるための手段にしようとしたことは許されない、もし両総裁のもとで続編ができたとしても「狗を以て貂を続くの譏」(12)はまぬがれず、両総裁の死去して計画倒れに終ったことこそ幸なり、というのである。

ここでは、続編編纂の是非自体はいわば自明の理として問題とせず、もっぱら「豈に鄙ならずや」と両総裁の人格・品性に攻撃の矢を放っている。先述のように、打越樸斎の、続編の中止こそ「正言」、と主張する幽谷が、同じ著作の中で右のような議論を展開していることにはいささか困惑せざるをえない。

『大日本史』という書名についても、時期による見解の相違がより顕著に認められる。先に引用した「呈伯時先生」には「大日本史を修し、筆を南北統一の時に絶つはその旨微なり」（後の二ヶ所は「日本史」とし、また二年後の一七歳のときの、水戸の史館から江戸の史館へ転ずる友人への送別の辞でも、「大日本史を修する、上は皇統の正閏を議し、下は人臣の賢否を弁ず」（『幽谷全集』二六五頁。原漢文。(13)後文の三ヶ所は「日本史」として、『大日本史』の書名にとくに違和感を抱いている様子はみられない。

しかるに、『修史始末』を執筆し了える二ヶ月ほど前、同僚高橋坦室とともに、『大日本史』という書名は光圀の命名ではないし、(14)朝廷の許可なく一藩の史書に国名を冠するのは不遜として、これを「史稿」と改めるべきことを藩主に求め、裁定により書名がそのように変わっていた一時期もあったのである。(15)

要するに、その時点での自己の主張を貫くためには過去の自身の発言などはほとんど意に介さないかのごとき態度である。

五

人間の立場や思想には、生涯を通してあまり変化のみられない面と、歳月とともにあるいは一つの事件などを契機に変化する面とがみられるのは通常の事態である。その両面に着目しつつ史上の人物についても研究し理解を深めていくことは重要な課題でなくてはならない。

その点からして私は、ここで、藤田幽谷のこうした態度について、ことさら変節であるとか、自家撞着に陥っているのではとか、批難するつもりなどない。ただ、江戸時代の学問というものには、近代の実証主義の立場とは異なる性格・傾向があったのだとの認識をもつべきではないか、ということを言おうとしているだけである。そのことを私は、日野龍夫著『江戸人とユートピア』から教えられた。長年の蒙を啓かれた思いをもってこの書を読んで以来二〇年以上、折にふれ何度となく読み返し座右の書となって久しいこの著作は、もと朝日新聞社から昭和五十二年、「朝日選書」の一冊として出版されたのであるが、今は「岩波現代文庫」に入っている。

『江戸人とユートピア』は、「〝謀叛人〟荻生徂徠」など五つの論文から構成されており、その最後に「偽証と仮託—古代学者の遊び」と題する文章がある。そこで日野氏は、田宮仲宣・荻生徂徠・藤貞幹の三者に例をとり、「実証主義成立以前の近世の学問は、研究者の直接的自己表現という役割を果すことができた」（「岩波現代文庫」二〇一頁。以下同）事実を、「適確華麗な文章力」（巻末の中野三敏の「解説」。二四一頁）によって鮮やかに論証してみせるのである。その中には本居宣長の学問についての論及もあり、たとえば「自己の願望を古代世界に押しつけることを動機として成り立っている近世の古代学は、宣長であろうと徂徠であろうと、近代実証主義とは無縁の営為である」（二一一頁）と断ぜられる。なぜなら宣長の場合も、「彼の実証精神がそのままで近代の学問に接続しうるものであるなら、それがあの非合理的な古道論と共存しうるはずがない」（二〇一頁）からである。

「研究者の直接的自己表現という役割」あるいは「彼の実証精神がそのままで近代の学問に接続しうるもの」ではない、という右の文言に示唆を受け、そのような視点から『修史始末』を読み解くならば、この場合、翠軒の廃志論を斥けるとともに続編計画を阻止し、修志を実現しようとする、幽谷のあふれんばかりの抱負を貫徹するためには、一〇〇年も以前の「義公之意」「義公之志」を前面に押し立てながらいわばそれを盾として論を展開する必要があったのだ、と改めて思い知るのである。

何も幽谷だけではない。批判の対象となったとされる翠軒の、廃志論を訴える文章にしてもまた然りである。翠軒自身、修志は光圀の遺志であり、紀伝体の史書『大日本史』であれば志・表のつくのは当然と考えており、それはまた同じく史館に勤務していた亡父蘭渓の悲願でもあった。実際、総裁としての翠軒はみずから「仏事志」の編纂に取りかかり、かつ史館員に諸志の分属を命じ、修志への熱意を示してきた。

ところが、天明七年（一七八七）、水戸の史館が火災にあって、それまでに書かれていたはずのいくつかの志の草稿を失い、一方では藩当局から光圀の「百年遠忌」（寛政十一年）までには紀伝の校訂を済ませ上梓せよと強く迫られると、翠軒は、当時の史館の人材不足や何よりも藩財政の逼迫など諸々の条件について熟慮するとき、その実現は到底叶わないと判断して万やむをえず廃志の決意を固めるに至った、という実情があった。

『茨城県史料』の「解説」の中には、翠軒のこの廃志論を述べた二五〇〇字ほどの全文が収録されている。（一二・一三頁）その中には、修志は「西山公之御本志」ともみられないので、紀伝上木を果たすことができればそれで「西山公之思召」は成就されたことになろうとか、続編計画がもちあがったのは酒泉・佐治両総裁の死後のことであるとか、史実とは異なる文面がみえる。

自己の立場・主張のためには事実関係を一転脇においやったとの感が強いけれども、これも廃志のやむなき現状を訴え、これを藩当局に認めさせようとする一念で書かれたものとの前提にたって読まねばならないのではあるまいか。

六

話を幽谷に戻そう。くり返しになるが、修志の継続を実現するとともに、史館の現状を改革してその実権を握りたい幽谷が、もっとも有効かつ説得力のある論拠として提出したのがほかならぬ「義公之意」「義公之志」であった。そのためには一〇〇年の時空を超えて我こそは光圀の真の理解者なりと訴えなければならなかったのである。光圀の真の理解者は自分、と標榜する限りでは翠軒とて同様であった。

いつの時期かははっきりしないけれども、幽谷は門人の一人に次のように語ったという。

歴史では志類がもっとも面白い。歴史の骨は志類にあるので、これを熟読するときは世々の長短さもあるべしと察せられる。紀伝の類が記す、君臣の賢不肖などは、いずれの世でも同じことで、珍らしくもない。志類を読まないのなら、歴史を考えてみる必要などないのだ。（石川久徴『幽谷遺談』、『幽谷全集』八一六頁）

儒教の道徳史観によって、「君臣の賢不肖」を判定し、「皇統を正閏し、人臣を是非」し、あるいは「治乱を記し、善悪を陳べ」ることを主眼とするよりも、「志」によってこそ歴史の面白さがわかるとする見方は、日本歴史の一貫性・継続性に高い価値をおこうとする、この点では幽谷の変わらぬ思想的立場をよく示している。すなわち「赫赫たる天朝、一姓相承くること二千余歳、経綸制度、典章文物、豈に紀載す可きもの無からんや」（同じ翠軒門人の小宮山楓軒の言。原漢文。寛政元年の条所引）とする立場である。

かつて安積澹泊は、友人への書簡の中で、「食貨志」と「兵馬志」を編むべく、『令義解』『延喜式』『類聚三代格』などを読んでみたものの、一事としてみるべきところとてなく、無味乾燥で嫌気がさしてしまった、と率直に心情を吐露することがあった（「復平玄中書」『澹泊斎文集』巻八、四二三頁。『続々群書類従』所収）。澹泊にとっては、史上の人物の活動する姿を叙述し、その論評に興味が湧きこそすれ、法令・制度の変遷などにはあまり関心がもてなかったのであろう。両者まことに対蹠的な歴史観である。

翠軒の依嘱を受けて以降、三〇年余の長きにわたり『参考源平盛衰記』や紀伝の厳密な校訂をつづけ、その中の多くの誤謬を訂正して大きな功績を残した塙保己一に対し、幽谷は強記と典故に精通した学力を評価しその功没すべからずとしつつも、「瑣々たる異同などあまり問題にしなくてよいのだ。塙の校訂作業をみると、たとえば髪を数えて櫛り、米を数えて炊くようなものだ」と、批判している（『修史始末』寛政元年冬の条）。この言葉は、幽谷の歴史認識や学問観を如実に物語っているといえよう。

『修史始末』もやはり、近代の実証主義史学とは次元を異にする江戸時代（近世）の文献として読まれるべき性格の著作である、と思うのである。

註

（1）安永三―文政九（一七七四―一八二六）。水戸城下で古着商を営む藤田言徳の次男として生まれる。一〇歳頃、彰考館編修（のち総裁）立原翠軒に入門。天明八年、翠軒の推挙で彰考館に入る。寛政三年、館員となり編修に進む。文化四年に同総裁。同五年総裁兼職のまま郡奉行となり民政にも携わる。文政九年没。五三歳。『修史始末』のほか、『勧農或問』などの著作がある。

（2）江戸の藩邸と水戸城内の双方にあった彰考館の間で、あるいは史料調査のため各地に出張した館員と彰考館の間で、取りかわされた書簡（案・写）を主体とした諸記録集。『大日本史』の編纂過程を知る根本史料。京都大学文学研究科所蔵の『往復書案』は、その写真版が茨城県立歴史館にあり、閲覧することができる。

（3）菊池謙二郎編『幽谷全集』六五頁から一二〇頁に収録。二巻から成り、上巻は、二代藩主徳川光圀が修史の志をたてたといわれる正保二年からその死去する元禄十三年まで、下巻は同十四年から三代綱條が光圀の遺志をついで修史に精励するよう命じてから現時点すなわち寛政九年、六代治保が『大日本史』の本紀・列伝（「紀伝」）を重校するよう指示するまでの一五二年間を扱う。
　巻末に、寛政九年十月二十二日の脱稿で、江戸の「寓舎」でこれを書く、との記載がある。

（4）延享元―文政六（一七四四―一八二三）。宝暦十三年、書写場傭として彰考館に入り、明暦三年編修に進み、天明六年総裁。後述のように、塙保己一を招いて『大日本史』紀伝の校訂に当たらせた功績は大きい。しかし、修史上の問題で門人の幽谷と対立、藩主治保の信任を失って享和三年に致仕。文政六年没。八〇歳。文人としての趣味が豊かで書・画・篆刻に巧みであったが、とくに能書家として知られた。

（5）徳川光圀の発意により、明暦三年から開始された『大日本史』編纂事業が、本紀・列伝・志・表の四部門が揃い、目録を含め全四〇二巻の完成をみるのは二世紀半後の明治三十九年である。この四部門から成る史書を紀伝体という。
　幽谷が『修史始末』を書いた時点では、まだ本紀・列伝と論賛の稿本ができていただけで（享保本『大日本史』）、それをさらに修訂しつつ出版に向け準備中という段階であった。ここで、それまでの経過を詳しく記すことは省略せざるをえないが、幽谷の時代以前から、南北朝合一時の後小松天皇までで筆を止めていた紀伝の続きをどうするか（続編問題）、志の編纂の進め方、といった課題があって、史館ではこれらについても種々議論を重ねながら当代に至ったのである。

　このうち続編計画は、かつて宝永年間、当時の史館総裁酒泉竹軒・佐治竹暉が提起し、正徳六年には三代綱條の、志・続編とも編纂するよう下命があったものの、紀伝の方に力を注がなければならない現状があり、何ら具体化しないままになっていた。

その後、志の編纂は天保期に本格化し、明治になって、志のみならず表の編纂も行われ、完成する。しかし続編については、江戸時代の中期に一時議論の対象になったことはあったが、計画は進まず、復活することはなくて終った。

(6)　享保元年から同五年にかけて、前総裁安積澹泊（註(7)参照）が執筆した。紀伝体の史書には「論賛」の付くのが通例である。

(7)　明暦二―元文二（一六五六―一七三七）。水戸藩士安積貞吉の子。寛文五年江戸に出て、明の遺臣で水戸藩に招聘された朱舜水に師事。天和三年彰考館に入って編修となり、元禄六年に総裁。光圀のもとで修史事業に主導的役割を果たした。正徳四年、総裁を辞してからも彰考館にあって紀伝の編纂に尽力するとともに館員の総意を受けて「論賛」を執筆、これを完成させた。享保十八年、致仕したが、なおも紀伝稿本の総点検を行い、その作業が終了した直後に死去。八二歳。博識で史学にすぐれ、新井白石、荻生徂徠らとも親交があった。

(8)　ただし、「論賛」は、文化六年にその全文が削除されたため、現行の『大日本史』には付いていない。この措置は、当時の幽谷ら彰考館員の主張を諒とした七代藩主治紀の裁断によるものである。「論賛」を削除するに至ったのは、編纂者の歴史観が、前期の、正名思想と応報観に基づく儒教的歴史観から、後期の、わが国固有の政治制度・国家組織に高い価値を認めるいわば日本的歴史観へと変化したことによるのであるが、詳しくは前掲拙著参照。

(9)　名越時正「『修史始末』の成立とその意義―光圀の修史構想をめぐる立原翠軒と藤田幽谷の対立―」『水戸史学』六号（のちに同著『水戸光圀とその餘光』に収録）など。

(10)　六代藩主治保が、修志継続という幽谷らの意見を容れ、廃志論を斥けたため、翠軒は全く面目を失うことになった。この翠軒と幽谷の修史の方針をめぐる不和は、やがて立原・藤田両派の分裂をひき起こし、次第に政治上の深刻な対立・抗争へとエスカレートしていくことになる（瀬谷義彦「水戸藩朋党の成立過程」上・下、『茨城県史研究』一・二号所収）。

(11)　この文章は、「御意覚書」（『修史始末』では「奉旨筆記」）。常磐神社・水戸史学会編『徳川光圀関係史料水戸義公伝記逸話集』所収）の天和三年十一月五日の条に「後小松迄ニテ絶筆と兼而被　仰出候得共、思召御座候間、後小松以後ノ事ニ而も紀伝ニ入可申所ヲハ、右之通表題朱点可仕候事」（二〇二頁）とみえる記述を受けたものである。

(12)　「狗尾続貂」のこと。『晋書』の中の言葉。貂の尾で飾った冠の後に狗の尾で飾った冠が続くこと。ここでは、善美なものに粗悪なものの続くたとえ。

(13)　翠軒が総裁時（寛政・享和期）の『往復書案』をみると、史館員相互の日常的な遣り取りの中では、「大日本史」ではなく、「日本史」と称していたことがわかる（四五例ほど確認できる）。幽谷が初出のみ正式名称を用い、以下には「日本史」と書いているのは、こうした当時の通常の呼称に従ったものであろうか。

（14）『大日本史』という書名が決まったのは正徳五年、次の三代藩主綱條のときである。

（15）書名は享和三年から「史稿」と変わったが、改めて朝廷の意向を尋ねることになり、「旧に依つて大日本史と称して可なり」とする勅許を得たので、文化六年、旧に復した（栗田勤著『水藩修史事略』）。

第六章　『往復書案』にみる塙保己一とその周辺

――『大日本史』編纂過程の一面――

はじめに

『茨城県史料　近世思想編　大日本史編纂記録』（茨城県立歴史館編、平成元年三月刊）の巻末に付載されている「京都大学文学研究科及び茨城県立歴史館所蔵『往復書案』目録」によれば、『往復書案』は現在、総数二八〇冊伝存しているが、そのうち寛政元年（一七八九）から伝存最終冊となる文化四年（一八〇七）に至る一七年間の書簡案一八冊（茨城県立歴史館所蔵分）の中には、しばしば塙保己一（塙検校）の名を見出すことができる。この時期の書簡案は、例外を除けば、江戸・水戸双方にあった彰考館（『大日本史』の編纂局。通常、史館という）の、時の総裁相互の、あるいは総裁と館員との間で、取り交わされたものである（ただし、現在は寛政三、寛政十一、文化元、文化二の各年は全年分が欠本）。

塙保己一（延享三―文政四、一七四六―一八二一）は、いうまでもなく、盲目の国学者として、また大叢書『群書類従』の編者として周く知られている。その塙の名がなぜ『往復書案』に記録されているのかといえば、彼が『群書類従』の編纂と出版を推進するかたわら、水戸藩の要請に応じ、折から継続中の『大日本史』の編纂にも参画して、その校訂作業に尽力していたからである。

本章の目的は、この『往復書案』の中から、塙の校訂作業に関係する記述を拾い出し、その実態を跡づけてみようとするところにあるが、この際、塙個人のみならず、盲目の彼を助けて『大日本史』の本文を読み聞かせるという地味な任務に当たった史館員らの活動にも注目してみたいと思う。その活動はこれまでほとんど顧みられることがなかったからである。

もっとも、塙が『大日本史』の校訂にかかわっていたこと自体は、塙の門人中山信名の撰になる「温古堂塙先生伝」（明治二十五年刊の渡辺知三郎編『空前絶後盲人之王塙検校伝』所収。著者所蔵）にその記述があって、早くから知られていたのであるが、のち三木正太郎・吉田一徳両氏による『往復書案』からの引用を含めた論考が発表されるに至って、塙の校訂作業にかかわっていたその実態の解明は大きな進展をみせることになった[1]。

したがって、以下に述べるところは、三木・吉田両氏の先駆的な研究成果の上に立ってのものではあるが、『往復書案』には両氏によって引用されなかった塙関連の書簡案（以下、「案」は省略）はなおかなり多数にのぼるので、それらの書簡全体を丹念に読み解くことで、これまで明らかにされなかった史実を発掘し、『大日本史』編纂過程のなかでの塙とその周辺の人々の活動をより具体的に考察していくこととしたい。

一　校訂開始の事情

塙が『大日本史』の校訂に関与するようになったのは、時の史館総裁立原翠軒（万。甚五郎）の強い推挙の結果である。天明六年（一七八六）六月、総裁に就任した立原は、翌七年二月、水戸の彰考館（通常、水館という。これに対し江戸の彰考館は江館と称する）が火災にあってそれまでに書かれていた諸志の稿本類を焼失し、一方では寛政元年五、六月頃、藩の首脳部から二代藩主徳川光圀の「百年遠忌」（寛政十一年）までには『大日本史』の本紀・列伝（紀伝）の校訂を済ませ上木せよとの指示を受けると、（2）これまでの志の編纂続行の方針をやむなく転換し、上木のために紀伝のさらなる校訂に力を注ぐ決意を固めるに至った。

その頃の一日、江戸に出ていた立原は、同学の士で塙に国学を学んでいた屋代弘賢（3）の宅を訪ねることがあり、そこで塙とはじめて同席する機会をもった。この時、某氏の秘蔵する「三年の御願文」について屋代と議論を交わすうち、その奥書に「太上天皇」とだけあって諱はわからず、それが後伏見院とも花園院とも決しかねていた。傍から両者の会話を聞いていた塙が、それを一通り読んでほしいと頼み、読み聞かせるや、その「御願文」の文中からいくつかの証拠をあげ、それは花園院の願文なることを的確に論じてみせた。塙は先に吉野の朝廷三代を論じ、後村上のあとに長慶を立てて四代とすることの非を考証した『花咲松』を著わしていて、これをすでに読んでいた立原は、なおその説を疑問視していた。しかるに、今回のあざやかな論断に感服するとともに、同席での問答によって『花咲松』の説についても納得し、直接会話を交わすうちに塙の学識の並々ならぬことを痛感するに至った。この面談が、塙に『大日本史』の校訂への助力を要請する直接の契機になった、という。

このエピソードは、前記「温古堂塙先生伝」の記すところであるが、立原の塙推挙については、当初史館の同僚の強い反発があったとして、同書は先に続けて次のエピソードも紹介している。

これによりて。いよ〳〵大人をすゝめて。このよせあることを得たり。そのをりに万の同僚みないさめていひけらく。国史ハわが先君の修むるところなり。瞽者《めしひゝと》をしてその事にあつからしむ。これ吾等の耻にハあらずや。むべそのことをとゝむべしと。万うけずしていうやう。その人の盲《めしひ》たるハ病なり。尊卑のいたす処にあらず。

（中略）塙ハ文学を業とし。人多く師の礼をいたして来り学ぶ。その説もまた取るべきが多し。さらハいかでか明不明《めあきめしひ》のへたてあるべきや。もし国史の校正にあつかりて。補ふところなくバ。万その罪をかふむりなんといらへしかは。終にそのことなりにけり。（六丁オ）

以上の二つのエピソードは、天明五年のことと解される記述となっている。しかし、『史林年表』[4]巻四の、寛政元年の「立原万」の項には、「六月十六日水戸ヲ発、藩邸ニ侍ス」とみえるから、このエピソードは四年後の寛政元年六月の時点のものとみなして間違いない。当時、塙は四四歳、立原は四六歳であった。

『往復書案』の寛政元年六月二十四日付、鈴木重祐・富田敏貞両水館総裁宛立原（在江戸）書簡の次のような文面からもそのことは裏付けられる。

盛衰記の事、登り候まへ申上候通、相済候ニハ塙へも申達、隔日ニ参り候筈ニ御座候、史館ゟ本さへ登り候へハよミ取かゝり候、本為登候儀ハ小宮山（昌秀。次郎左衛門。号は楓軒。立原の門人―引用者）へ先日ゟ申出候、見立候而御文庫衆へ申合、為登候筈ニ申遣候

右の書簡は、『往復書案』中の塙関連の初出史料である。

これによると、六月二十四日に立原は、江戸から水館の両総裁に、塙が江館へ隔日に出勤する手筈であると報じており、その時点ですでに塙の出仕が具体化していたことになる。とすれば、屋代弘賢宅で塙と会見したのは立原出府直後のことと考えられ、先の後者のエピソードつまり史館における同僚の反発が起こったとしても、日ならずして立原の説得が奏功して塙の出仕が了解され、おそらくは当時の六代藩主治保の承認も得られたものとみなすのが穏当である。

ところで、立原が書簡を「盛衰記の事」と書き起こしているのは、塙の最初の仕事が『大日本史』ではなく、『源

平盛衰記』（正確には『参考源平盛衰記』、以下『盛衰記』と略称）の校訂だったからである。

水戸藩では、はやく光圀の時代から光圀の指示により『菅家文草』（『校刻菅家文草』）『扶桑拾葉集』『太平記』（『参考太平記』）など一三種ほどの出版をすでに済ませており（上記三著は刊行順）、『盛衰記』もその目論見で準備を進め、元禄十五年（一七〇二）八月に四九冊本が成り、三代藩主綱條に呈上されるまでになった。しかし諸本の異同が多く、校訂にまだ不安が残っていたため出版するまでに至らず、当時もなおその校訂の必要性を感じていたのである(5)。

そこで立原は、塙の学力を藩主や史館員に理解させるべく、まず手始めに懸案の『盛衰記』の校訂を依頼したのである(6)。

閏六月四日付の立原の書簡（鈴木・富田宛）には次のようにみえる。

盛衰記再校一昨日二日ゟ始申候、検校参、三左衛門（斎田重厚のち典盛―引用者。以下同）対校、又一郎（高橋坦室・広備）、宅次郎（大関庸徳）も手伝候様ニ申達候、少々つつ意見も見へ候、重而可申上候、御近習、同心ハ検校給仕すへて案内等ニも用申候(7)

塙は、閏六月二日から「再校」を開始し、斎田・高橋・大関らの読み聞かせを受けつつ、少しずつ意見を述べるようになった。近習・同心などまで動員して「給仕すへて案内等」にも当たらせたことは、立原の気遣いをよく示しているように思われる。

まもなく七月、那珂川の鮭漁の季節になると、水戸藩は毎年初鮭を朝廷・幕府に献上してきたのであるが、献上後は一定の基準に従って藩士にも分配されていたようで、八月九日付の立原書簡（鈴木・富田宛）には、

初鮭此方ニ而も六日ニ上使加藤伝九郎を以て寄々被下置候、検校にハ私奉り、三左衛門ハ御通事部屋へよばれ候而被仰付候

とある。立原の塙への心遣いを見る思いがする。(8)同じ書簡の末尾、追伸のかたちで立原は、

塙検校ニも重而銀子ニ而も可被下候処、とかく日本史校正ニも此人無之候而ハ成不申候間、御出入ふち被下候様ニと申談候、以上

と書いて結びとしている。早くも立原の本意が表立った感がある。九日後の八月十八日付書簡においても塙への扶持が近々決するらしいこと、『盛衰記』が済んだら引き続き「日本史」(9)をと考えていること、を述べ、続けて

二、三冊日本史もよミ聞かせ候処、事実之齟齬なること多く心付申候、引用書のこらす当り見不申候而ハ不安心之事共に御座候、盲人の強記ニハ驚入申候事ニ御座候、追々可申上候

と、鈴木・富田両総裁に報じている。この書簡は立原の、塙の学力への驚嘆とともに、自己の選任が誤りでなかったことへのひそかな自負心と安堵の感情をも看取できよう。藩庁から出版を急ぐよう指令されている立原としては、何としても塙の助力を必要としたのである。

九月二十八日、塙は『盛衰記』の校訂を終えるに当たり、その功によって合力五人扶持を与えられた。次はこのことを記した同日付の立原書簡である(鈴木・富田宛)。

一、盛衰記も再校、塙検校方ハ今日相済申候、来月二日ゟ日本史再校ニかゝり可申申合、塙も出候筈ニ御座候
一、塙検校昨日御用ニ而被召候、史館出精ニ付御合力五人扶持ニ候由、御達しニ御座候
一、盛衰記御用ニかゝり申候斎田三左衛門、内藤祐吉郎、(10)大関宅次郎へ御ほうひ被下候様ニ申出候

一方、『史林年表』の「寛政元年己酉」の項の末尾には、

塙検校保己一　参考盛衰記再訂ヲ命セラル、閏六月二日始、九月廿七日五人扶持ヲ合力トシテ下サル、八月廿五日、紀伝ノ再訂ヲ被命

とみえる。出入りの身分なので末尾に特記されたのであろうが、ともあれこの記載によればすでに八月二十五日には「紀伝ノ再訂」を正式に命ぜられていたことになる。

九月二十八日、『盛衰記』の校訂を済ませた塙は、いよいよ十月二日から『大日本史』校訂に着手することとなった(11)。

塙による校訂作業の開始を見届けた立原は、同月七日に江戸を発ち、九日水戸に帰った。発足前の三日、立原は「詰越候御慰労金二百疋被下候、難有仕合御座候」と水館両総裁に書き送っている。また『史林年表』の寛政元年の項には、先に引用した「藩邸ニ侍ス」に続いて「九月十五日史館調ニ付、金三百疋下サル、十月三日、十八日詰ノ御褒美二百疋、九日帰府」とある。このような書き振りから察すると、そもそも今回の立原の出府は、一つは藩首脳部との紀伝上木をめぐっての意見交換（実際上は直接その指示を受けること。註(2)の書簡参照）、もう一つは、塙と会って紀伝校訂の助力を懇請すること、この二つを主目的としたものであったように考えられる。とするならば、屋代宅での塙との会見は、そこで偶然相まみえたのではなく、立原の意向に添って事前に準備されていたものだったのではあるまいか。そう考えてみると、会見から塙出仕の決定までがきわめて短期間に行われたことや、立原への特別の褒賞の下賜についても納得がいくように思われるのである。

立原の水戸帰還後、江館からの差出人は前記の高橋広備一人か長久保玄珠（源五兵衛。号は赤水。史館員）との連名というかたちになる。高橋は当時「史館見習」の職にあった（『水府系纂』）。

塙の校訂作業が始まるとまもなく、参照すべき書物の不足に気付くことが多くなり、高橋・長久保は十月十九日付で、鈴木・富田・立原宛に次のように依頼した。

塙検校日本史校合仕候ニ付、見合候書物此方ニ無之分館本為御登被下候節ハ、直ニ宅次郎方ゟ申上候様ニ致度奉

存候

塙は校訂業務だけでなく、史館員の古典に対する様々な疑問にも応じていたようで、「曽我物語作者分り不申候へ共、古書ニ違無之由、先年伊勢平蔵（貞丈。幕臣で故実家―引用者）なとも被申候へき、尚又検校へも承置而可申上候」（寛政元年七月二十九日付、鈴木・富田宛立原書簡）。

ところで実はこの時分、藩庁はやはり立原の斡旋で京都の学者藤貞幹（叔蔵）と公家で有職家の裏松光世（固禅）にも『大日本史』の校訂を依頼していた。

出府中の立原が「質実成人ニ而、田舎翁之様ニ見へ」（九月二十九日付、鈴木・富田宛立原書簡）た藤に面会できたのは、幕府の儒官柴野栗山（彦助）を介してであったが、その藤が裏松とも親交を結んでいたところから、柴野の助言をえ、裏松へも校訂を申し出、裏松もこれを受諾したのである。

この間の経緯を物語る立原宛藤の書簡（十月二十一日付）を次に掲げよう。

大日本史此度御校合に付、裏松入道様へ御吟味之事、先頃中僕へ被仰聞御内意之趣を以上京後早速申入候処、御許容之御事に御座候、尤近来は甚以御多事故急々には御吟味も出来かね申候得共、御捨置なく御出精御吟味可被成進との御事に御座候、時日有候段早々得貴意度如此御座候[12]

裏松への依頼には、また別の意図もあり、そこに立原出府のもう一つの目的があったようである。

『大日本史』の朝廷への献納は、光圀以来の水戸藩の宿願であったものの、享保五年に幕府への進献が達せられたのちも、朝廷へはまだ実現していなかった。その理由を、いわゆる三大特筆の一つである南朝正統の主張が北朝の系統をひく朝廷の不興をかっているからではないかと見なしてきた水戸藩は、版行の暁には是非この宿願を果たすべく、前もって朝廷の理解を得ておきたいと考えていたのである。

このような事情は寛政元年九月二十九日付の立原の書簡（鈴木・富田宛）に詳しいのであるが、その中の、「京方之人を相談相手ニ引入候ヘハ、天下ニ誰ゟ難儀申入候事も無之候」あるいは「先〱右のふりゆへ本史少々も叔蔵へ預候様ニ可仕候、天下公行之書、一家之私書ニ無之候間、博洽之人ニハ誰へも見セ申候へハよく候、考定印行ニも仕度候」という箇所にはとりわけ立原の心境が如実に表明されているといえよう。立原は、そうしたみずからの意向には、藩主治保と付家老中山信敬も同意していて「至極御喜色」だったと伝えるとともに、裏松への依頼によって「京方へ深く御入候様」にみられないための注意も大切、と指摘することも忘れていない。いずれにしてもしかし、「塙検校へも及相談候へハよほと改不申候へハならぬ所も御座候」（同前）という現状に思いを致せば、立原としては焦慮の念を強めざるをえなかったのである。

二　校訂の曲折

塙への読み聞かせのいっそうの促進をはかるためには、参考文献の江戸送りなどばかりでなく、何よりその陣容の強化をはかることも不可欠であった。その要員として、翌寛政二年二月九日付で新たに水館の原新介（新助。迪）を「永詰」として江館へ転任させることになり、翌三月十二日、原は江戸に到着した(13)。

原は、その二十四日から仕事を始めるのであるが、三月二十九日付の鈴木・立原宛富田書簡(14)には、

新助随分達者ニ相勤候、検校宅へ勤入交ニ罷成候、一日ハ史館、一日は宅ニ御座候

とみえる。原は一日交代で小石川の江館と四番町の塙宅で勤務に当たったというが、前述のように塙が隔日で江館へ出勤していたとすれば、それに合わせて塙が在宅の日にもわざわざ自宅まで赴いて読み聞かせを行っていたのだろう

か。江館からは「検校校正局随分出精之様子」と水館へ報じられている（五月十四日付、同前）。

当時新設された「御用役」の職にあった大場維景（弥衛門）は、江館を管轄する立場にもあったようで、「弥衛門殿、史館かゝりぬけられ候而日本史之事斗りかゝられ候様ニなり候事」（六月四日付、同前）とみえる。藩をあげて「日本史」校訂にかける意気込みを察することができる。

寛政三年分の『往復書案』が欠けているのでその年の進捗状況はわからないけれども、翌寛政四年に入ると高橋は、鈴木・立原宛に「校読ニ付御登之儀、検校ニも申談候処、二、三月頃ハ大抵ニも相済可申候間、何レ御登ニ仕度候、三月比日長之節、四、五十日も御出被成候へハ格別埒明可申候」（正月二十四日付）と報じている。高橋にはかなり進捗しているとの実感があったのであろう。

ところがその年の七月二十一日、麻布の笄橋から出火した江戸大火で、塙の自宅も焼失し、塙はしばらくお茶の水の大屋四郎兵衛の居宅に仮住いを余儀なくされることになった。そこで藩庁は「塙検校類焼ニ付、御金五両被下置候、尤御内々之由ニ御座候」（八月十四日付、同前）と、「内々」で五両の資金援助をしたのである。

塙は、翌寛政五年五月、幕府に裏六番町の上地六百坪のうち三百坪を「和書講談并文庫取立御地面」（五月四日付、立原宛高橋書簡）として拝借したいと申し出ると、七月二十三日、その許可がおりた。早速工事にかかり、完成して転居することができたのは、十一月七日。

塙盲史一昨日新宅江移居仕候、遠方ニ相成不自由ニ而残念ニ存候(15)

とは同九日付の立原宛高橋書簡で、これまでの四番町にくらべ六番町は江館からは遠方になったのである。

塙が新居で「和書講談」を開始すると、読み聞かせ役の高橋広備もこれに出席した(16)。

盲史宅日本紀会、此間罷出申候所、余程得益之事ニ御座候、有館本へ書入指置申候（十一月十四日、同前）

盲史宅会之儀、愚意申上候処、思召ニ相違仕候段、恐入奉存候、被仰下候趣一々承知仕候、何レニも私ハ罷出候様可仕と存候、此方諸子私はしめ国書ニ暗、残念ニ御座候（十二月四日付、同前）

右の書簡からは、その「宅会」が「余程得益」と考える一方、高橋はじめ史館員にとり、「国書」に不案内と自覚せざるをえない場ともなって、高橋らの歎息が聞こえてくるようで臨場感がある。

塙の転居に伴い、従来の登館日にも変更が生じた。次はそれを伝える書簡である。

盲史移居ニ付、館務之儀御尋被仰下未相談一決不仕候、盲史ハ二、六之日館務御免之段申聞候、仍而此日ハ先手あき候間、何そ校読可仕か何レ共相定り不申候、思召も御座候ハ、可被仰下候、猶又得と検校へも相談可仕候（十一月十九日付、同前）

しかし、その後の経過は、寛政六年前半の書簡が伝存せず、わからない。

ところで、先に述べたように寛政元年九月、「先〱右のふりゆへ本史少々も叔蔵へ預候様ニ」とあった藤貞幹について、あるいは彼の紹介をえての裏松光世への校訂依頼はその後どうなったであろうか。まず藤へは「日本史校合之儀ニ付、彼是骨折取扱御座候処、此度相済、為御会釈」という理由で同六年七月、謝礼「白銀拾枚」を、手紙を添え藩主治保の名で贈呈している（七月二十四日付、同前）。依頼から五年をへての謝礼ということになる。

一方、裏松については、寛政三年二月に本紀三二巻（醍醐天皇紀）までの分が済んで水戸へ送られてきたので、早速謝礼を届けることにした。次はそれを示す藤の書簡（柴野栗山宛。『蒙斎手簡』上、所収。年次は同三年三月下旬。蒙斎は藤の号）である。[17]

日本史入道様御吟味追々御出来、水戸侯ゟ御音物之事、右御吟味御領掌ニ付者春羽二重、鮭参り申候様覚申候、今春鮭参り申候、是ハ寒中見廻と申事ニ御座候（三十五丁オ）

その後は裏松の多忙もあってしばらく滞り、それが済んで水戸に返納されたのは三年後の同六年の春であった。『蒙斎手簡』下、寛政六年八月十九日付の書簡には、

日本史入道様御吟味、去年相済申候所、御所労ニ付今春返納仕候（十八丁ウ）

とみえる。

これより先の寛政三年七月、新設の「座中取締役」に任ぜられていた塙は、[18]その用向きで上京を命ぜられ、同六年十月二十六日に出発した（十月二十九日付、立原宛高橋書簡）。前年五月頃にはすでに上京の予定はあったのであるが、自宅類焼の事後処理などがあり延々になっていたようである（京都着は十一月十日。十一月二十四日付、同前）。閏十一月十二日には江戸へ戻っている（閏十一月十四日付、同前）。

なお、塙上京のことは寛政五年正月早々にはすでに話柄にのぼり始めていたのであるが（正月四日付、鈴木・立原宛高橋書簡）、その二月十九日付、立原宛高橋書簡には次のような文面がみえる。

検校事、詐術と申上候ハ、御国へ下り申度の、或ハ上京いたし度のと申候得共、遂ニ其実事も見へ不申候間申上候ニ而少し大故あるも無之候、失言の段恐入奉存候、乍去日々接候上ニハ其心術の誠偽透徹照見候事も可有之候へ共、ケ様ニ申上候而ハ譏構之様ニも聞候間ハ恥入候事ニ御座候、猶勤怠のふり心付候事ハ可申上候

この書簡の内容には理解しがたい点が多いものの、一時的にせよ、高橋が塙の人格に不信感を抱きこれを立原に訴えたもののようである。

ともあれこの間、「校読も段々はかと」（寛政五年五月九日付、同前）ってはいたけれども、当初から読み聞かせ役だった大関が史館勤ながら同四年からその役を離れ、高橋自身も藩主侍読に館務多忙が加わって読み聞かせ「専一ニ取かゝり候儀不相成」（六年十月九日付、同前）、以前から「日本史校読少ナニ而こまり候」という現状が続いていた

（同五年正月二十九日付。鈴木・立原宛高橋書簡）。

そこで江館は、水館勤務で舜水祠堂講釈を担当していた杉山策（策兵衛）を読み聞かせ要員に加えたいと考え、これを水館に提案した。杉山は、藩庁から選抜されて幕府の昌平坂学問所へ入ることになり寛政六年閏十一月十六日に入学の手続きを終えるのであるが、[19] 事前にこれを知った高橋が人材不足を補うべく、「校読の方、来春ゟ早々杉山かゝり候様」（閏十一月十四日付、同前）といい、さらに娘が死去したため一旦水戸へ帰った杉山について、「杉山生罷下り候ニ付、委細校読の事等御聞被成候事と奉存候、いつれ加勢無之候而ハ参り兼候」（十二月十九日付、同前）と述べ、杉山の「加勢」を強く立原に求めたのである。

翌寛政七年正月十四日付、立原宛高橋書簡には、「杉山生加勢之儀、登り後被仰付候様被仰出候由致承知候」とあるものの、その後の書簡には杉山の「加勢」が認められる文面は見当たらない。やはり学問所での勉学との両立はむずかしかったのではあるまいか。

ところで、塙は、水戸藩から校訂の要請を受けた時以来、これを大層光栄に感じていて、寛政六年閏十一月に京都から帰るとまもなく、藩主治保に和学講談所に掲げる扁額の揮毫を依頼していた。

旧冬、塙検校国学所額字　上公御染筆相願候所、願之通相済拝領被　仰付候、表ニ温古堂ト隷書ニ被遊、御印章も無之、裏ニ年号月□　□被遊

とは、七年正月四日付の立原宛高橋書簡である。「温古堂」は老中松平定信の撰、日付は「寛政六年甲寅十二月」。屋代弘賢が刻して掲げた。なお、「温古堂」は公的には「和学講談所」であるが、たとえば湯島の聖堂を弘文院と称したのと同様の号と考えてよいのであろう。[20]

ともあれ、この寛政七年の二月からは、先に出府して読み聞かせ役となっていた原新介が書簡に頻繁に登場するの

をみると彼の役割が大きくなったことがわかる。一例をあげれば、「先日中新助方ゟ校読書之儀得御意候、当時急キ入用候間草々為御登可被下候」（三月九日付、富田敏好〈源之允。水館総裁代役。敏貞の子息〉宛高橋書簡）とあるごとくである。原は、水館から必要な書物を江館へ送ってもらう際、これまで規定に従って「印券」（官印を捺した証票）を提出していたが、書物は公務上の「拝借」つまり「御用拝借」であるから以後これを廃し、往復する書物はその名を帳簿に記入するという簡便な措置で済ませることになった。

実際、この頃から江水両館双方で書物の交換が書簡に度々表われるようになる。原にかかわるさらに二例を掲出してみよう。

新助方より校読書之儀得貴意候、至極当用之物ニ候間、毎便無御間違為御指登可被下候（三月十四日付、同前）

新助ゟ得貴意候御書物共御便之節ハ御手ぬけなく追々為指登ニ仕度候、其段文庫役江御達可被下候（六月二十四日付、同前）

右の書簡では、具体的な書名を知りえないけれども、この七年後半から年末にかけてにはよく知られている書物だけを挙げても『類聚国史』『新撰姓氏録』『延喜式』『類聚三代格』『年中行事絵巻』『西宮記』『江家次第』『日本紀略』『百錬抄』『古事談』から『本朝通鑑』『参考源平盛衰記』『礼儀類典』などを数えることができる。書名のある書簡の一例をあげよう。七年十一月九日付、立原宛高橋書簡である。

日本紀略、百錬抄先日指下候処、又々入用ニ候間、為御登可被下候、姓氏録等落手仕候

この寛政七年の二月、立原は藩命を受け、館員の小宮山昌秀・藤田一正（与介。号は幽谷。商家の出身で立原の門人。天明八年水館に入り、寛政三年から編修員）らを伴って上京した。(21)『史林年表』の同年の項には「日本史ノヿニ付京師裏松殿ニ奉使ノ命アリ」とある。裏松へ校訂終了の謝意を直接伝えるとともに献納への朝廷工作の旅であり、その十七

日に水戸を発し、十九日に江戸着、三月朔日に江戸を出発した。京都に着いたのは十五日である。京都ではまず藤に、ついで裏松とも面会し、滞京一ヶ月余に及んだ。事実、裏松は寛政三年の正月頃から内密に種々周旋の労をとっていたようであり、[22]『史林年表』には「使命ヲ達シ」とみえる。立原自身、江戸に帰着した二日後、富田総裁代役宛に「私儀も京都御用無滞相済、去る廿二日無恙下着仕候、当地御用相済次第罷下緩々可得貴意候」（七月二十四日付）と報じている。とはいえ、献上へどのような道筋をつけることができたのかはわからない。立原は、「京方へ深く入っていると幕府からみられないように上京の結果は藩首脳部に直接上申し、このため前記書簡にも「緩々可得貴意」と記すに止めたのかもしれない。立原が水戸に帰ったのは八月五日である。[23]

三　塙の精励と史館の実情

立原らが旅行中の寛政七年の七月から、翌八月にかけての江館では、原をはじめ病人が続出し、勤務できるのは十数人中わずか二、三人という有様で、高橋坦室（広備）自身も「一両日前疝積之気味にて、甚苦痛致、起居飲食なりかね候」（七月四日付、富田宛高橋書簡）状態であった。このため一時期「無人」ともいえる江館では読み聞かせ役からはずれていた大関庸徳（主務は稿本の筆写）がただ一人で「諸受取物」から「御用写物」まで一手に引き受けざるをえなかった（八月九日付、立原宛川口三省〈長孺。助九郎。寛政五年八月から史館員〉書簡）。

ようやく九月になって、四日に原が登館できるようになったので、川口は相談の上、大関には再び読み聞かせ役をも兼ねてもらうこととし、北塙邦教（文左衛門。安永四年から江館雇）もこれに加わることにしたものの、北塙はまもなく水館の文庫役に転じたため、その後任には川口自身が当たることになった。しかし川口は寛政五年から連枝宍戸藩主の侍講なども兼ねていて多忙のためおのずと原と大関に負担がかからざるをえなかった。

大関宅次郎一躰小録にて勝手困窮之処、近来別而繁務ニ相成、日勤罷出間、何卒新介など同様御切符金壱枚御直被下候様仕度奉存候、勤向も甚出精仕候事ニて御座候

とは、翌寛政八年正月二十九日付、立原宛高橋・富田書簡である。(24)『史林年表』によれば、大関は二月二十二日「金二両二分ヲ加ニ《(テカ)》通前一枚トナル」とあるから、この願い出は叶えられたわけである。なお、当初読み聞かせ役であった斎田典盛(三左衛門)はこの正月二十七日留守居物頭に「御役替」になり、栄転した(正月二十九日、立原宛高橋・富田書簡。『水府系纂』では「江戸留守居同心頭」)。

八年八月十九日、江館の高橋は「日本史校正ノコトニテ水戸ニ来リ、十月十三日発途、江戸ニカヘ」った(『史林年表』。八月二十四日付、川口宛小宮山書簡)。高橋は当時江館の総裁代役を務めていたので、高橋の水戸出張中は川口がその役に当たった。九月十四日付で、水館の小宮山昌秀はその川口に次のような書簡を呈している。

一高橋氏拝借延喜式入用御座候間、御下し可被下候

一塙検校所蔵二中歴御かり可被下候、史館御本ノ闕ヲ補申度候

一検校御用ニ付被仰下候書、左之通為指登候

将門記　陸奥話記　一　続往生遺《(ママ)》　後拾遺往生伝　一

東斎随筆　一　閑中鈔　四

宇治拾遺　十六　続古事談　三

八雲御鈔　三

右之通為指登候、此方校正御用御書物数部手元なし申候而ハ手つかへ申候間、御用済次第早速御返可被下候、先

達而登居候本も同断ニ御座候

右の書簡には、江水両館の間で、塙の用向きあるいは塙所蔵本の借用を含め、依然として頻繁に書物の往来の続いていた一端を示している好例といえよう。

栗田勤著『水藩修史事略』（昭和三年、大岡山書店刊）の寛政九年春の項には「江水両館の諸生、毎日館に入りて、校讐に励精し、休暇あることなし。秋に至りて止む。」（七四頁。原文は『修史始末』。註(26)参照）とある。それは、光圀の「百年遠忌」までには紀伝上木を果たせとの命を受けていたその時期がいよいよ迫ってきたからである。

藩主治保もこの時期率先して日課を立て、史館員に侍読を命じ、紀伝の校閲に努める身の入れようであった。昨年（寛政八年）十二月十四日付立原宛高橋書簡には、

日本史中清書本入　高覧候処、一通御読被遊候分にてハ皆々校訂申候手きわも御分り不被遊候間、出来次第段〳〵御校読可被遊との事にて、先神武紀は私幷三省罷出候間、御一校被遊候筈ニ御座候、依而其次も早々中清書被仰付為御指登可被成候

とあり、治保の熱意を彷彿とさせる。この書簡は続けて、「己未歳（寛政十一年─引用者）までに御終業被成度旨奉畏候、乍不及何卒勉励可仕候、塙にも申合可被下候」と記す。それだけ塙への期待も大きかったわけである。

塙盲史も終日勤ニ罷出可申旨申候、色〳〵御相談申上候事ニ御座候（寛政九年正月四日付、立原宛高橋書簡）

塙自身も出勤日には「終日」の覚悟で臨んでいたのであろう。

しかしそれにもかかわらず、依然として読み聞かせの人手不足は解消されていなかった。高橋は、立原宛に同九年二月四日付で、「当時此方日勤ニ仕候処、検校ニ読候方原一人」、このままでは校訂は一向に進捗せず、「是非〳〵五、六人にて一同取かゝり不申候へハ不成功」状態なので、やむなく書写を主務とする長久保（一、権三郎。寛政八年七月

から史館員—引用者）、大関だけでなく、益子遊衍（寛政八年二月、史館定付坊主）などまで動員して読み聞かせを行っている、とその実情を告げるとともに、塙をめぐって次のように述べるのである。

塙へも初より不被仰付候得ハ甚佷ニ候得共、一旦被仰付候上ハ是も卒業之上ニ無之候ハヽ、上木之御調も難被成儀と被存候、夫なれハいつれにも其御地御校読已前ニ此方塙氏比校不仕候得ハ逆順之勢不宜と奉存候、右之ふり合ニ仕候ハ人数不足ニてハ出来兼候ゆへ、長久保、大関等書写之方ハ先指置一同取かゝり候而一日何程之課程を立候而是非八月比迄卒業仕候様わり合仕候、私、三省なとも余力之時ハ手伝仕候儀ニ御座候、塙氏もまつは隔日にハ出勤仕候

この書簡は要するに江館の奮励ぶりを示しつつ、「逆順之勢」にならないように水館での校訂を急ぐよう催促しているのであるが、「塙へも初より不被仰付候得ハ」云々、との言い回しには、高橋の本音がほの見えるようにも感じられる。

それはともあれ、江館の長久保一が水館への移動を予定されながら、二月十九日、江館に留置かれることになったり、また津田信成（覚〈角〉之允。歩行士）が同日、「御雇」となったのは、高橋の訴えが藩庁を動かしたからにちがいない。このうち津田の場合は、「覚之允儀、和書ハ一向取扱候事も無之候得共、段〳〵指図仕候へハ比校ハ出来可申候間、ならは御雇ニ仕度」（二月九日付、立原宛高橋書簡）という申し出によって十日後に「御雇被仰付」（二月十九日付、同前）れたのである。

この二月九日付高橋書簡の引用文のすぐ前には「此方校読之儀先便も申上候通ゆへ是非今壱両人ハ御人無之候而ハ間ニ合不申候」とみえるように、この時期に至り、高橋の度重なる催促を受けては藩庁も江館の人員補強に乗り出さざるをえなくなった事態を察することができる。

四 総裁立原の苦衷

それでは、このような両館の現状に総裁立原はいかに対処したであろうか。寛政九年五月十九日付立原の高橋宛の書簡は「校読之事其御方当時はなわ方ニ而御かた付被成候趣追々承知」と書き起こし、以下長文で意味の汲み取りにくいところがあるが、おおよそ次のように述べている。こちら水館では疑問の箇所を「はり札」にして私に提出し、私はこれらをもとに両館の考えをまとめようとしているわけであるが、「私方ニ而も其御方思召を経不申内ハ相極不申、おし付置候、（中略）御在留の時のことく、此方の考へ貴考を加へ、一冊つゝもかた付参り申度候、其御方の貴考へも此方諸子の考を加へ、猶又往復論弁少しつゝもかた付申度候」、ともあれ両館の連携により少しでも前に進めたいのだが、「何事も御直読候様ニハ行届申まじく候へ共、何分ニも平心討論いたし候ハヽ、行届可申候」。私が出府しなければ埒が明かないというなら、折を見てそうしたいと考えている。

立原は実際、八月二十日に水戸を発ち出府するのであるが、この度の出府は江館員と「平心討論」するためではなく、『史林年表』に「八月十九日《ママ》召サレ江戸ニ赴ク」とあるように、直接治保の命によるものであった。「打つゝき毎日罷出申候、日本史御侍読仕候」（八月二十九日付、富田宛立原書簡）。立原は連日「侍読」を続けたけれどもなかなかはかどらなかったのであろう、十二月十四日付で富田宛に「私罷下候事、日期今以御達無御座、甚指つかへ申候」と伝え、十日後には「私下りの事いまた御用も不相済候間、来正月中旬迄御指留ニ御座候由、御小姓頭山田伝左衛門ゟ昨日被申達候」（十二月二十四日付）。立原が帰水したのは翌十年正月十七日である。

これより先、高橋は、寛政九年七月二十九日付書簡で江戸へ出立前の立原に、江館では追付け比校は終了するだろうから水館の校本も段々見せてほしいと依頼するとともに、「何卒其御地御かゝり申候御方壱人御登被下候様」にと願い出、「若御承知も被下候ハ、藤田抔為御指登ニハ被成兼候や、宜敷御賢慮可被下候」と、藤田一正（幽谷）の名をあげてその出府を求めていたのである。

高橋の要請を受けた水館は早速藤田を江戸へ出張させることとし、藤田は翌閏七月十六日に出立、十八日に到着。事前の申合せにより高橋宅に宿泊して校訂に従事した。

ところが、その藤田は、高橋はじめ川口、長久保（一）の三人とともにしばしば遊里に出入りし放蕩の行為があったとして十月十八日、謹慎の処分を受ける身となった。とくに藤田は、謹慎中の身柄をも顧みず、藩主治保に封事を呈上し、しかもその内容が藩政の現状をきびしく批判するものであったため「不敬」として編修の職を解かれ小普請組に落とされ、水戸へ帰るという事態となった。

与助事、九日立、定而十一日到着候半、委細先便申入候通之儀、如何共手も付られぬ事共ニ御座候、併此まゝニも成申間敷候、追々可及御相談候、当時茫然自失何の愚按も無之候、只あきれ候のミニ御座候

とは、十一月十四日付、立原の富田宛書簡である。

この藤田の行為を契機として以後立原は藤田と絶交状態となり、これがのちに幕末・維新期まで引きずる立原・藤田両派の対立抗争のそもそもの発端をつくる結果になったことはよく知られている。立原が絶交という強硬な態度をとったのは、直接には「覚悟之上ニ君徳之明を損し候様成事仕候ハ不届至極」（十一月十九日付、同前）と考えたところにあったとしても、それだけではなく、江戸滞在中の藤田が八月にわざわざ水館へ一書を呈し、「大日本史之名有四不可」ことを論じたり(25)、十月に立原の廃志論を暗に批判する『修史始末』(26)を著したりしていたので、藤田のこうした行為に当時の立原がひどく不快な感情を抱いていたからでもあろう。

筆が立原・藤田師弟の関係にまで及んだので、塙とその周辺に話を戻そう。

立原が治保侍読を続けている間にも塙は校訂に余念がなかった。同九年八月十九日付の富田宛高橋書簡と同月二十九日付富田宛立原書簡（一部前掲）とを合わせ読むと、塙から『仲資王記』が返ってきたのが十九日、塙はなお『業資王記』も見たいと希望したのですぐに水館から取り寄せ、塙へ渡しておいた同書が戻ってきたのが二十九日、即日水戸の管庫へ返却する旨通知という、慌しい作業の続いていた状況の一端を想察させる。

校訂の進む中、治保は丹念にこれらに目を通し、度々疑問点を出して回答を求めた。

日本史御疑問壱冊指下申候、宜敷御裁断御朱書被成候て御遣可被下候、毎度往復御答之儀入　高覧候様被仰付候

（寛政十年二月二十四日付、立原宛高橋・小宮山書簡）

差出人の小宮山は同月十九日に出府、二十二日にはじめて侍読の席に着いたのである。岡崎正忠（藤田の門人）の著作『修史復古紀略』(27)の寛政十年の項には次のような記述がみえる。

是の年、江館相議し、三冊子を作る。侍読退録と曰ひ、覧史下議と曰ひ、日本史注と曰ふ。編修小宮山昌秀、侍読退録の後に書して曰く、寛政戊午（十年—引用者、以下同）、上公親しく日本史を講じ、臣秀、臣長孺（川口）、臣広備（高橋）と侍す。公、議論正大、校讐詳悉、一字も苟過せず。秀等退きて録し、衆と論定し、刪補する所多し。謹みて再び請可す。嗚呼、公、晩政の暇あらざるに、心を用ふる此の如き者、以て継志紹述の美事を観るに足らん。名づけて侍読退録と曰ふ。（原漢文。八頁）

右の記述は、その前に掲出した高橋・小宮山書簡とよく符合する。この時期以降、治保の「御疑問」の提出はさらに増加し、治保の強いリーダーシップのもと、校訂の進展をはかる動きが活発化していく。

いよいよ寛政十一年には、『史林年表』によると、史館には紀伝謄写のため合計一〇人の新加入者があった。八人

は四月二十三日付で、一人は五月四日付、もう一人は七月十一日での発令である。この異例ともいえる人事はもちろん治保の承認があってこそであろう。

『史林年表』には記載がないものの、このほか前年には原新介の申し入れにより、「御庖丁人合田甚介悴安兵衛」も五月二十九日には「御出入」を許されている（十年五月二十九日付、立原宛菊池重固〈平八郎〉書簡。菊池は十年二月二十五日から江館総裁）。この合田安兵衛は塙の門人で、当時「年二十二歳斗」。原は本人の希望もあり、「和学稽古致候ヘハ、往々御用ニも相立可申哉」と「史館御雇」を申し入れたのである（四月十九日付、立原宛菊池書簡）。しかし学力不十分とみなされて「雇」ではなく「御出入」に止まることになった。

五　上木下命の前後

このように寛政十年から十一年にかけては、紀伝の浄書完成を急いできたのであるが、その甲斐あって光圀の「百年遠忌」に当たる寛政十一年十二月六日、上木には至らなかったにせよ、『大日本史』紀伝浄写本八〇巻を光圀の廟に献ずることができた。告文は元史館員吉田尚典（愚谷。同十三年三月九日から再勤）が読み上げた。総裁の立原がこの年十月九日、「瑞龍訴民決獄ノ事ニ付申出タル赴《ママ》不調法ナリトテ閉門セシメラ」（『史林年表』）れ、謹慎中だったためこの式典には参列できなかったからである（翌十二年正月二十一日に閉門解除）。この日のために心血を注いできた立原としてはさぞ無念だったであろう。

一方、これまで謹慎中の藤田は、この式典の当日赦免されて再び史館に入った。これ以降、治保の信任ははっきりと藤田に移り、史館における立原の立場は逆に弱まっていくことになる。

なお、翌十二年の九月十四日・十五日の両日にわたり、総裁立原以下の史館員四〇人のうち二八人がこの度の「校正」あるいは「校正書写」の功が認められ、それぞれに褒賞金が授与された。ちなみに立原は「白銀三枚」、原・大関・北塙はいずれも「金三百疋」である（『史林年表』）。それにしても式典から九ヶ月以上後とはいかにも遅すぎる気がする。立原の件と何か関係があるのかもしれないが、遅延の理由はわからない。

さて、光圀の廟前への浄写本献納によって一区切りついたとはいえ、実はこの浄写本は「中清書本」といわれるものであって、上木へ向けてはさらに一段の校訂を加える必要があった。

寛政十二年三月、早くも塙へ改めて校訂要請があり、協議を進めた結果、「塙校合之事申合候処、史館にて読合可致旨申候、中清書段々御下被成候様奉存候」（三月四日付、立原宛川口書簡。川口は江館総裁代役）とあるように、水館にあった「中清書本」を再び江館へ戻す必要が生じたのである。そのうえ治保からこれをさらに見たいという指示もあった。

昨年十二月の式典以降、塙が実際にいつから校訂を再開したのかは分明でないが、十二年八月十九日付の立原宛川口書簡に、

日本史塙へ読聞かせ可申之処、当時御扣本始り候得バさし合候間、壱冊も相済次第塙へワけ可申候

とあるのをみれば、すでに治保手元の「御扣本」により校訂が始まっていたことがわかる。いきおい塙への期待もまた高まってきたであろう。

まさにこのような時期、治保の強い意向により紀伝上木の命が下った。『往復書案』にみえるその件についての初見は「本史上木之事、一旦御差扣之処又々再命御座候由、恐惶無限候」とする、十月九日付、立原宛川口書簡である。したがって下命は寛政十二年十月初めということになるが、川口は五日後にも立原に書簡を呈して次のように述べる。

本史上木之再命有之候(28)付、御校読御出精被遊旨先便被仰付候趣与相伺候処、当時御手透ニて被為入候得ハ如何様ニも御出精被遊と被　仰出候、此方は大抵隔日二日置くらゐに被遊候思召ニ候（十月十四日付）

寛政九年十一月二十九日付の富田宛立原書簡をみると、この時期の執政五人は年数も費用もかかる上木にはこぞって消極的だったのであるから(29)、それを押し切ったのであれば、それは「大抵隔日二日置くらゐに」校閲に精出していた治保の決断によるところだったにちがいない。

しかるに、上木の命のあった十月、塙はあいにく病床に臥していた。十月二十九日付の立原宛川口書簡がそれを語っている。

はなわ校読之儀ニ付、委細貴報之趣承知仕候処、不快由ニて暫出仕不致候、困ヵ臥致候由ニ候へバ隙取可申候、無是非候間、御扣本之方斗段々かた付、出勤後読聞かせ可申候、首巻さへ未畢功候て相下不申候

これより先、立原は、塙への読み聞かせを急ぐよう川口に指示し、川口も十月十九日の時点ではまだ塙の病気を知らなかったので、当日およそ次のように返答していた。「はなわ方為急可申旨承知」した、現在は「先日も申合せ候処、六ノ日斗罷出」ということになっているが、それではとても埒が明かないので、出勤日を増やすよう交渉したい、ついては「貴君様よりも一ト通り塙江被仰合可被下候」、よろしければ上司へも申し入れたいし、すぐに「尊慮伺に可申哉」、この点のお考えも伺いたい。

いつから「六ノ日斗罷出」るようになったのかわからないが、「先日も申合候処」とあるから最近の「申合」なのであろう。

十一月に入って快方に向かった塙は、五日に出勤した。早速出仕日増加の交渉に入ったものの、「当時公義（ママ）御用も有之」、そのあい間でなければ登館できないとのこと。やむなく「折々成共出仕之振ニ申合」とせざるをえなかった

（十一月九日付、立原宛川口書簡）。とはいえ、塙の助力がなければ先へ進めないので、出勤が減っても「上木不了内は今迄之形ニて塙、館僚同様」の待遇を継続することになる（十一月二十四日付、同前）。

次に引用するのは、川口の、奉行榊原照昌（新左衛門）へ提出した伺書である。この伺書は、寛政十二年十一月二十四日付の右の立原宛書簡に付載されているものであるが、塙の功績を館員一同が推重している実状、すなわち塙の校訂上の位置の大きさを改めて確認できるのでその全文を示そう。なお、川口はこの伺書について、申出留が手元になく覚えているところを口授させて左の通り認めてもらいお見せする、少々文面に違いがあるかもしれないが、大筋において相違はない、と注釈を付している。

日本史開板之義、御国表へ重而御達も御座候ニ付尚又再応吟味仕、当時　上ニも御校読被遊候、右日本史最初中清書之節迄も塙検校義共々校合仕候義候所、此節　御開版之前も今一応最初ゟ読為聞候而当人存寄之義史館一同申談候様仕度候、尤甚五郎義も右同意ニ御座候、私共校読仕候義は本務之義故、其時々不奉伺候へ共、此度又々塙江読為聞候義不苦候哉、尚又、上ニも御校読被遊候義ニ候所、御次第も可被為有哉之界も不相測候ニ付奉相伺候、以上

この度の上木に際し、最初から塙への読み聞かせを行い、当人の意見を求めようというのが史館一同の意向であり、立原もこれを了承しているというのである。

右の伺書にも「上ニも御校読被遊候義ニ候」とあるように、治保の校読はこれ以降もなお精力的に続けられていく。享和元年の書簡中からその四例ほどを次に挙げてみる。

本史御疑問神武以下二冊程之分、先達而相下申候、御答御認御遣可被成候、折々御尋等も御座候、次も追々相認候而御届可申上候（七月二十四日付、立原宛川口書簡）

日本史一条迄相登居候処、最早二、三日中御済に相成候、後便次巻御登セ可被下候、後便相延候而は御手明キに罷成候間、早速御登セ被下候様奉頼候（八月四日付、同前）

日本史　高覧之処も明日迄ニ而相終申候、後冊之義先便得貴意候通御登可被下候（八月二十九日付、同前）

御疑問壱冊相下申候、大に延引致度々御催促御座候、早速御考御遣可被下候、勿論大抵は相考書キ入置申候、相違之処は無遠慮御駁議可被仰下候（九月十四日付、同前）

治保の「御疑問」が次々と発せられる中、水館の立原はなかなかこれに応じることができず、とかく遅延を重ねがちであった。

校本、塙へ読み聞候処、もはや尽申候、御登セ可被下候（享和元年三月十四日付、立原宛川口書簡）

とあるのは、塙へ読み聞かせるべき「校本」はその時点ではすでに済んでしまったので、早く次の「校本」を江館へ送るよう依頼した書簡と考えられる。その後も「日本史之義被仰付奉承知候、先便既に小口ニ而七之処相下申候、尚亦今日、八、九相下申候、御落手可被下候、中清書之方は塙に懸ケ且は此方ニて見合候為メに先相留置申候、十之巻以下も追々相下可申候」（元年八月十九日付、立原・桜井安亨〈彦之允。総裁手添〉宛川口書簡）とか、「日本史（中略）都合七冊相下申候、此にて残本無之候、勿論塙校合之為入用御座候、御用済候ハヽ、平城以下又々御遣可被下候」（九月十四日付、同前）など、塙の関与についての書簡がみえる。

なお、この間の享和元年六月四日付、立原宛川口書簡には、

塙へ御達ふり并理三郎（村山雄─引用者）御申渡書付別紙下候

塙滅録之事気之毒存候、乍去御出入医家町人之類此方一同之事ニ候、不及是非候

とある。従来、「五人扶持ヲ合力トシテ」給されていたものが「減録」で何人扶持になったのかはわからない。川口

が述べていたように、塙の任務が決して軽くなったとはいえないこの時期に「減録」とは「気之毒」ではあるが、「御出入」に一律の措置ということで例外は認められなかったのであろう。史館における立原の立場が弱くなっていた当時の状況が「減録」を止めることのできなかった一つの要因となっていたのかもしれない。立原と藤田・高橋とでは、先の高橋書簡や後述する藤田の『修史始末』中の塙批判などからみて、塙への信頼度に差異があったことはやはり否めないように思われる。

その一方、読み聞かせ役としてこれまで重要な任務を果たしてきた原新介は、同元年三月九日付で「其方儀於史館無懈怠出精相勤候ニ付」御徒目付次座に昇進し（立原宛岡井璵〈富五郎。号は蓮亭。史館員〉書簡）、同人はさらに「侍読幷御用書等」（四月九日付、立原宛川口書簡）の扱いとなった。川口は立原宛に「当時侍読之ふり原同様隔日之積ニ相勤候、原も殊外大義ニ御座候」（同前）とも報じている。

この享和元年から翌二年にかけては、本紀の「御覧」が一応済んで列伝へと進んでいく。すなわち、「后妃伝之事大抵御済」み（二年五月二十四日付、立原・桜井宛川口書簡）、その後は皇子伝、皇女伝へと移っていったのであるが、とくに皇子・皇女伝の校訂では名分論の観点からその順序づけに苦慮することになる。それでも立原は、一応決着のついた巻から江館へ届けようとしたところ治保から順々に読み進めたいのにそれができないのでは「不行届」だと治保から咎められる仕儀となった（立原・桜井宛川口前掲書簡）。なお、二年前の寛政十二年八月十九日付、立原宛川口書簡には、すでに「皇子順落手仕候、追而塙へ読聞セ可申候」とみえるから、その順序づけについても塙の意見を徴していたのである。こうして難航を重ねながらの校訂作業が続く。

ただし、治保の「高覧」が済んだといっても疑問が出されればまた戻って検討することになるので、今後も後述する上木の開始まで江水両館の遣り取りは続くことになる。

六　藩主治保・治紀と塙

享和二年五月十四日付の立原・桜井宛川口書簡には、「塙事、以来月々御部屋へ被召候様ニ相定申候」とある。これからは毎月一度「御部屋」へ伺候するよう治保から命ぜられたというのである。この知らせを受けた立原は、「塙事、月々御部屋へ被召候由致承知候、定而和歌講釈等之事と奉存候」（五月十九日付、川口宛カ）と返答している。月に一度は藩主治保に近侍して問答ができる待遇を与えられたわけである。立原は「定而和歌講釈等之事」か、と書き送っているが、治保としては塙から直接話を聞く機会を持ちたかったのであろう。

前掲『修史復古紀略』(30)の享和三年二月十日の条には、「是の日、命あり、今より以後、上公閑暇の日、将に親しく紀伝中載する所の古歌の義を問ふと云ふ。」とし、同月二十日の条には「瞽者保己一を召し、古歌の義を問ふ」（原漢文）とする。

立原の書簡にくらべるとより具体性があるものの、ただ同書の塙に関する記述（二月十日の条）の中には「時に十人月俸を賜ふ後減半す」とか、「是より毎月三次登館す。十日、二十日、晦日」とか、前述した『往復書案』の扶持額（「五人扶持」）や登館日（「隔日」「六ノ日」など）と合致しない箇所がある。また「是の日（二月十日―引用者）、命有り、今より以後」云々も、川口書簡とは九ヶ月近く遅い日付となっている。同書は巻末の記載が「今茲（文化二年―引用者）十二月二十日」となっていて、とくに後者についてはわずか二、三年前の出来事のはずなのに『往復書案』となぜ合致しないのであろうか。いまは史料的性格からみて『往復書案』の文面を正しいものとしておく。

さて、享和二年から現存最後の文化四年までの『往復書案』には、文化元年、二年の分が欠本のためでもあろうが、

塙の校訂作業にかかわっていることを具体的に示す書簡は見当たらない。文化三年八月十九日付の藤田宛の高橋書簡に、

塙検校、礼儀彙纂朝賀部一寸拝見仕度旨申聞候、当時編纂中手はなし兼候儀ニハ存候得共、体裁一検いたしと可申由ニ御座候間、早速指下事ニ御座候、不苦候ハ為御指登可被下候

とみえるものがわずかに校訂に必要な書物を見たいための申し出か、とも察せられるくらいである。

そのほかは、例えば「塙検校校訂令義解蔵版出来あかり候付、壱部史館江相納申候、当時此表入用ニ付、留置申候、此段為御心得得御意候」（享和三年九月四日付、史館員小池友賢〈桃洞。源太左衛門〉・同青山延于〈拙斎。量介〉宛藤田・川口・高橋書簡）、「群書類従上木の分、先年検校ゟ館庫へ相納候所、其後追々板行出来候間、跡をも段々相納め可申候所、是迄何々の部相納了候と申事分り兼、尚又此方にて見合申度所も御座候間、右類従之書まづ一ト通り為御登可被下候」（同年十一月二十四日付、小池宛青山・藤田・川口・高橋書簡）というような塙方の和学講談所蔵版の書物についての書簡や、「塙蔵本兵範記御蔵本へ補写之分相済申候ハ、御遣可被下候」（文化三年二月九日付、藤田・青山宛川口・高橋書簡）、「塙検校より借写候異賊考写り候間指下申候（中略）武家名目と申もの当時集始り居候由ニ御座候、これは調法なる物ニ可有之候、是又追而借用候筈ニ候」（文化四年九月二十九日付、藤田宛高橋書簡）、「塙検校ゟ夕拝至要抄（夕拝備急至要抄—引用者）、内局柱礎抄相収候間指下申候」（同年十二月十四日付、同前）などといった内容の書簡ばかりである。

『令義解』や『群書類従』を開板するたびに塙方から史館へ納めるなどこれらの書簡も塙と史館との深い関わりを示してはいるけれども、塙の校訂作業の実際を語るものではない。確かに塙は、その任務を、寛政元年以来二〇年近くの歳月の中ですでにあらまし達成していたといえるかもしれない。

しかし、『往復書案』にその記述がみえないからといって、塙の存在が軽くなったとはいえないようである。既述のように、読み聞かせ役として塙の傍にいることの多かった川口長孺（三省）の著作『史館事記』の文化三年六月六日の条[31]には次のような記述がみえる[32]。

六日、一正・延于水戸に還り、後、広備・長孺対校す。此の日、宇多帝本紀を始む。紀首の旧本、世継物語に拠り、光孝帝龍潜の時、諸子をして其の志を言はしむ。宇多帝は願くは東宮に居り、以て大宝を嗣がんの事を載す。誦読の間、塙保己一傍聴して曰く、『世継の記す所は、蓋し日本紀崇神帝の語を模す。恐らくは実事に非ざらん』、と。因りて之を下文に考ふるに、宇多の位を嗣げるは、全く基経の意に出で、必ずや光孝の志に非ず。且つ宇多帝は幼より心を釈門に帰す。帝も亦登極の志無し。蓋し基経其の制し易きを利して援立せるのみ。世継の説は藤原氏の為に粉飾せるなり。保己一の説、識見有り。是に於て此の一条を刪し、注文参考に載せ、その非を弁ず[33]。
（原漢文）

書簡の遣り取りの間ではなかなか伝えられないこのような光景は、読み聞かせの現場では日常的に見られたにちがいなく、読み聞かせた当人でなければ書けない文章である。その意味で現場からの報告ともいえるこの記述は塙の肉声を聞くような貴重な証言といえよう。上記引用文の同日の条に記されている塙についての次のエピソードもはなはだ興味深い。

一日、武公（七代藩主治紀―引用者）の燕間に侍す。公問ふて曰く、『汝飲食に於て嗜好ありや』、と。保己一曰く、『僕生淡泊、佗に嗜む所なし。惟々芋魁を好み而して未だ飽を得ず』、と。他日、又侍す、公予め大芋魁を蒸し、大盤に盛りて賜らしむ。而して保己一大に悦び立ちて数十枚を喫ふ。公笑ひて曰く、『此の如き淡泊も復た嘉す可きなり』、と。籯《えい（かご）》に満して齎らし去らしむと云ふ。（原漢文）

一読微笑を禁じえない。治紀も前代治保（文化二年十一月一日死去。享年五十五）と同様に、塙への深い恩義と親しみを感じていたのであろう(34)。

川口は、この二つの文章の間に、塙の略歴を挟み、そのあとで、「立原万曰く、『是れ小丘明なり』、と。戯れに称して盲史と為し、遂に薦挙して盛衰記を校せしむ。後、国史校訂の事に豫り、頗る裨益あり。」（原漢文）と記している(35)。

前述したように、立原は門人藤田との不和が生じ、また校訂の進まないことなどから治保の信頼は藤田らへ移り、享和三年二月四日総裁を辞任、隠居を命ぜられる。しかし立原と塙との親交はその後も変わらず、文化九年正月出府するとその翌月、塙宅を訪れている。立原は以後、二度ほど水戸へ帰ることはあったが江戸に住み、文政六年三月十四日死去。享年八〇(36)。

一方、水戸藩も塙の功労を彼の死後までも忘れなかった。塙が死去したのは文政四年九月十二日であるが、次は、立原を介して塙と水戸藩との橋渡し役を果たした屋代弘賢の『水馬掌録(37)』文政五年九月二十六日の条にみえる文章である。

九月廿六日
塙次郎（忠宝—引用者）来、昨日水戸殿ゟ御扶持被下候由吹聴
塙次郎父検校致病死候所、存生之内史館御用出精相勤候ニ付、其方江為御合力五人扶持被下置候もの也
但、御扶持有之内弐人分暫之内御借上之事
右者文政五年九月廿五日、大廊下三之間縁側通りニ於て介九郎ゟ相達候事（六丁ウ、七丁オ）
当時江館総裁の職にあった川口長孺（助九郎）から伝達が行われたことも深き因縁を思わせる(38)。

おわりに

立原が退任したあと、史館の主導権を掌握した藤田・高橋らによっても懸案の紀伝上木への努力は続けられ、文化三年五月からは校訂の済んだ分について板刻に着手する段取りとなった。

その後、文化六年十二月二十四日、神武から天武に至る本紀二十六巻の印刷本が幕府に献上され、四日後の二十八日には水戸歴代藩主の宗廟において献奠の儀式が挙行された。そしてこれまた長年の懸案だった朝廷への献上は同七年十二月一日に実現した。(39)

朝廷への献上に際し、その上表文を執筆した藤田には、先述のように『修史始末』と題する著作があり、その中で塙の功績を讃え次のように記している。

（寛政元年―引用者）冬、瞽塙保己一塙検校を召して日本史を校ぜしむ。保己一、人と為り強記、能く皇朝の古書を誦し、傍ら典故に通ず。人の紀伝を読むを聞く毎に、凡そ其の事実の乖謬、年月の錯誤、皆歴々として之を言ふ。遂に建議して言ふ。『凡そ各条注する所の出典は、宜しく悉く原書に就て其の異同出入を質すべし』、と。衆初め之を難ず。然れども、黽勉《びんべん》之に従ふ。其の後、頼りて以て訂正する所のもの頗る多し。（原漢文。前掲『幽谷全集』七九、八〇頁）

これに続け、「一正按」として、藤田自身の所感を言う。

一正按ずるに、史の得失、顧ふに体裁何如のみ。博考して精選、固より以て尚ぶることなし。然れども、瑣瑣たる異同、何ぞ悉く究むるに足らん。塙の議、髪を算へて櫛り、米を数えて炊くの類のみ。然れども、数年の間、遂に能く其の緒を竟へ、後人臆を以て潤色し、原書に悖るもの、皆以て訂正を加ふることを得たり。則ち塙の功も亦没すべからず。（八〇頁）

「一正按」の方は、批判と讃辞とを「然れども」という接続詞でつないだ微妙な表現になっていて、藤田と塙との歴史認識の相違を端的に示すことになった文章である。それはともあれ、塙が「其の事実の乖謬、年月の錯誤」のどの部分を正したのか、「後人臆を以て潤色し、原書に悖る」、どの箇所を改めたのか、「頗る多し」というそれらの全貌を確かめる術はもはやない。藩撰の史書であるから当然ではあるが、前述の「宇多天皇紀」の割注に、わずかにその一端をかいま見る程度である。

本邦初の紀伝体史書である『大日本史』は、名分論にこだわりすぎて史実の判定に無理のある箇所の目につくところがある。しかし他方、長年にわたり史料の収集・吟味に多大の努力を傾けてきた点に高い評価を与えることに誰も異存はないであろう。

本文の間に一つ一つ丁寧に出典を注記し、異説があれば「按ずるに」「又按ずるに」として考証の手順まで示す方法を採ったのは、この史料を重んずる精神の表われにほかならない。このような形式は、中国の史書にも例がなく、林家の『本朝通鑑』も試みなかったもので『大日本史』の独創というべく、本書の学問的価値を高める結果となっている。(40) しかも史書としての本書の価値を高める上での塙の残した功績は、当時の藩主はじめ史館員の等しく認めるところであった。

とすれば、死去するまで三〇年余にも及ぶ塙の参画は、その間読み聞かせの任務に携りながらこれまでほとんど顧みられることのなかった斎田・原をはじめとする藩士・史館員らの隠れた活動とともに、やはり改めて注目し関心を寄せてしかるべき問題であると思うのである。

註

（1）三木正太郎「大日本史と国学者」（『大日本史の研究』一九五七年、立花書房）・「塙検校と大日本史」（温古学会編『塙保己一記念論文集』一九七一年所収）。吉田一徳『大日本史紀伝志表撰者考』（一九六五年、風間書房）中の余論第一章「立原翠軒の事蹟」。その第六・七・八・九節。その第七節は「立原の紀伝再校と塙保己一の史館招聘」と題する。

ここで吉田俊純『寛政期水戸学の研究』（二〇一一年、吉川弘文館）にも触れておく。吉田氏は寛政・享和・文化期の『往復書案』を主な史料として当該期の『大日本史』編纂の実状を明らかにした。（「Ⅰ水戸学と立原翠軒」の項）塙を主題とした論考ではないが、本章作成の際、教示を受けることが多かった。

（2）立原はまもなく江戸へ出るが、江戸からの寛政元年閏六月二十九日付、鈴木重祐（与市）・富田敏貞（理介）両水館総裁宛書簡には「日本史、是非御成就被成度候由、自分存寄申出候様ニと　上公（藩主治保―引用者。以下同）今も被仰付、中山殿（付家老中山信敬。信敬は治保の実弟）、大場殿（御用役大場維景）今もせめられ候（中略）中山殿も弥校了致成就候ハ、、板行之儀拙者取扱を以、二千両斗ハ必出し可申候、安心不致候ハ、、手形をも出可申由ニ被申候程之事ニ御座候」とみえる。

（3）幕臣で、天明二年書役に召出され、寛政二年幕府の儒官柴野栗山の手附となる。国学にも関心が深く平田篤胤らとも親交があった。

（4）東京大学史料編纂所所蔵。小宮山楓軒の著。年次毎に史館総裁、編修、物書など史館員の姓名を列記し、任免賞罰禄賜などを分注する。後人が加筆して文久元年に至り、全六巻となる。

（5）第二部第一章参照。

なお、塙には、寛政元年閏六月二日、「此度御用をも被仰付候間」、新刻本の『扶桑拾葉集』が寄贈されている（閏六月四日付、鈴木・富田宛立原書簡）。この逸早い寄贈も塙への敬意と期待の大きさをよく示していると思われる。

（6）「温古堂塙先生伝」には、

初め万大人の名をきく。こゝにいたりて名と実のかなへるをしり。日本史の校合をゆたぬるの意《こころ》を起す。然れとも。同僚のうけざらんことをハかりて。まつ参考盛衰記を校正すに。ことつけて大人を文公にすゝむ。（五丁ウ、六丁オ）

とある。

（7）斎田三左衛門は当時小納戸役であった（『水府系纂』）。徳川ミュージアム所蔵。写真版が茨城県立歴史館にあり閲覧可能）。『水府系纂』には史館に入ったとの記述はなく、『史林年表』寛政元年の項にだけその名がみえる。斎田は同年二月から藩主治保の、『大日本史』校読の相手に任ぜられ、「一ヶ月三度つゝ侍座」することになっていた（二月二十九日付、鈴木・富田・立原宛菊池重固〈平八郎〉書簡）。塙への読み聞かせに当たってもしばらくは斎田を中心に進められる。

(8) 翌寛政二年八月九日付、鈴木・富田・立原宛高橋・長久保書簡にも「初鮭之事此間御用人衆ゟ人名書出候様申来候間、はなわ検校も書出申候」とあるから元年ばかりでなく、以後も継続されたように考えられる。なお、塙がこの二年、実際に「鮭魚頂戴」したのは八月十四日である（十九日付、同前）。

(9) 書簡の遣り取りにおいては通常『大日本史』ではなく、「日本史」あるいは「本史」と称している。

(10) 読み聞かせ役として先の書簡に氏名のなかった内藤祐吉郎は、史館員の内藤貞。『史林年表』には「内藤貞十月三日、大関ニ同シ」とみえ、大関の項には「十月三日参考盛衰記再訂ニ付金三百疋ヲ玉ハル」とある。ちなみに斎田の項には「参考盛衰記再訂ヲ命セラレ、十月三日金五百疋下サル、小納戸百五十石」と記す。したがって三者には立原書簡の五日後にそれぞれ褒美が与えられたのである。十月四日付の立原書簡（鈴木・富田宛）にも斎田らが褒美を受けたことが記されている。

(11) 『参考源平盛衰記』は財政難のためであろう、ついに出版には至らなかった。長年校訂を続けながらも実現しなかったのはこの書だけである。

(12) 三村清三郎編『藤貞幹書簡集（無仏斎手簡）全』上巻（一九三三年、文祥堂書店）一頁。著者所蔵。

(13) 二月十四日付、長久保・高橋宛立原・富田・鈴木書簡には、「当九日原新介事、校合御用ニ付候而永詰被仰付候、近々罷登可申候、検校方へ為勤候」とある。

(14) 立原と入れ替わって富田が江館へ移った。

(15) 魯の左丘明が失明して『国語』を著わした故事により、『国語』は一に『盲史』ともいわれる。塙を「盲史」あるいは「小丘明」（後出）と呼んだのはこの故事に由来していよう。

(16) これより先、高橋は塙宅での『万葉集』の会読に出席していたが、これは「指而得益も無之候間先相扣」ていた。「此度講読所出来色々会読も有之候趣ニ御座候間、是ハ罷出可申と存候」とあり、出席することになった（寛政五年十一月四日付、立原宛高橋書簡）。

(17) 『小宮山楓軒叢書』所収（楓軒の筆写本）。静嘉堂文庫所蔵。写真版が茨城県立歴史館にあり閲覧可能。

(18) 中江義照「座中取締役としての塙保己一」(温古学会編『塙保己一論纂』下巻、一九八六年所収)

(19)『升堂記』(東京大学史料編纂所所蔵)の寛政六年の項に「閏十一月十六日入門　広瀬台八口入　水戸殿御内　杉山策兵衛」とみえる。

(20) 塙が水戸藩の出入りを許されたことは、塙自身にとっても有益であった。のちに『群書類従』や『続群書類従』に収められた書目には、彰考館をより所としたもの、あるいは修史事業と関係深いものが多く見出される。塙が水戸藩との縁故を大切にした理由もよく理解できる(太田善麿『塙保己一』九三・九四頁。人物叢書、新装版。一九八八年、吉川弘文館)。

(21) この上京については、かねてより藤の要請もあった。寛政三年三月十九日付の立原宛藤書簡の中には次のような文面がみえる。

一裏松公日本史官庫へ奉納之義ニ付申上候ニ付御細書逐一承知仕候、此等之義何分御面談ナラデハ今時之様子相知レかね申候事御座候、いつれ一度ハ御出京無之候而ハ文通にても相知レ申間敷と毎度裏松公にも被仰候

(前掲注(12)『藤貞幹書簡集』四七頁)

(22) 寛政三年正月二十日付の立原宛の藤書簡は次のように記す(前掲書、四一頁)。

一日本史官庫へ被相納候一件之義、此節ニ至リ裏松公御用向御仕廻分御相談ニ被及候方茂御用向御手透ニ相成候ニ付、右之義御取懸リ被成候御積リニ御座候

(23)『史林年表』による。

(24) 天明七年二月の水館焼失後、財政難からなかなか進まなかった再建がこの正月ようやく竣工した。

十三日、弥御開館相成候由、先以只今迄ハ何角御心労之処、首尾能御落成、凡在館者抃躍無此上被存候、御当日嘸〳〵御賑々敷儀と欣喜仕候(正月二十四日付、立原宛高橋・富田書簡)

(25)「与校正局諸学士」(菊池謙二郎編『幽谷全集』一九三五年)三五八頁。

(26)『幽谷全集』所収。光圀が修史の志を立てたといわれる正保二年から現在すなわち寛政九年までの編纂過程を年表風に漢文で略述し、その間必要に応じ「一正按」として注釈や意見を加えた著作。末尾に「是歳(寛政九年―引用者)孟冬二十二日、彰考館散員藤田一正書于江邸寓舎」とある。

(27) 義公生誕三百年記念会編『大日本史』後付所収。

(28) ここに「再命」とあるのは、先述の、光圀の「百年遠忌」までに上梓せよ、との藩首脳部の寛政元年の指示を受けているのであ

ろうか。

(29) その富田宛立原書簡に次のようにみえる。

上木之挙、活板と申事、とかく諸老皆〳〵不承知之事ニ御座候、一昨日執政衆へ及内談候所、年数のかゝり物入も多候分、とても年来之大業大成ニ候間、活板ニなくいたし度候と五人之衆一同ニ被申聞候

(30) 義公生誕三百年記念会編『大日本史』後付所収。二六頁。

(31) 同右、三、四頁。

(32) 塙はこの間の文化二年の正月、裏六番町の屋敷を返上、表六番町小林権大夫拝領地八百四十坪余を拝領し、六月に転居した（太田善麿前掲書、一四三頁）。

(33) 現行『大日本史』本紀第三十一「宇多天皇」の項に、割注としてその記述がみえる。割注は長文なので今はその後半部分だけを左に引用するに止める（前掲註(30)の『大日本史』による。一三〇、一三一頁）。

今、按するに、光孝帝、龍潜のとき宜しく践祚の冀望する意あるべからず。諸子をして其の欲する所を言はしむるは、恐らくは事実にあらず。且つ其の問対頗る垂仁帝の夢兆を以て皇嗣を定めし故事と相類せり。蓋し後人の附会する所なり。故に取らず（原漢文）

(34) 塙の歌文集（徳育資料第壹編『塙検校詳伝』〈一九〇八年、埼玉県教育会事務所〉所収、今はその復刻版〈一九七九年刊〉による）に次の二首がみえる。

水戸宰相きみ紀治《（ママ）》卿御国へいらせたまふ御はなむけに松にぬさ袋をつけて奉りける歌
千代経へき君かかへさを諸人の今やとさそなまつの言の葉（七一～七二頁）
水戸武公紀治《（ママ）》卿の御三回忌に
寄夢懐旧を
うつゝとは誰かみとせの花の顔月のまとゐも夢のまにして
手枕にありしおも影立ちそひて残るや夢のうつゝなるらん（八二～八三頁）

(35) 前掲註(15)参照。

(36) 「立原翠軒年譜」（前田香径著『立原翠軒』一九六三年所収、一二九頁による。『楓軒年録』（国立国会図書館所蔵。茨城県立歴史

館に写真版があり閲覧可能）文化九年二月十一日の条には

晴、立原翁一同訪塙検校宅、是日来駕者、津軽甲斐守、屋代太郎弘賢、横田太(袋)翁初称孫大夫茂語、水野左内萩原宗古(固)次男、等なり、（十三丁オ、十三丁ウ。カッコ内は引用者）

とみえる。

(37) 国立国会図書館所蔵。

(38) なぜ塙の死去一年後の授与になったのかといえば、翌文政五年七月三日、病気につき跡目の願書を提出、同九日、病死を届出、同二十四日、四谷西念寺横町の安楽寺に葬り、九月八日次郎（忠宝）の相続認可、という経過があった（温古学会編『塙保己一研究』〈一九八一年、ペリカン社〉所収の「塙検校略伝」による）。九月二十五日は、次郎の相続認可の十七日後である。

(39) 享和三年、藤田派の高橋は『大日本史』に「論賛」の付いているのを名分上の観点から不当としその削除を求めると、藤田も同調した。この提案を治紀が認め文化六年「論賛」は全文削除されることになった。したがって朝廷への献上本に「論賛」は付いていない。現行本も同じである。

明暦三年から開始された『大日本史』編纂事業が、本紀・列伝・志・表の四部門が揃い、目録を含め全四〇二巻の完成をみるのは、二世紀半後の明治三十九年である。

(40) 坂本太郎著『日本の修史と史学』（日本歴史新書。一九五八年、至文堂）「水戸藩の大日本史」の項一九〇頁。なお本書は、二〇二〇年、講談社学術文庫の一冊として、五味文彦氏の「解説」を付し、装を新たに再刊された。

あとがき

日本歴史学会から人物叢書の『徳川光圀』を書くように依頼を受けてからしばらくの間、光圀の人間像をどのように描くべきかといろいろ迷っていたが、ある時ふと彼の本質を、武人、少しオーバーにいえば、遅れてきた戦国武将として捉え直してみたら幾分か独自色を出せるのでは、と思い付いた。光圀は従来、『大日本史』編纂の主宰者として、もっぱら文人のイメージが強かったからである。

光圀の本質は武人とする観点より、もう一度関係史料を読み返してみて、その着想は間違っていないとの確信が持てたので、それからは細かな考証に手間取った箇所はあったものの、全体的にはおおむね順調に筆を運ぶことができたように記憶している。付言すれば、文人光圀は、武人光圀の基盤の上に、少年時代から自覚的に蓄積していった学問・教養によって形成された個性と考えたのである。

拙著『徳川光圀』出版の後も、折をみては茨城県立歴史館に通い、架蔵されている写真版の『大日本史編纂記録』を読み進める日々を重ねていくうちに、いつしか光圀には生涯を通してある精神が一貫して流れていることに気付かされた。すなわち、光圀には将来に対する強い責任感と自己に課した強い使命感があり、そしてこの責任感と使命感こそが、長年光圀の諸事業を支え続けた根本精神だと実感するようになったのである。『大日本史』の編纂を中軸とした、数々の文化財保護や古典の校合・出版から士民教育の重要性の認識に至るまで、光圀は常に遠い将来を見据えながら、今ここで自分は何をなすべきなのかを考え続けたその結果が、これらの事業であり、しかも、光圀の、常在戦場という戦国武将のごとき強靭な意志と覚悟が、その遂行を可能にしたのに違いない、と思い知ったのである。

このように考えてみると、光圀が修史局の名称を、『春秋左氏伝』序の「彰往考来」から採って「彰考館」とした真意もよく理解できるのではあるまいか。

顧みれば、私はほぼ半世紀前のまだ三十代の時に二度、京都大学へ出向いて『大日本史編纂記録』の原本について調査を試みたことがある。しかし、何分二四九冊という大部な史料のこととて、二、三日の閲覧ではそのごく一部に目を通せたにすぎず、何ら成果らしい成果を収めることはできなかった。

しかるに、当時進行中だった茨城県史編纂のために、京都大学は、その写真版を茨城県立歴史館に備えることを許可してくださった。歴史館での閲覧がいつから可能になったのか、今となっては定かでないが、昭和六十一、二年（一九八六、七）の頃だったように思う。

ともあれ、それまではるかに遠い存在だった『大日本史編纂記録』について、有難いことにいつでも水戸の地で調査ができるようになったのである。

もしも以前のような状態であったならば、本書がこのような形で日の目を見ることは決してなかったであろう。その後、平成十三年（二〇〇一）に、鍛治宏介編『「大日本史編纂記録」目録』（東京大学史料編纂所成果報告二〇〇九―四、別冊）が刊行されてからは、この書を座右において多大なる学恩を受けてきたこともここに特記しておかなければならない。

本書のもとになったそれぞれの論文執筆時には、さまざまな場面で、畏友故勝俣鎭夫氏はじめ、小松徳年・久信田喜一・鴨志田篤二・糸賀茂男・永井博・玉川里子・笹目礼子・富田任・内田和伸・松崎哲之・小圷のり子・関口慶久・瀬戸祐介の各氏に大変お世話になった。とりわけ小圷氏には、手書きの原稿をパソコン入力していただくことが多かっただけでなく、このたびの出版に際しても原稿の調整や校正にもご尽力いただいた。上記の方々のご厚情に改めてお礼申し上げたい。

各論文の再録や図版の掲載をお許しくださった茨城県立図書館・茨城県立歴史館・茨城地方史研究会・大田原市なす風土記の丘湯津上資料館・久昌寺・弘道館事務所・小松寺・徳川ミュージアム・奈良文化財研究所・日立市郷土博物館・水戸市教育委員会・水戸市立博物館・湊川神社・雄山閣・早稲田大学図書館にも厚くお礼を申し上げる。

出版事情のきびしい昨今、出版をお引き受けくださった吉川弘文館、不慣れな著者を助けて万事円滑に事を運んでくださった編集部長堤崇志氏、担当の板橋奈緒子氏にも深謝の意を表する次第である。

令和七年二月三日

鈴木暎一

鈴木暎一著

橘 守部

【人物叢書】オンデマンド版　四六判・三一六頁／二八〇〇円

独学古典を研鑽し、『難古事記伝』以下多数の著作をもって宣長学を大胆に批判し、創見に富む学説により国学史上に異彩放つ守部。桐生・足利の機業家・豪農等に多くの門人をもった彼の事蹟は、天保期における庶民文化の発展と、国学の普及発達を見る上からも注目される。本書は幾多の新史料を駆使して、その生涯と学績とを解明した力篇である。

国学思想の史的研究

オンデマンド版　A５判・二五四頁／八五〇〇円

国学とは、江戸時代のおもに民間人が唱えた日本文化の独自性の主張であり、それを支える日本人の心を探求する精神運動として展開した。そして死後の霊魂の活動までも包括的に捉えようとする思想である。賀茂真淵・本居宣長・富士谷御杖・平田篤胤・色川三中など、代表的な国学者の思想を、歴史学の立場から読み解き、その本質を明らかにする。

（価格は税別）

吉川弘文館

鈴木暎一著

徳川光圀

【人物叢書】

四六判・三三六頁／二一〇〇円

「水戸黄門」で知られる二代水戸藩主。少年期には非行で家臣にまで不安を与えたが、十八歳のとき『史記』伯夷伝を読み発奮、学問を志す。『大日本史』編纂をはじめ多くの文化事業を主宰する一方、徹底した寺社改革や蝦夷地探検も断行。文武兼備の武将たらんとの強固な意志を貫き通した起伏に富む生涯を活写。従来の光圀像を捉え直した本格的伝記。

藤田東湖

【人物叢書】

四六判・二八五頁／二〇〇〇円

水戸藩主徳川斉昭の腹心にして代表的水戸学者。藩政改革と国家の独立維持に尽瘁する東湖の言動は、生前から全国の有識者視聴の的であり、『弘道館記述義』『回天詩史』「正気歌」などの著作は、幕末期のみならず、近代の人心にまで多大な影響を及ぼす。幽囚八年、しかも安政の大地震で劇的な死をとげる熱血漢波瀾の生涯を生き生きと描く本格的伝記。

（価格は税別）

吉川弘文館

著者略歴

一九三九年　茨城県に生まれる
一九六一年　茨城大学教育学部卒業
一九六三年　東京大学大学院人文科学研究科国史学専門課程修士課程修了
現在、茨城大学名誉教授、文学博士

〔主要著書〕
『水戸藩学問・教育史の研究』（吉川弘文館、一九八七年）
『国学思想の史的研究』（吉川弘文館、二〇〇二年）
『徳川光圀』（人物叢書、吉川弘文館、二〇〇六年）

徳川光圀の研究
思想・修史・教育

二〇二五年（令和七）五月一日　第一刷発行

著者　鈴《すず》木《き》暎《えい》一《いち》

発行者　吉川道郎

発行所　株式会社　吉川弘文館
郵便番号一一三―〇〇三三
東京都文京区本郷七丁目二番八号
電話〇三―三八一三―九一五一〈代〉
振替口座〇〇一〇〇―五―二四四番
https://www.yoshikawa-k.co.jp/

印刷＝藤原印刷株式会社
製本＝株式会社 ブックアート
装丁＝山崎　登

ISBN978-4-642-04373-1

索　　引

I 事　　項

あ 行

か 行

さ　行

た　行

な　行

は　行

ま　行

や　行

ら・わ行

Ⅱ　人　　名

あ　行

か　行

さ　行

た　行

な　行

は 行

ま 行

や 行

ら・わ行